U0737620

从首都师大附中到北大清华

沈　杰◎主编

中国言实出版社

图书在版编目(CIP)数据

从首都师大附中到北大清华 / 沈杰主编. -- 北京：
中国言实出版社，2025.6. -- ISBN 978-7-5171-4619-3

Ⅰ. G632.46

中国国家版本馆CIP数据核字第2025ZS0945号

从首都师大附中到北大清华

责任编辑：朱　悦
责任校对：张　朕

出版发行：中国言实出版社
地　　址：北京市朝阳区北苑路180号加利大厦5号楼105室
邮　　编：100101
编辑部：北京市海淀区花园北路35号院9号楼302室
邮　　编：100083
电　　话：010-64924853（总编室）　010-64924716（发行部）
网　　址：www.zgyscbs.cn　电子邮箱：zgyscbs@263.net

经　　销：新华书店
印　　刷：廊坊市印艺阁数字科技有限公司
版　　次：2025年7月第1版　　2025年7月第1次印刷
规　　格：710毫米×1000毫米　　1/16　　19印张
字　　数：276千字

定　　价：68.00元
书　　号：ISBN 978-7-5171-4619-3

本书编委会

主　编：沈　杰

副主编：李　斌　梁宇学　杜君毅

　　　　杨森林　蔡明春　李　颖

　　　　王　锋　王　盛　张剑雄

编　委：王海平　何文杰　宋丽芳

　　　　武　智　王静园

序　言

　　站在 2025 年的时间节点回望，教育的内涵早已超越单纯的知识传授，演变为一场关乎生命觉醒与精神成长的深度对话。作为一所百年学府，首都师大附中以其深厚的文化积淀，为无数学子搭建起迈向清华北大等顶尖学府的坚实桥梁。

　　面对高考激烈的升学竞争格局，首都师大附中走出了一条成绩与素质双赢的独特道路。在"成达教育"理念的引领下，学校书写了成德达才的辉煌育人篇章。学校坚持五育并举、融合育人，构建了渐进式四修课程体系、成达思维发展课堂，以系统思维为引导，打造开放包容、文理交融的知识生态系统，助力学生实现全面而有个性发展、自主发展和可持续发展。在这个生态中，学子们得以尽情绽放才华，那些成功踏入清华北大的学子，并非传统意义上的"题海战士"，而是能在古诗词吟诵与量子物理研讨间自由穿梭的跨界思考者，是兼具深厚专业素养与广阔视野的创新型人才。

　　首都师大附中的学子们有着鲜明的特质，他们爱阅读、爱运动、爱思考，展现着"心中有爱、眼里有光、脚下有远方"的青春蓬勃力量。他们既能在学术领域深耕细作，于核心期刊发表专业论文，又能在各类竞赛中斩获金牌，站上领奖台的最高处。他们的学术萌芽，或许始于初中部"经典细读"课程的某一次深入思考；他们的科研启蒙，也许源自附中天文社流星雨观测活动时的一次灵感闪现。他们在学术的严谨与创新的灵动之间找到平衡，在个人成长与社会责任之间架起桥梁，展现出首都师大附中学生的独特风采与卓越气质。

书中最动人的，是那些将个人成长融入时代需求的成达学子故事。他们用行动诠释着教育的真谛：教育不仅要教会解题，更要培养解决现实问题的担当。特别值得一提的是，故事里学生们提及附中教师们真实的育人细节，那些为学生精心设计的课程、耐心解答的疑问、悉心引导的成长方向，比任何理论都更能体现"成达教育"的温度。

这本书，是对首都师大附中独特教育图景的深情凝视与深度解码，将带您走进首都师大附中的教育现场，从北洼路上的校园生活到清华园的荷塘月色、燕园的一塔湖图，见证那些年轻生命的绚烂绽放。您将看到教育如何点燃学生心中的灯，照亮他们全面而有个性的发展之路；您将触摸到教育的温度，感受到师生共同成长的旅程；您将领略到首都师大附中学生的独特魅力，看到他们如何在新时代的舞台上绽放光彩。这不仅是一段地理空间的迁徙，更是一场精神世界的远征，而这本书，就是开启这场征途的钥匙，带您领略首都师大附中成达教育的独特魅力与深远意义。

首都师范大学附属中学党委书记、校长　沈杰
二〇二五年春于北京

目　录

行有不得，反求诸己

何书宇

成绩情况：高一、高二年级排名第30—60名，高三下学期在20名左右，高考成绩702分，年级第3名、北京市第84名。

成绩雷达图：

——高三（上）期末　——高三（下）一模

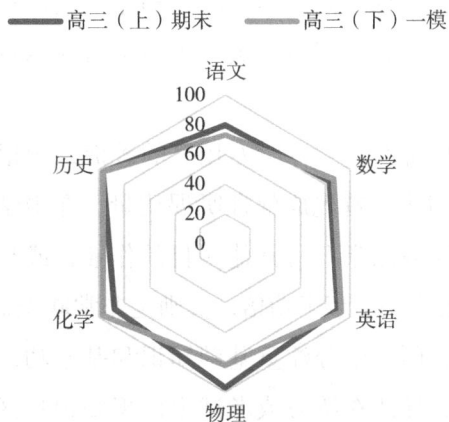

弱势科目：语文、数学。

送给学弟学妹的一句话：质胜于华，行胜于言。

最终录取院校：清华大学计算机科学与技术系

我的简介

我是2024届高三（1）班的何书宇，初、高中六年均就读于首都师范大学附属中学，高考选科物理、化学、历史，对历史有较为浓厚的兴趣。爱好广泛，热爱体育运动和艺术，擅长足球、短跑和钢琴等。性格沉稳内敛，脚踏实地，同时也乐观开朗，善于与人沟通。学习能力较强，能比较快速地掌握新的知识，并摸索出行之有效的练习方案。意志品质坚强，善于规划，对于未来有明确的目标，并能坚定不移地为之奋斗，不达目的决不放弃。

我的经验

一、高效学习

高三其实很纯粹，没有过多的文艺活动和学生事务，唯一要做的就是把学习搞好、对自己负责。每天的时间是有限的，高三一年也会过得飞快，在几乎全天都在学校上课、同学学习时间相差不大的情况下，高三实质上是学习效率的比拼。充分利用每一天、找到学习和休息之间的平衡，是提升效率的关键。

从小到大，我们都听过"专时专用"的教诲，却很少真正落实。所谓"专时专用"，在学习上，首先应保证听课质量。在中学，我们或许经常在那些看似"不重要"的课堂上写其他科目的作业，或是偷偷看个小说、睡个觉等等，貌似一心多用、事半功倍，实则是非常耽误效率的。高三的每一节课堂上都是干货，而且十分注重基础知识和基本功，稍微走神可能就会错过关键的知识点，导致在练习或考试中出现知识盲区。等课后再来补这些知识点，没有了老师的讲解和课堂的情境，无疑要花费更多的时间。因此，上课"摸鱼"是有百害而无一利的，应当尽全力杜绝。其次，"专时专用"还指按既定计划按部就班地推进学习。六科都要学、都要尖，每天的学习节奏尤为重要。例如，每天固定在中午做一道导数大题，或是将晚自习划分阶段、每科在一个时间阶段内学习等等，都是掌握学习节奏的表现。每个人可能会适应不同的节奏，但找到自己的节奏很关键，也需要不断尝试。在找到节奏后，就尽量形成一种习惯，不要随意打乱它，例如不要在该做数学的时候去背单词，该背历史的时间又拿去做数学。良好的学习节奏一方面能让学习更有条理，避免手忙脚乱或不知所措的情况出现；另一方面也方便我们掌握自己的学习情况，有的放矢，减少焦虑。

"专时专用"同样适用于我们的休息时间。除学习文化课之外，我们一样不能自由散漫地规划时间。首先，运动时间应当保证。高三要坚持到底，高考要多天连战，全部都是体力的比拼。高三的课余时间本就宝贵，体育课和课后锻炼是绝对不能放过的，不要为了一张卷子、一道题去牺牲体育运动的时间。长期缺乏运动可能导致身体不适乃至生病，这是对学业不负责任的表现。有了强健的体魄，才有充足的精力和敏锐的头脑，去解决学习上的问题。此外，睡眠同样不容忽视。我在高三基本晚上十一点半左右洗漱准备休息，早晨六点半起床，加上午休和课间偶尔小憩，每天保证有七个小时的睡眠时间，这也使得我整个高三都能保持高效学习、稳定进步。晚上尽可能不熬夜，中午也尽量留出二十分钟左右的午休时间。牺牲睡眠时间来做题或者娱乐都是不明智的，都会影响到我们的精力和专注度，进而降低效率。

我们可以发现，所谓高效学习，无疑就是算清每一笔账，用好每一分钟。不做那些一看就亏和似赚实亏的事情，而应当在自己的节奏里把时间用到极致，让自己无时无刻不在进步当中。

二、补齐短板

高中是通才教育，高考是六科综合实力的较量，要想收获好的成绩，决不允许有绝对的短板出现。这就迫切需要我们补齐弱科，让六科均衡发展。大家耳熟能详的答疑、分析试卷等在此不再赘述，现就我的两个比较典型的弱科——数学和语文，来谈谈我是怎样实现提升的。

数学是我印象最为深刻的科目，我孱弱的数学几乎伴随我整个高中，直到我用一个高三将这一弱点彻底根除。秘诀只有一个：坚持。所谓坚持，不是"暴饮暴食"式的学习，更不能"三天打鱼两天晒网"，而需要水滴石穿的积累。当时我的数学乍一看几乎是"千疮百孔"，但仔细分析可以发现，无非就是三个方面的问题：选择填空、导数大题和解析几何大题。我开始寻找近三年各区的模拟考试题，每天利用中午时间做一道导数大题，在晚自习做一道解析几何。不要小看每天的两道题，我用了半个学期就做遍了各大城区数百道导数和解析几何大题。先练准度，再练速度，直到看到题就能反应出怎么下手，解题过程中几乎不需要停笔。解决了大题后，同样是利用中午，我限时进行选择填空的训练，同样很快就得心应手起来。就这样，我的数学从刚上高三时想上平均分都难，到高考时已经如愿没有在这三个模块以及任何地方出现失误，获得了 142 分的好成绩。由此可见，训练不在于短时间量大，而在于细水长流，培养出解题的感觉和习惯。

语文是一个需要大量积累和做题感觉的科目。由于前两年积累略显单薄，我在课下花费了大量时间去钻研语文。我每天晚自习会固定拿出半个小时左右的时间阅读"六三"等复习资料，并做笔记，在看完一段内容后，尝试对照笔记把所看内容回忆起来。有些重难点部分一次回忆不全，我会花很多天来重点攻克，例如虚词部分，我每天掌握三四个虚词，大约一周后，我虽然不能独立背出每个虚词具体的意思有哪些，但给我一个例句时，我就能反应出其中虚词的释义。攻克这个部分后更不能懈怠，需要每天复习，避免遗忘。就这样，语文的难点被我一一攻克，我并没有总结出什么答题套路，但在做题时能够感到得心应手，知道怎样拿分，这就是解题感觉的表现，也是大量积累带来的回报。高考中我的语文获得了 130 分。

行有不得，反求诸己

这是历史课上老师教给我们的白鹿洞书院揭示中的一句话，出自《孟子》。这句话当时就对我产生了很大的触动，在整个高三我也一直把它当作座右铭，并从中汲取动力。这句话是说，当行为没有达到预期的效果时，应该反过来省查自己。一方面，它告诫我们，要多找找自己的问题，不要"嘴硬""甩锅"，例如这次粗心了、卷子出得难了等等，这只会让我们忽视真正的症结所在。另一方面，它也促使我们向内心深处求索，不畏艰险，心态平和地攀过一座又一座高峰。想要改变自己并没有那么难，因为救赎之道就在每个人的手中。

所谓求己，是孤芳自赏、闭门造车吗？当然也不是的。在很多情况下，求人和求己是对立统一的。例如答疑，就是借助老师的专业知识和能力帮我们快速解决遇到的问题；例如同学讨论，就是聆听不同的见解和思想，给我们带来新的启发。所以说懂得"求己"，更要学会"求人"。

"行有不得，反求诸己"，还有"质胜于华，行胜于言"，都告诫我们脚踏实地，自强不息。一起送给学弟学妹们。

关于附中

作为一个在附中就读了六年的学子，我感到在附中的每一天都是值得期待的。雄厚的师资力量让我们学习中的问题全部迎刃而解，良好的班风校风建设使每位同学如沐春风。附中为每个心怀梦想的同学提供了追梦的舞台，只要肯努力，一定能取得非凡的成就。

附中的素质教育同样令我印象深刻。"一二·九远足"培养我们的家国情怀，高三入境仪式建立了归属感……各类文体活动更是目不暇接，球类比赛、达人秀、学生节等等，旨在促进学生的全面发展。老师们常说，"要让优秀成为一种习惯"。在附中的六年，我收获了受益终生的能力。

在我毕业的时候，附中迎来了扩校，集团校也有了长足的发展，希望附中能够蒸蒸日上，越办越好。

班主任点评

每当我想起何书宇，第一个映入我脑海的形象就是一个绿茵场上奋力奔跑的少年。足球场上的他总是散发着自信与活力，他对足球的热爱不仅体现在球场上努力地拼抢，更体现在他对团队合作的理解和用冷静的头脑、积极的态度面对每一场比赛。他懂得如何在比赛中调整策略，也能够在失败中总结经验，这让他在运动中享受了快乐，同时也精力充沛地度过每一天。

生活中的何书宇是一个目标明确且富有远见的男生。在学习上，他展现出令人钦佩的韧性与执行力，遇到困难时，他能够冷静分析，积极找到解决问题的办法，针对弱科，他有很详细的学习计划，并且能够按照计划持之以恒，严格执行，同时，不急功近利也让他能够以更从容的心态面对学习中的挑战，在长期的学习过程中积累了扎实的基础，高中三年，何书宇按照自己的节奏，一直在稳步提升。

他的计划性和执行力不仅体现在学习和足球上，也体现在他对生活的态度中。他总是能够合理安排时间，平衡学习与兴趣，做到全面发展。他对自己的未来有着清晰的规划，并且愿意为之付出努力，这种成熟与责任感让他在同龄人中显得格外突出。他能够从更高的角度看待问题，理解事物发展的规律，这种深刻的洞察力让他在面对复杂问题时能够保持清醒的头脑和理性的判断。

在班级中，何书宇乐于与同学分享自己的学习经验，帮助大家一起进步，他的团队精神和个人能力让他在集体活动中备受信赖。无论是学习还是运动，他都用实际行动证明了自己的能力与担当。他不仅是一个优秀的学生，更是一个值得信赖的朋友和伙伴。

相信在未来的日子里，何书宇会继续保持这份热情，在学习和生活中不断突破自我，期待他在未来的道路上绽放更加耀眼的光芒！

（王海平）

家长心语 | 时光不语　静待花开

"每一个小孩都是一粒种子，只是每个人的花期不同。有的花一开始，就绚丽绽放；而有的花却需要漫长的等待。相信花开有期，细心呵护，看着他一点点地成长，这何尝不是一种幸福。也许你的种子永远都不开花，因为他是一棵参天大树！"

高中三年，孩子的班主任一直在说："万事皆有可能，"这句话带给书宇和我们莫大的力量！在拼搏的岁月里，它就像一束光，照亮着孩子前行的路，给予孩子坚定的信念、坚持的勇气和最温暖的鼓励。经历过许多的成败起伏，走过有笑有泪、苦乐交织的日子，在六月盛夏的骄阳里，这粒种子绚烂地绽放了！

如今，孩子已经在美丽的清华园里度过了半年时光，在自己喜欢的专业领域里求知探索。回首从首师附一路走来的点点滴滴，作为家长的我们也是感慨良多。

一、春风化雨、潜移默化

养育孩子的过程，其实也是父母不断修炼、自我完善和提升的过程。从这个意义上说，我们要感谢孩子，和他一起成长，我们变得更加完美！想要孩子成为什么样的人，自己先成为这样的人，孩子就是父母的投射。

因为工作性质和行业的原因，我们都非常忙碌，常常早出晚归，出差加班也是家常便饭。很长时间以来，我们家的相处节奏就是每个人各自忙碌、各自打拼。在这种模式下，孩子很早就清楚，每个人都有自己的职责和使命，自己要为自己的行为负责，命运不会辜负勤奋的人。他从我们努力工作、认真生活的样子中也感受到了父母的不易和奋进的力量，汲取积极向上的正能量。我深深感到：当父母努力做好自己，把自己活成一道光，孩子自会在追随的路上，凝聚起磅礴力量，勇毅前行。正如每片远洋的风帆背后，都有一座坚毅而明亮的灯塔。让我们成为这灯塔，做他们最好的领路人，相信当孩子想到我们时，内心便会充满了无限力量。

二、书香相伴、阅读为基

书房，是给孩子最好的学区房。一盏灯、一家人灯下一起共读，或者孩子学习，父母在边上安静做自己的事。这些用心陪伴的一个个日常，就像点点星火，终将汇聚成炬，不断丰盈孩子的内心世界。我们家书很多，书房一面墙都是书柜。我们倡导读书自由的理念，只要孩子喜欢，什么都可以读。于是书宇读书比较杂，文学名著、人物传记、历史、哲学、科学、漫画、武侠小说甚至还有西方经济学林林总总，这些书籍为他打开了一扇窗，又如涓涓细流无声地滋养着他的心灵。他初中时读完那套《明朝那些事儿》

后，对历史产生了浓厚的兴趣，所以选科时毫不犹豫地选了历史（当然，后来发现，历史小说和历史学科完全两回事☺）。

我们家有个非常有趣的节目：历史夜话。大家轮流主持，每周一次，主持人选择讨论话题并负责提供历史材料，大家围绕话题和材料开展讨论，各抒己见。在思想碰撞中，常常能擦出智慧的火花；有时会因为各持己见、激烈争辩而陷入胶着，也有时会因为大家的思维太发散而最后离题万里一发不可收拾……我们讨论过的主题有左宗棠历史评价、历代考试及选官制度、明清江南庄园经济，等等。夜话一直持续到高考前。孩子说，读书让他喜欢上历史，而选择历史，让他终生受益。阅尽古今中外的波澜壮阔风起云涌，会有更宏观的思维、更宽广的视野、更博大的胸怀。历史总是惊人的相似，在现实中不断上演，所以也会赋予人更深邃的洞察力。并且，看多了历史长卷中的成王败寇、风云激荡，眼下这点事算什么呢，一切终将过去、成为历史，这样心态会更平和豁达，也更通透睿智。我不确定孩子的情绪稳定是否与学习历史真的有关。

三、尊重与信任，相信相信的力量

信任这个词是慢慢体会的。我们也曾纠结过，担心他看手机等电子产品沉迷，怕他聊微信分心、打游戏侵占时间影响学习等，但后来发现，信息时代不让他用手机和电脑是不可能的，我们做不到时时监督，既然防不胜防，那么宜疏不宜堵。所以经过畅谈，决定选择信任他，相信如他所说，他会对标结果去调节游戏时间，让结果来说话，如果确实影响到学习，他会主动控制减少。电子产品在他手里，他自己安排使用时间，结果也自己负责。事实证明，只要他有目标，就不会沉迷其中。而且孩子因为感到被信任，反而会更自律，而"越自律越自由"，进入良性循环。我们愿意相信孩子，我们相信相信的力量，也相信父母爱的力量会鼓励和牵引着他，不偏航、不迷途。

四、高效陪伴，全力托举，为孩子赋能

陪伴是最长情的告白。在孩子学习的道路上，我们从未缺席，当孩子需要时，我们随时在他身边。记得 2019 年的那个暑假，我带孩子去硅谷游历，硅谷扑面而来的高科技气息，令孩子深深震撼；我们还去参观了世界名校斯坦福大学，顶级学府的气度和氛围也让他叹为观止。从那时候起，他就对自己将来所要从事的行业有了目标和方向；高一开学的问卷调查，在职业理想那栏他毅然写下了"电子工程师"。在这个目标下，高中选科自然是物化绑定，加上他深爱历史，初三暑假我们就顺利确定了物化历的选科组合，毫无纠结。

选科确定下来，在学习方面，我们家长适时予以规划和引导。利用初三暑假的大块时间，提前为相关科目的学习铺基础、打底子。一是文言文阅读。文言文的积累非朝夕之功，初三暑假，孩子开始阅读课外文言文，我们帮助他搜集高一、高二试卷中的文言文篇目，由浅入深、循序渐进地精读，积累字词用法、扎实古文功底；二是解决英语词汇量，分解进度、提前搞定高考 3500 词；三是利用碎片化时间，观看社科院系列纪录片《中国通史》，这部纪录片共 100 余集，从初三暑假开始，前前后后大概花了一年时间看完。纪录片既有栩栩如生的史实呈现，又有专业精到的专家点评，对历史视野的拓展和学科素养的建立大有裨益；四是茶余饭后作为休闲，观看 87 版《红楼梦》电视剧，在开始阅读大部头名著之前熟悉人物和故事情节。

高中期间的每个寒暑假，我们都引导孩子利用整块时间系统地查漏补缺，针对弱科或科目中的弱势板块制订细致的提升计划，并以终为始分解目标，科学分配时间，拟定学习任务清单，严格执行落实。家长做好跟踪，按周检视监督，通过过程化管理保证效率效果。

进入高三以后，学习上的具体事情我们参与或提醒得少了，更加关注孩子情绪心态的变化。高考前的学习之旅是一场身心的双重考验，在巨大的学业压力和紧张的学习氛围里，每个高三生都不轻松。我们深知，高三不易，这时我们除了无条件地理解包容并支持孩子，别无选择。对于孩子情绪上的波动，我们及时疏导和排解；碰到问题时我们会和孩子一起坐下来复盘，共同讨论分析，让他看到更多的视角和更好的选项。当孩子低落沮丧时，灌灌鸡汤打打鸡血；当孩子飘的时候，浇浇凉水。我们是家长，也是教练、助理、朋友和知己。那些日子里灌过的鸡汤至今仍珍藏在我的手机里，摘录一二：

当孩子学习遇到瓶颈产生怀疑动摇时，我跟他说："每个优秀的人，都有一段沉默的时光。那段时光，是付出了很多努力，却得不到结果的日子，我们把它叫作扎根"；当孩子考试取得很大进步时，我会热情洋溢地回应赞许，同时提醒他，还有提升空间，鼓励他"乾坤未定你我皆黑马，清北并不遥远，万事皆有可能"；在高三最后的冲刺阶段，我用这段话激励孩子："雷军说：造车很难，但成功很酷。同样的话送给你，高三很难，但拼搏很美，成功也一定很酷！"临上考场前，我告诉他："勇者无惧，为梦想而战！"

高三家长还有一项非常重要的任务，就是了解高考政策和高校录取招生信息。由于孩子的专业方向我们考虑得比较清楚并且达成共识（很早就确定学新工科即硬科技类），所以聚焦目标校相对容易，再考虑不同层级梯次以及是否出京，准备几套备选方案去匹配不同的高考成绩，做到高考分数不管落在哪个位次，都有相应准备。

五、写给附中

2024 年，首师附迎来了 110 周岁华诞。作为一座百年学府，首师附有着深厚的底蕴和积淀，有严谨低调的校风。更重要的是，这里有专业顶流、富有责任心和爱心、可亲可敬的老师们！感谢孩子的高中班主任王海平老师，感谢王锋老师、雷霞辉老师、袁慧老师以及所有曾经引领托举孩子成长、倾囊相授的老师们！一朝沐杏雨，终生念师恩。非常有幸孩子在这里度过了六年美好时光，这六年正是他价值观形成的关键时期。我想，不管将来孩子走到哪里，他的血脉里已深深打上了附中烙印、刻入了附中基因！

写在最后

清华是一段奋斗的终点，更是新征程的起点。愿孩子带着首师附赋予的优秀品质，带着老师们的殷殷期望，在清华园里追光逐梦、不负韶华，书写新的人生华章。作为父母，过去我们一路陪伴，未来我们将一生护航！

（何书宇家长）

应似飞鸿踏雪泥

白芸榕

成绩情况：初中三年及高一第一学期在二层实验班；后流动到一层实验班。高一、高二年级排在 10—90 名的区间；高考 675 分。

成绩雷达图：

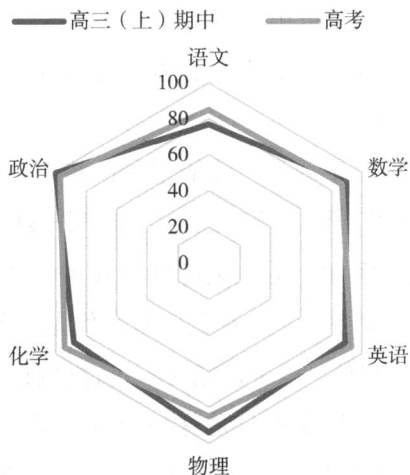

弱势科目：数学、物理、化学

送给学弟学妹的一句话：低竹又复举，晦山复还明。

最终录取院校：北京大学医学部

学习经验

政治：最终赋分97，高三期中统考年级第一

1.落实到笔头。高三政治的复习资料量很大，我之前会有"看着过了一遍就会了"的误区，导致并没有有效地利用复习资料。所以，有重点地将资料复写到笔记本上很有必要，不能只是看着背一遍。最为常见的梳理方式是画思维导图，这里有两种方式：（1）梳理教材逻辑，按照单元标题—课标题—框标题—目标题的格式进行整理，不添加小细节，只是整体把握教材目录，有助于大题里补全答题点；（2）按照主题跨教材、跨单元梳理，如经济高质量发展、新质生产力、高水平对外开放、民主治理等"大"主题，需要勾连多模块知识整理。

2.背默的方式。"看着背再闭眼默"这种方式对于记忆力差的我来说，有着效率低下、占用大块时间、效果不好的缺陷。所以我会将资料念一遍并录音，在睡前（我入睡较慢，正好借此"催眠"）、通勤时、吃饭时这种碎片时间循环播放，不仅不占用大量时间，同时不停地反复可以加深记忆。再结合上一条落实到笔头的建议，可以在保证准确、长期记忆的同时，更好地运用到大题的作答中。

3.错题的归因。相比于理科，政治学科的错题归因容易被忽略，我大致分了以下三类：（1）做题慢，导致试卷后半部分某些题目做得匆忙。解决措施为平时限时做题，例如一道主观题计时在8—12分钟内完成，不贪图将每一个想到的知识点都答上去，控制字数，优先写重点知识点；（2）知识点背记出问题，理解不到位。解决措施为不止背单独的一两个知识点，而是放到框架里定位，因为大概率不只是这一个点出了问题，而是这个模块的理解没到位；（3）变通不到位。解决措施为给题目分类，找之前做过的同类型的题比较来看，仔细体会题目不同侧重点导致答案细则的不同，形成某一类题的结构化答题基本思路（当然也不是之后就依赖自己感觉时答时不答，而是有所侧重，重要内容写前面）。

语文："年级范文"十余篇

如何利用好年级每周所发的阅读材料？阅读材料主要分为以下三类：议论文，如主流杂志上的思辨性文章、名人演讲稿、辩论稿，这类文章是一定要摘抄的；论文，如研究红楼梦的论文、哲学类型论文，前者主要用于名著阅读的提升，后者用于作文素材的积累以及思想深度的提升；散文，对于作文写散文的同学更有帮助，其他同学的重点则放在文本分析上。摘抄时，单是抄"好词好句"，其实很难运用到自己的作文中，所以我会在每一次写作文时（非考试模拟时）随时翻看自己的摘抄本，或使用句子结构提升文章的文学性，抑或运用核心哲学概念支撑自己的论点，尽可能做到摘抄可以服务于自己的写作。同时也要避免一种误区：在自己没有充分了解使用场景的情况下摘抄那些复杂的"高大上"词汇，使文章变得晦涩难懂、弯弯绕绕。所以，摘抄的核心要义在于内化深刻的思想、清晰有力的议论结构，千万不可剑走偏锋。

除了年级下发的材料之外，还有一些可以帮助你提升写作水平的读物（与学习生活一栏中的部分内容重合）：公众号"大问题 Dialectic"和"人民日报评论""经济学原理""文化纵横""通识联播"（顶级高校的优秀人文类型论文分享）、"麦子的语文课"，澎湃新闻官网中的"思想"栏目，b 站"新国辩"，up 主"CoCoVii""Kerry 哲学""我是黄鸭兄"，等等。随身携带摘抄本，遇到喜欢的内容随手记录，这个过程是充满趣味的，也是我高中生活中最让我受益的习惯。

学习生活——找到自己的节奏

感谢附中给予的自由，可以让我这个"特立独行"的学生，摸索自己学习生活的最佳鼓点。高三时我总共上了约两个月的晚自习。当时，班里形成的"peer pressure"让我总是因他人学习的内容分心而难以专注。同时，下了晚自习到入睡前仍有约两个小时的时间，这两个小时由于我放了学就想休息的恶习利用不起来。于是，我根据自己的作息进行了调整。大练习后不急着去吃晚饭，会在班里梳理刚才考试遇到的卡壳点以及这一整天的学习内容，以确定晚上的学习重点。吃不惯学校的口味，点外卖、出去吃又效率低下，所以我选择回家吃晚饭。但是，晚上学习任务繁重，背着好几厚本教辅回家、第二天再背着上学也并不是一个好的选择，所以我会在晚饭前（八点左右）留在学校的阶梯教室优先完成需要大厚本教辅的任务，这一段时间也不会因为和班里其他同学作息不同而相互打扰，对我来说是最优解。学到十分疲惫时，可以自由选择回家的时间节点（一定要保证和学校老师、家长都商量好），晚饭时间能得到充分放松，后迅速进入学习状态。

根据自己学习动力的充足与否、学习状态的良好与否，我制定了自己的学习时间表，虽然不同于大部队的节奏，但会尽可能提升我的学习效率。需要注意的是，晚自习依然是适用于绝大部分人的，高效的答疑、减少看手机的时间是在家学习没办法相比较的优势。

所以我的建议是，自制力特别强的同学可以在和家长、班主任和年级主任商量后的前提下，总体上和年级统一安排保持一致，其他细节如午休时间、晚休时间按自己的步调进行调整。

不过，这里仍有几个提醒。

一是体育课、跑操不要翘。进入高三，体育活动是最佳休息方式，我们需要珍惜。不仅有老生常谈的舒缓心情、锻炼体能的作用，更因为作为毕业年级的优待，高三年级拥有体育场馆优先使用权。其实，说到高三记忆最深的事，不是哪一场考试的成功或失败，而是在高考前最后一周，我们在一起打篮球的时光。那些天我一连打了好几次全场，其实我在场上也没什么高光时刻，很多时候只是跟着球跑跑，但参与大于表现。坚持运动带给了我题海无法给予的 buff。

二是一定要给自己留有午睡的时间。连续高强度的学习很考验意志和体能，午睡"回血条"的能力是最强的。不管能否睡着，趴二十分钟是必不可少的。至于提高睡眠质量，从家里拿个抱枕就很有用，不必局限于购买专门的午睡枕等辅助产品。

三是尽可能不缺勤。高三上课所学大多不是新知识，但这并不意味着课可上可不上。很多人说高三是冲刺阶段，但我觉得更像长跑。一年的时间并不短，持续而不间断地发力是关键。因此，难免会有乏力的情况，一旦有请假停歇的机会，很可能形成怠惰的惯性。实际上，按照学校的节奏走就是最省力、最高效的办法，所以全勤一定会反馈给你可观的成果。

四是娱乐要有选择性。纯粹娱乐性质的短视频会让你更容易获得快乐，从而不知不觉上瘾，并不适合作为学习间隙的放松途径。实在没办法戒掉的话，我的习惯是，把 b 站上一周想看的娱乐视频都攒到周六放学后集中看（我习惯看长视频），其实最后也花不了多长时间，平均下来也就一个多小时。而放到平时看，会忍不住点开推荐视频，划到下一条，很容易打断当天的学习状态。至于平时的娱乐方式，阅读一些言之有物的材料能让我在获得极大放松的同时收获"insight"。比如公众号"中国普法"（适合选考政治的同学关注）、"人民日报评论""经济学原理""文化纵横""通识联播"（顶级高校的优秀人文类型论文分享）、"北京大学招生办"（北大学子分享学习经验）、"麦子的语文课"，澎湃新闻官网中的"思想"栏目，b 站新国辩（书籍类型的在这里不作推荐，大家挑自己喜欢的就好）。以上都可以作为你吃饭、通勤时的一点消遣。

五是要探索自己的极限。上高三之前，我以为高三的自己会一改懒散的作风，收拾好精神，一鼓作气地"往死里学"。但实际上，三分钟热度的我总是努力学一两周就开始掉链子，休整一段时间再继续，和高一、高二的我相比进步并不明显。我"失败"的惨痛教训希望能给学弟学妹一点警示：拼搏、坚持的习惯从高一开始培养，不要期待到了高三自己能洗心革面；如果你已经进入高三的学习中，不要嫌弃鸡汤，一切能够鼓舞你前行的力量都应当利用上，坚持、坚持、再坚持！

成绩有波动，哪次才是自己的真实水平？

我的高三模拟成绩可以说是"一路下滑"了，在同班同学大多越学越有、一路攀升的时候，我却屡屡碰壁，自信也这样被一点点磨没了。坦白地说，这样缺乏正反馈的过程对我心态的打击是毁灭性的。

但我深信，成绩无法反映自己的全部，考好不是一只脚迈进清北，考差也不是自己这段时间没有努力，只能告诉自己哪个知识点有漏洞、备考方式有问题、考场策略仍需调整，抛却成绩、专注学习自己才能有长足的进步。正是这种心态，让我的高考成绩比二模提升了将近六十分。

成绩波动是正常的，但能否从每一次考试中汲取经验教训，却是由自己的心态所决定的。如果读到这里的你正面临成绩带来的打击，我想把标题里的这句话送给你——应似飞鸿踏雪泥。这句诗出自苏轼的《和子由渑池怀旧》，苏轼用雪泥鸿爪比喻人生境遇的无常，这种亦庄亦禅的哲思希望可以为学弟学妹们宽解学业中的烦恼。有时奋发努力并不能在短时间内带给我们所期待的结果，有时无心插柳却能带来惊喜，就像万里飞鸿在雪泥上留下的爪痕，充满偶然性。前程远大，一次考试并非终点，成绩是为偶然，但个人的成长却是必然的。

愿学弟学妹们云程发轫、鸿飞可期！

班主任点评

白芸榕是一个善良、温柔的女孩，无论是在学习还是生活中，她都以自己独特的方式散发着光芒。她总是愿意倾听他人的烦恼，并用温暖的话语给予安慰和支持。记得刚教她没多久，班里一个调皮的小男孩在课上不经思考脱口而出一句略显冒犯的言语，我自己都没当回事，结果下课后，在楼道里遇见白芸榕时，她很认真地安慰我："老师，您别生气，他不是故意的。"顿时让我倍感温暖。她的性格让她在与人相处时总是充满耐心和包容，无论是同学还是老师，都能感受到她发自内心的善意。

而这样一个温柔的女孩，在学习上却展现出令人钦佩的韧性。面对困难时，她不会轻易退缩，而是以积极的态度迎接挑战。无论是复杂的知识点，还是繁重的学习任务，她总能够静下心来，一步一步地分析和解决。她深知学习是一个长期积累的过程，因此从不急于求成，而是脚踏实地一步一步往前走。即使遇到挫折，她也能不断调整心态，重新出发。她对自己的要求很高，但却总能以一种平和的心态去面对每一次考验。这种坚韧不拔的精神和从容自信的态度不仅让她在学习上取得了优异的成绩，也为她未来的成长奠定了坚实的基础。

（王海平）

是我在学习

李俊毅

北京市三好学生，获得过成德达才校长奖学金。选科组合为物理、化学、生物。

成绩情况：高三成绩有波动，总体保持在前 40 名。高考成绩 681 分。

成绩雷达图：

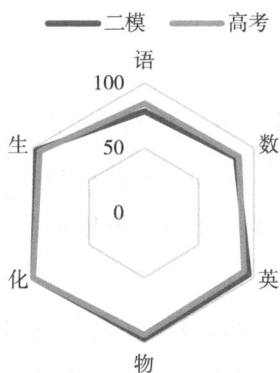

弱势科目：语文、数学

送给学弟学妹的一句话：不要让未来成为现在的包袱。

最终录取院校：北京大学医学部

我的经验

我们都希望能巧学习，但学习经验与方法之类，都是"巧"，学习与否还得自己下功夫。不要忘记，自觉和勤奋可是咱附中的校训啊！

从某种程度上说，一旦有了学习的内驱力和主动性，自己会摸索出妙招，总结出独门秘籍，会想办法克服一切困难的。这是最重要的，当你真的觉得"我要学习"的时候，进步自然而然。

通用

先说一些对每个学科都适用的经验。

首先是学会预习。预习的方法有很多，对应达到不同的掌握程度。我提高了对预习的重视程度，专门拿出时间来预习，而不是课前几分钟拿出课本，哗啦哗啦地翻翻看看。我会拿出一个自己状态比较好也不太容易被外界干扰的时间段来预习，毕竟你要预习的东西，是自己没学过的。预习，也是一个需要反复实践才渐渐地变得熟练的技能。一开始可能自己预习一遍掌握不了多少，没关系，一个学期，6门功课，自学能力很快就会提高。最终达到在预习之后，明确了本课重点难点，基本可以做书后前几个习题的水平。

然后是学会听讲。这个不好一概而论，需要根据具体老师的授课习惯，以及所学内容进行调整。我认为一节课应该学会判断哪些该听哪些不用听，特别是在预习之后，更明确了自己哪里不会，哪里有疑问，哪里应重点去听。

最后，学会提问。努力使每节课在老师的讲授中，提炼出一个自己的问题，这可以从一定程度上督促自己深入思考，如果这个问题自己没办法解答，可以及时在课间的时候向老师请教。另外，多多向身边的同学提问，与同学探讨的过程，不仅收获了友谊，更加倍了学习的乐趣。其实除了教师，我们身边的每一位同学都是我们的老师，向同学提问，跟同学学习，是必不可少的。

语文

其实，我的语文成绩一直都不好，印象中，高三这么多次考试，除了高考这最后一次外，都没有高于 120 分的。虽然成绩一直不怎么样，但我一直都没有丢掉对语文的兴趣。高一、高二的每节语文课，我都会认真地听讲记笔记，真的非常感谢武智老师，他的语文课，生动有趣，没有多余的感慨和跑题的"随意发挥"，每节课都干货满满，课后再次读课文，就有种能读懂的感觉了，让我对语文并不排斥。

对于我来说，高三的语文试卷，每一篇非连文本都稀里糊涂，每一篇古文都似懂非懂，每一道诗词题都纠结半天，然后选错，每篇散文都摸不着文脉，还有错了又错的语用，以及十分稳定的 7 分微写作和 37 分左右的大作文。

每次考完试，武老师都会用一周左右的时间讲解试卷，印象最深的是文言文和古诗词阅读题。每篇文言文，武老师都会一句一句地讲，每一个字的意思都会讲解到，我也养成了给注释"搬家"的习惯，在古文文本的字里行间，写下考试中自己看不懂的字的意思。慢慢地，就积累了很多字的常见意思，每个虚词的各种可能作用，以及倒装之类的现象，我逐渐看得懂古人在说什么了。古诗词更是如此，对于每一句诗词，不论考题有没有涉及，其中的任何一个点都会深挖。当然，光是听讲肯定是不够的，下课后，回顾一遍笔记，自己按着老师所讲去理解一遍，以及重做错题。

我到高三后期，语文考试还是觉得时间紧张，于是打算从自己耗时最多且扣分最多的文言和古诗词下手。我慢慢地找到了自己合适的笨办法，就是再拿一张新卷子，然后把自己做错的题再做一遍，特别是文言文和古诗。我后来意识到，看着笔记做与不看笔记，完全是两种感觉，这也就是为什么老师讲完之后我会做题，可一到考试的时候，拿到一篇没见过的文章，就看不懂的原因。对于我来说，开始的确很困难，可以一步一步来，比如，先回忆老师上课对这首诗是怎么讲的，看着笔记一句一句对自己讲一遍，再认真记一记笔记的内容，之后背一背答案（就是记住答案）。然后合上笔记，打开一张新卷子，尝试把自己认为关键的笔记默写到那张新试卷上，一边写，一边尝试理解，然后按照老师所讲的答题思路，再去作答后面的题目，（我自己感觉像是把记住的答案默写一遍）。这个笨办法对我，效果还是很明显的，坚持一段时间后，我对老师讲过的题目印象十分深刻，甚至在高考结束后的暑假里，我还能背出一些考题里的诗句和设问，以及标准答案。但我发现这个方法也比较晚了，没多少次检验的机会。就这么"背背背"了一个月吧，高考的时候，我感觉自己真的读懂了文言文和古诗，脑海中很多标准答案的分条也在大脑里回荡，我就按着答题方法写下答案。可以说，是我第一次信心满满地在语文试卷上写答案吧。

关于高一、高二平时的学习，给大家留下印象最深的就是背课文吧。我属于那种背东西比较快的，古文古诗课下注释，对我压力不大。但是，我曾天真地以为会背会默写就可以了，后来才体会到，从记住到会用，还有很长的路要走。举个简单的例子，情景式的默写题，是出题人提示我，我才会想起自己背的东西，但写作文可不是这样，需要自己调动。所以，平时要主动运用，只有用过，才是自己的；记住，仍是别人的。

数学

印象最深的，一定要学会一题多解。数学课上以及课下，用心学习同学们的不同解法，他们是不同的思考方式。当你掌握了多种方法后，对一道题就不会一条道走到黑了，对于解析几何尤其如此，学会在动笔计算前，判断一下计算量和计算难度，比较几种方法后，做出决策，这肯定会提高正确率并减少做题时间。

此外，及时改错。在错误中学习，总结经验，对数学很重要。记得王海平老师，经常督促大家改错。这很重要，不仅有助于我养成不拖延的习惯，更是因为错题也有"保质期"，不及时改正，过几天，改错时的思路和想法就忘了，错题变成了新题，即使改对了，意义也没那么大了。

英语

回顾高中三年，个人认为英语考试内容和课本所学关系不是很大，更看重积累。下面说说积累的办法。推荐从高一开始就看外刊，一开始的确难度不小，但一篇跟着一篇看，量变会引起质变的。每一篇文章就干 5 件事情：把不认识的单词背一背，把没见过的短语和固定搭配记一记，把长难句分析分析（前三件事，主要是看懂，实现逐句翻译）；再梳理一下文章的结构，形式不太重要，可以画思维导图，也可以分层并概括，还可以说给同学听，（我倾向第三种，任务量小而且对方可以指出你说的有问题的地方）不论形式如何，关键在于弄清楚文章结构，知道作者想说什么以及怎么说的。前四件事情做好了，阅读题就没问题了，因为不论 abcd，看懂了就不难。最后，把语言点积累积累，努力用在写作中。

不知道为什么，现在大家对做题的印象不好，我却认为，多做题很重要，这对数理化生都是必不可少的。高三不用说了，大家到那个时候就明白了。我建议高一、高二就适度增加做题量，毕竟很多方法真的是在做题中向答案学会的。

物理

受力分析、运动分析、做功分析、能量分析、场分析，这五大分析，大家明白，但只有很熟练，才能算真正学会了。

物理不是"背公式 + 解方程"。记得范鸿飞老师说过，打开课本，每个公式的上下文永远比公式本身更重要，"死人框"里的最没用。我认为的确如此。高一、高二学习的时候，切莫以为记住公式、会做题就可以了。这个时候，多问几个为什么，比如，这个物理模型（对象模型如质点、理想弹簧、轻杆，过程模型如平抛、碰撞）如何抽象出来的，它是为了分析什么问题而建立的，抓住了什么是主要矛盾，又忽略了什么是次要因素？明白了这些，在题目里遇到它们的时候，就知道它有什么特点，满足什么物理规律了。还可以问问，这个物理量（如动量、动能、电动势）怎么定义的，为什么这么定义……这个过程会很有趣的，特别是当你品味这些精妙的定义和抽象的时候。

物理课本的编排是有体系的，高中所学的物理知识也是可以用逻辑串起来的。平时认真学，认识得越深刻，就越不容易忘记。高三复习前，最好可以用自己的话，讲出高中所学物理知识的体系。

另外，及时总结一些出题人故意设的易错点，对提分是有帮助的。比如，牛顿第三定律，单位，矢量的方向之类的。

化学

我的化学成绩自高一开始就还可以，自己觉得，是找到了合适的方法。

对于无机部分，心里时刻装着"价态—类别"图，读题的时候带着"价态—类别"意识，以不变应万变。对于有机部分，自觉地思考官能团的种类、数量、位置关系，熟练分析断成键，会逆推。对于解释类的题目，好好跟着老师的讲义学（有幸遇到赵明哲老师），对老师发的每一个小篇子都务必认真对待，自然就学会了如何作答写汉字的题目。工艺流程，需要专题突破，集中攻克这个题型。

每次考试之后，是"长本事"的关键时期，不要考完就完了，我的习惯是，自己在老师讲之前复盘一遍。方法很简单，拿一张新卷子，对于选择，（我一般错的是最后两个），可以把它当成一道大题，有4个小问abcd，每一个选项，看作一道填空题的设问，大题怎么写就怎么写，做到把每个选项都弄明白。提示几点：一定规规矩矩写方程式，很多题都是半定量的，配平之后就豁然开朗了；溶液体系微粒分析，别手懒就做对了。对于大题部分，可以把答案抄到卷子上对应横线处，誊抄不是目的，在答案里标出得分点，与题干匹配上，这样可以达到不扣分的答题方式。之后，通读一遍题干和自己的答案，它们组成了整道题的逻辑。

最后，我觉得兴趣很重要，我在高一、高二时对化学花的时间不少，会适当拓展拓展，比如看看大学教材什么的，这离不开自己对化学的兴趣吧。

生物

高一、高二学习的时候，注重对概念和机制的理解，需要记忆，但理解了就很容易记忆了，不用像背政治历史那样背书的，如光合作用、有氧呼吸的机制，有丝分裂、无丝分裂的过程，各种生物技术的流程等等，其实挺有趣的。

我有一个切身体会，就是高一、高二的成绩，尤其是生物，真的说明不了什么。我印象深刻，高一第一学期期末，学校自命题，有几道大题里面出现了一些技术（电泳之类的），我考试的时候第一次遇到这种题目，完全不明白那个泳道是什么意思，只能胡乱写，最后果然考试成绩不好，这并不是因为自己对该学的知识没有掌握，需要理性看待这一点。当然，后来明白了生物题确实充满了没学过的知识和技术，但会进行介绍，需要在题中学习，学会与陌生概念相处是很重要的。

到了高三，生物给人的印象可能就是做题讲题，然后循环。但也正是在这个过程中，可提升自己的能力。试卷分析很重要，每次考试之后，千万不要以为考完了就完了（高考那天可以这么想），我一定会在老师讲卷子之前，自己分析一遍试卷（尤其是大题部分，选择可以只针对自己错的）。方法如下：首先，拿一张新的卷子和标准答案（为了避免自己考试的时候在题目上的勾画给自己干扰），然后从题干开始读题、读图，读设问，遇到了横线，先自己思考一下，之后看标准答案，背一遍，默写在横线上（对于长句子，多读一读、背一背，千万不要一个字一个字抄写），就这样用"抄答案"的方法，"阅读"完一道题。接着，重新读一遍题目和自己抄的答案，一般这个时候，都会对题目有更深的理解了（知道了出题人想问我什么），然后按自己的理解，勾画出设问里的关键词和答案里面的采分点，并找到答案里的每句话从何而来，依据是什么。通常，会有几个小问是自己在考场上没读懂，真的一个字都写不出来的，此时再好好分析分析这几个小问，并在旁边写下自己的心得体会。我有时候，还会突然联想起以前的某道题，可以找出来，对比着看。我认为，这种分析试卷的办法，对于生物基础知识扎实的同学一定很有帮助，我就是这么学会作答生物题的。当然，我这里没有涉及如何具体展开分析，如果自己不会、没信心的话（我是无师自通的），建议先去和老师分析一次试卷，学学老师怎么分析的，之后自己的试卷自己分析，这样可以更好地锻炼自己。

体育

我并不是要说怎么对付体育考试，而是想说说锻炼身体的重要性。毕竟与分数相比，强健的体魄重要多了。而且，我很感谢体育，它教会了我很多很多，也总是慷慨地帮助我。

我从高一开始，就延续了初中锻炼的习惯，坚持每天放学后去操场跑几圈，既是活动身体，也是放松精神。跑适当的强度，有助于以更好的状态开始晚上的学习。当然，跑步不是唯一的方式，但的确是最可控最简便也最有效的方式。

学习和体育从不矛盾，我觉得运动对我的影响是巨大的。比如坚持慢跑，这让我懂得了"每天"的力量，也让我感受到了自己的能力，这能力不是说我有什么天赋，可以跑得多么多么快，而是一种可以并且敢于挑战自己的能力。田径运动让我相信，我是可以改变自己的，我通过努力和刻苦训练，能够做到很多事情。这份自信，对自我意识的觉醒很重要。

高三记忆深刻的一件事

"此情可待成追忆，只是当时已惘然"，这的确是身为大学生的我对高三的感受。太多难忘而美好的回忆，组成了高三这幅绝版的拼图。

说一件对高考有较大影响的事情吧。记忆犹新，一模的数学立体几何大题，由于平面几何知识不过关，我第一次在立体几何题上的第一问卡住了。考场上的我真的不知道如何是好，5分钟过去了，我仍是没有头绪，劣构题目的条件感觉怎么选都不行。应该怎么选啊？为什么底面一直确定不了？我不断地尝试，一步一步严谨地推理，却由于平面几何不扎实，使我不断地得出"确定不了，不能这么选"的结论。我意识到应该放弃，跳过它，但在这个位置，放弃这么多分数，我在考场上实在接受不了。

事后看来，犹豫的结果，是失去更多。

20分钟过去了，我的答题卡仍是空白的。我在考试前把一模看得挺重的，觉得是高考的预演，我虽然没有左顾右盼，但从翻卷子的声音来听，意识到考场里的同学们都开始答下一道题了。我深吸了一口气，努力平复难以平复的心情，在答题卡上胡乱写了写我也看不懂的推理，把坐标系建立了，祈求建系能给我一两分，可并没有给我。

翻过卷子，开始做下一题。由于我消耗的时间太多了，加上内心波动，后面的题做到导数第二问就收卷子了。出了考场，虽然没有发成绩条，但我已经对自己的一模数学成绩有了估计，心里沉沉的。

我知道考完了之后要努力准备下一科，但跳过立体几何大题，与跳过选择和填空最后一题，或者导数最后一问，即使放弃的分值相同，给人的感受也是不一样的。我在立体几何上丢掉的分更多，更何况，我还是花了很多时间的，而不是战略性放弃。

一模的考试时间安排与高考是完全相同的，目的就是仿真"高考"。我来到操场，像平时一样开始慢跑，一圈又一圈，沉浸式享受跑步，让我感觉好多了。我刻意比平时多跑了一些，微微的疲劳感，让我很放松。我觉得自己可以迎接接下来的考试了。

一模成绩出来了，我由于后面物化生正常发挥，在班里排到了居中的位置，总体来看，结果并没有想的那么糟糕。也是这次经历，让我明白，即使前面某几科不太好，只要调整好自己，后面的科目可以不受影响，让各科考试成为"独立"事件。而运动，就是我的定心丸！一模时心态调整的经历，也帮我在高考时稳定了心态。

高考的过程也是如此，真的挺像的。还好有运动陪我。不论考试时感觉怎样，每天考完，我都会通过慢跑放空自己，一觉醒来，感觉良好，从容面对下一门考试。

关于学校

我是通过中考来到首都师大附中的，在这里度过了 3 年高中生活。当时的选择，其实我并没那么肯定。但高一的时候，我很快就适应了这里的学习节奏。

附中教给我的东西很多。而附中"自觉、勤奋、求实、创新"的校训，是我对她最真切的感受。

这 3 年，是我自己、更是附中的老师们和同学们，成就了今日的我。我很感谢附中！

再次选择，我还会来这里。

班主任点评

我对俊毅，印象深刻。干练的动作、利落的身形、厚实的微笑，都给我留下了深刻的印象。但俊毅最令我记忆深刻的还是他的自律。

俊毅从高一就崭露头角，他的成绩无论在班级还是年级都名列前茅，这得益于他强大的自律精神。这种自律首先表现在体育上，作为班主任，我总是苦口婆心地讲体育锻炼的重要性，确实也感染了一些孩子，放学后操场上多了我们班几个跑步的身影，但真正坚持下来三年不倦的只有俊毅。这种坚持不仅锻炼了他良好的身体素质，也培养了他克服困难的韧劲和耐力。此后，每次学校组织的班级篮球赛、运动会上都有他矫健的身影。有了强健的体格，高三紧张繁重的学习，他也应付自如。

俊毅在学习上更是一个自律的人。作为他的班主任和三年的语文老师，我从来没有发现他在课堂上趴到桌子上听过课，从来都是小身板坐得笔挺笔挺的，双目炯炯有神，紧跟着老师的节奏，笔下沙沙不停。他有疑必问，每到下课，他都会主动找到老师探讨课上存在的问题，实在没有问题，就静静地听老师给别的同学答疑解惑。作业也是认认真真完成，一丝不苟。他总是在作业的旁边用红笔清清楚楚地分析错因，写出改错后的正确答案。这些基本的学习规范，他一直很自律地坚持到高三毕业，实在难得。

我在家访中了解到，因为俊毅妈妈工作繁忙，学习一直由爸爸负责。为此我还专门请俊毅爸爸给全班家长分享如何培养孩子的自律精神，我从中也对俊毅有了更深入地了解。俊毅的自律是从小在生活中一步步养成的。细节组成习惯，习惯养成性格，性格成就优秀人生，俊毅就是这样。三年中，俊毅每次在班级三好评选中都是高票领跑，这得益于他自律精神的影响，也得益于他一直自觉地助人为乐。

俊毅乐观低调，聪明而不张扬，做事比较务实，踏实肯学好学。相信他会在今后的日子里走出更广阔的天地。

（武　智）

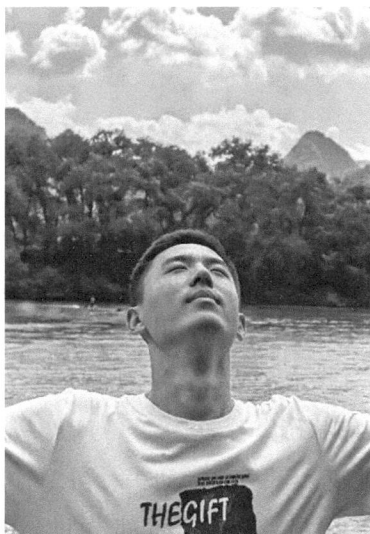

长路漫漫，永不独行

李重言

成绩情况：高一、高二稳定在年级前几名，高三时有所起伏。高考703分，校排第2名，市排第70—80名。第37届化学奥林匹克（决赛）金牌（国排第82名）。

成绩雷达图：

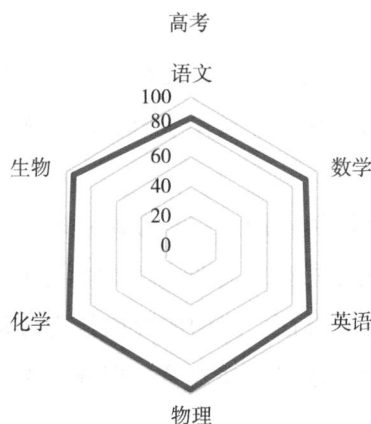

弱势科目：生物

送给学弟学妹的一句话：永不独行。

最终录取院校：北京大学化学与分子工程学院

我的简介

我在初三的时候从北校区来到本部，在附中本部度过了四年的学习生涯。这四年里，我一直尽力兼顾化学竞赛与课内，最终在两条道路上都取得了不错的成绩。尽管这种兼顾意味着更多的付出，但我相信这是值得的。学习之余，我热爱足球，是一位忠实且狂热的利物浦球迷，几乎可以说是逢球必看；我也爱玩游戏，CSGO 是我的最爱。我始终认为，学习绝不是全部。在学习与生活之间取得某种平衡，是最佳的状态。

初三时，我从北校区来到本部，竟意外地进入了一班。初一、初二时，我在北校区也算是名列前茅，屡次考试都是稳坐榜首；到了本部，才意识到人外有人、天外有天。第一节数学课上，夏繁军老师用高中的单调性等知识讲解二次函数，令我如听天书；第一节英语课上，雷霞辉老师的全英教学也令我大不适应，更不用说海量的生词。这些都使我加倍努力，终于能够赶上本部的学习水平。

上初三后的十月，在学校的推动下，直升班开启了竞赛教学。机缘巧合之下，我选择了化学竞赛，这也成为对我后续发展产生深刻影响的重要决定。现在想想，若是选了物理或是数学，以我并不突出的天分，恐怕就要泯然众人了。初三时参加化学竞赛，纯粹是出于对化学的好奇，也纯粹是享受好奇心得到满足的愉悦。并且由于直升，并无其他压力，可以单纯地徜徉在化学的世界中。

到了高中，情况就截然不同了。一方面，并不理想的竞赛成绩逼迫着我去看更多的书、刷更多的题，这便与完全出于好奇的学习产生了差别，学习强度大幅提高；另一方面，陡增的课内压力分散了我的精力，使我不能再像之前那样全神贯注地投身于竞赛。但我仍然选择了课内外双修，而不是放弃。

2022 年第 36 届中国化学奥林匹克（初赛）的失利使我一度萌生退意。题型大变、难度剧增，曾使我看不清漫漫前路。又恰逢新冠疫情，全面停课转为线上教学。这时又恰好遇上了卡塔尔世界杯。于是我不分昼夜地看球、玩游戏，课内学习几乎只是完成作业，甚至有时连作业也不理会。上课睡觉或是切屏打游戏已成家常便饭。而竞赛学习更是荒废了，在近两个月的时间内，我的水平几乎没有任何长进。

2023年春，我的学习重回正轨。但课内与竞赛的双重压力一度压得我抬不起头，我不禁想要放弃。外培更是让我再次意识到人外有人、天外有天的道理，很低的排名令我几近绝望。幸而，我选择了坚持，而没有半途而废。最终，2023年9月下旬，我入选了北京市代表队，并在第37届化学奥林匹克决赛中拿到金牌。可以说，是持之以恒促成了我在竞赛方面的成功。

竞赛退役，回到课内，由双线变成单线，我的压力反而减轻了许多。尽管如此，长达四个月的停课备战落下的课程仍然需要努力学习。我很快便找回了课内的学习节奏，并保持到了高考，最终取得了理想的成绩。

纵观这四年的学习生涯，我想最重要的，莫过于理想与坚持。送大家一句利物浦队的格言：永不独行。

我的经验

一、专时专用，劳逸结合

高三生活无疑是繁忙的，试卷、作业多如牛毛，考试更是接踵而至。面对这种情况，许多同学可能会选择利用上课时间完成作业，抑或是通过逃体育课、取消午休、挑灯夜战等方式增加可用时间。然而，这些方式在我看来都是不合适的。

课堂永远是第一位的。老师所讲授的，一定是最关键、最重要的知识。即使是那些相对熟悉、相对容易的知识，也可能存在更加巧妙的处理方法、更加复杂的拓展延伸。并且，重复学习某一部分知识，看似是做了重复的无用功，实则却可以加深理解、启发思考，激发出所谓的"尤里卡"时刻。而这些好处，都只能通过听课获得。倘若为了一时的"高效"而在课堂上完成作业，实在是捡芝麻丢西瓜的愚蠢行为。

高三虽然繁忙，但良好的休息至关重要。同学们想必都有过因为睡眠不足而感到"脑子不转"的经历，在这种状态下，复习的效率会大打折扣。夜晚挑灯夜战的那一两个小时，抑或是中午放弃午休换来的半个小时，看似能够用来学到一点知识，却损害了长远的学习效率，得不偿失。我建议，晚上至少保证七个小时的睡眠，中午进行半个小时左右的午休。在重要考试前，应当适当延长休息时间，为考试做好充分的身心准备。

高三还要讲求劳逸结合。高三不是一场百米冲刺，而是一场马拉松。倘若在开始时便发动全力，则很容易后程疲软，甚至出现心理上的问题。打个比方，倘若长期将琴弦绷到最紧，那么它必将在某个时刻断裂。我在高三时，每周仍然玩上几个小时的游戏，每天也打上一会儿篮球或是踢一会儿足球，以保证精神的放松。班上的同学也在饭后玩一会儿"植物大战僵尸"进行娱乐，或下几盘象棋、军棋以切磋棋艺。这看似是无用的浪费时间，实则提高了学习生活的可持续性，有大用处。

二、减少刷题，增加总结

许多同学在复习时往往陷入盲目刷题的误区。所谓盲目刷题，就是好做题而不求甚解。事实上，题海战术只对提高做题的速度有一定帮助，而对提高解题能力并无促进作用——甚至有时还会有反作用。有的同学平时的模拟题做得很好，在高考或是一模、二模时却发挥失常。造成这种现象的原因是多样的，但我想其中一个原因就是盲目刷题。盲目刷题，会出现只会做旧题，面对稍有创新的新题便手足无措的情况。科学上有一个"过拟合"现象，与这种情况十分相似。

我认为，与其做十道新题，不妨踏踏实实地搞明白一道典型、精彩的旧题。首先，要能够完整、正确、独立地做对这道题；然后，要透彻地理解题目所考察的知识点，并寻求一题多解，对比解法之间的异同和优劣，掌握最佳解法；最后，要将多道相似的题放到一起来看，归纳、总结该题型的设问特点、解题技巧、答题角度。做到以上三点，才叫搞懂了题目，才会获得真正的收获。尤其是最后一点，归纳总结是提升学习效果的最佳方式。

以语文古诗鉴赏中考某一联的作用为例。大家不妨看看 2024 年海淀区期末古诗鉴赏的主观题，考的是陶渊明诗中四句写景句的作用；再看《晚登三山还望京邑》这首诗对应的主观题，考的也是写景句的作用。这两道题看似诗歌不同、设问略有差异，实则答题方法是一致的。研究答案不难发现，考察诗句作用，都要从内容和结构两方面作答。内容上，首先要抓住写景句的意象，并提炼出意象特征，组合为意境（阔大幽远、开阔澄明等四字词语描述意境特征）；在心为志、发言为诗，诗人往往借景抒情，所以应当把握好诗人在景物中寄托的情感，以及诗句所反映出的诗人形象。结构上，应当关注景物的整体性，并考虑诗歌中段与诗歌开头、结尾的承接与呼应，以及诗句对诗歌主旨的作用。最后，用恰当的语言将上述要点联系起来，并加上适当的解释，就可以拿到分数。倘若通过一道或两道题目将考察诗中某一联作用的答题模式总结出来，那么再次遇到这样的题目便可迎刃而解。

不过应当注意以下两点：

首先，归纳总结应当从更上位的角度审视题目，抓住题目之间的本质联系与基本原理，而不是仅从表面上背题型。有人将高中物理总结为100多个模型，这显然是荒谬的，真正本质的、需要总结的内容显然不是这些所谓的模型，而是其背后的物理学原理及应用。

其次，少刷题不等于不刷题。适当的刷题对提高熟练度有很大的帮助。计时完成套卷更是重要的训练方式。

三、长远规划，补齐弱科

还是那句话，高三不是百米赛跑，而是马拉松。因此，任何规划都应从较长的时间尺度上完成。

高三时，考试很多。尤其是高三下学期，几乎是周周考试。此时，不能太过在乎某次考试的排名等虚名，而应该反思考试中反映出来的真问题、真弱点。实际上，在高考前，我进入到一种"考麻了"的状态，即上考场面不改色心不跳，毫无压力、不关注结果，而只把它看作是又一次作业。这种状态是应当通过模拟考试达成的。

关于弱科，首先要正视、承认，然后要搞清楚弱科为什么弱：是基础知识不扎实，答题角度找不到，还是做题熟练度不足？这可以通过翻看错题，也可以通过多与任课老师交流来实现。搞清楚之后，要在时间分配上多向弱科倾斜，针对性补强弱科，同时兼顾强科的保持。

高三时，我的语文、生物较弱，其余理科较强。复习时，我每天会在强科上做几道大题，稳步推进复习计划，而将较多时间投入给弱科。我每天大概会花一个多小时学习语文，主要是做两道大题，认真核对答案，从答案中参悟、总结答题规律；同时，我也会花四十分钟左右的时间做两到三道生物大题，并且分专题专项突破，补齐各个模块的漏洞。通过这样的策略，到高考时，我的生物已经不拖后腿，而语文甚至变为相对较强的学科。

我的高三回忆

毕业半年，如今高三的记忆已经变得越发模糊了。回忆起来，多是些与学业无关的同学间的琐事，深思起来倒是有一股淡淡的老友间的温情。然而一是鄙人不善写作；二是记忆已经模糊；三是写来对捧读此书的人想来也无益处，便不再详述了。

在此，我必须感谢年级主任王锋老师、班主任王海平老师以及所有任课老师的教导与帮助！

班主任点评

同学们和老师们说起李重言，都觉得他是一个神一样存在的学生：化学竞赛金牌、年级第一、校团委的主要干部、狂热的足球爱好者、游戏的喜爱者……很难相信这么多的标签是贴在同一个人身上的。李重言是一个全面发展、充满活力且才华横溢的男生，无论是学业、运动还是兴趣爱好，他都展现出令人赞叹的专注力与卓越能力。在体育场上，他不仅是团队的核心，更以敏锐的判断力和坚韧的拼搏精神感染着队友。他懂得协作的重要性，能在关键时刻挺身而出，这种责任感与领导力让团队凝聚力倍增。而他对体育的热爱不仅停留在运动本身，更延伸为对健康生活的追求和永不言弃的信念，这种态度也潜移默化地影响着周围的同学。

在学业上，他是当之无愧的佼佼者。作为经历多次大考的年级第一名，他的优秀绝非偶然——课堂上专注的眼神、高效的学习方法、对知识的深入思考，都是他扎实积累的见证。他善于在听课时捕捉关键信息，课后又能迅速梳理逻辑、举一反三，这种高效的学习能力能让他在紧张的学习中始终保持领先。而他在化学竞赛中斩获金牌的成就，更凸显了他对科学探索的热情与天赋。他敢于挑战复杂问题，在实验与理论中游刃有余，用严谨的思维和创新的视角征服难题，这份执着与智慧令人钦佩。

更难能可贵的是，李重言始终保持着谦逊与真诚。他乐于分享学习经验，耐心为同学答疑解惑；在团队中从不傲慢自大，总是以行动带动他人进步。他的优秀不仅体现在成绩单和奖牌上，更藏在做每一件小事的态度中。这些细节构筑了他独一无二的成长轨迹。

展望未来，愿李重言继续保持这份对生活的热爱与探索的勇气，书写更精彩的篇章！

（王海平）

家长心语 | 相信的力量

一、相信孩子，尊重孩子，相信孩子独立高贵的灵魂

因为相信，所以看见；因为看见，所以坚持。我们一直相信，孩子能够拥有属于他自己的光明的未来，拥有属于他自己的时代和使命。

在孩子的成长过程中，家里没有配置电视。一家人一起读书，是每天最宁静温馨的时刻。孩子从小热爱阅读，我们要根据他每天的问题，选择符合他当时阅读兴趣的书籍。五六岁时看儿童版的中国历史，我们相信，历史故事可以慢慢培养他的胸怀，朝代的更迭兴衰，平凡人民的崛起，能点燃孩子心中的使命感。

在日常学习和生活中，我们尊重他，相信他。没有违背他的意愿，擅自给他报辅导班，而是让他自己安排时间和学习节奏，这种信任给了孩子管理自己的机会，慢慢发展成了自律。只有自由的孩子才可能自律。平常

管教太严的孩子，一旦有了自由，很可能会放纵。

每个孩子都是一个天使，都有高贵的内心和天然的良知。我们所能做的，只是给他陪伴，给他关爱。

正如黎巴嫩作家纪伯伦的名作——《致孩子》里说的一样：

> 你的儿女，其实不是你的儿女。
>
> 他们是生命对于自身渴望而诞生的孩子。
>
> 他们借助你来到这个世界，却并非因你而来。
>
> 他们在你身旁，却并不属于你。
>
> 你可以给予他们的是你的爱，却不是你的想法，因为他们有自己的思想。
>
> 你可以庇护他们的身体，却不是他们的灵魂，因为他们的灵魂属于明天，属于你做梦也无法到达的明天。
>
> 你可以拼尽全力，变得像他们一样，却不要让他们变得和你一样，因为生命不会后退，也不会在过去停留……

让我们共勉。

二、相信老师，尊重老师，相信老师传道授业的操守

因为相信，所以看见；因为看见，所以坚持。教学相长，天下对孩子最好的人，第一是父母；第二是老师。

从小学到高中，还有可以预见的大学甚至以后深造，我们相信老师，尊重老师，配合老师。孩子遇到的每一个老师都特别善良负责，又善于教学。从小学的张老师、初中的邹老师和夏老师、高中的王老师，到他的化学竞赛教练王老师、尚老师以及年级主任王老师等（不再一一列举），都特别负责任，对待孩子严慈并济，很多时候，比我们家长要细致入微，他们不但关心孩子的学习，在生活上也给予很多指导和关爱。相信老师，就会发现每一位老师都很好，形成良性循环。我们从没有给孩子报学习类的辅导班，也没有购买任何课外读物，只要配合首都师大附中老师的教学安排，就足

够了。孩子能有今天的成绩，最应该感谢的是他的历任老师，慧眼识珠，善于发现孩子的优点并培养他。我记得孩子的化学启蒙教练行老师，仅仅接触我们孩子 1 个月，就通过班主任夏老师带话，说孩子有夺奥林匹克国家金牌的潜力，这对孩子和家长来说都是极大的鼓舞。他的化学教练王盛老师和尚老师，也帮助我们详细分析成长路径，坚定我们学习的信心。我们按照老师的安排配合，最后孩子不但拿到奥林匹克化学竞赛金牌，裸分也超过录取线很多分而进入北大。"千里马常有，而伯乐不常有。"人要懂得感恩。特别是我国这么大，十四亿人，聪明的太多了。成功，更多的是老师的功劳，因为只有老师，才能真正地将孩子托举出来。借此机会，我们想专门表达对清河四小、首师附初高中各位老师的衷心感谢。

一代人有一代人的使命，一代人有一代人的担当，家长朋友们，让我们选择相信。

因为相信，所以看见；因为看见，所以坚持；因为坚持，所以必然。一切都是那么自然而然，水到渠成。

谢谢！

（李重言家长）

只问耕耘，不问收获

龙 灿

成绩情况：高一刚入学 50—100 名左右；高二 20—50 名；高三期中考试 668 分，年级排名第 19；期末 659 分，年级排名第 39；一模 640 分，年级排名第 52；二模 666 分，年级排名第 21；高考 695 分，年级排名第 9。

成绩雷达图：

高三（上）期中

语文

150

100

生物　　　　　　数学

50

0

化学　　　　　　英语

物理

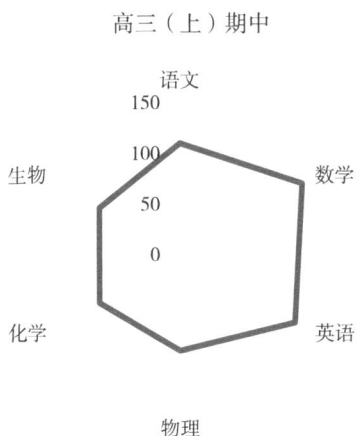

弱势科目：语文、化学

送给学弟学妹的一句话：追风赶月莫停留，平芜尽处是春山。

最终录取院校：清华大学电子工程系

我的简介

我是首都师大附中 2024 届 1 班的龙灿，高考选考科目物化生。

我既是"天空蓝"，又是"阳光橙"。初一、初二时我在 3 班，一开始我的成绩并不起眼，在第一次期中考试中数学发挥得不错，当时的班主任张彩萍老师表扬了我。在她的不断鼓励下，我开始探索自己的学习方法，慢慢地投入更多的时间和精力到学习中。初二几乎一整年都在疫情中度过，上网课成了家常便饭。上网课期间，我有意锻炼自己的自律性，每天尽早听完所有课，写完所有作业，剩下的时间都用来自己琢磨。我当时是先预习课本，再把书后习题做完，然后再刷《新思维》。我花了相当长的时间思考钻研《新思维》中的题目，并感到乐此不疲。经过这一过程，我的数学实现了一次突破，初二以来数学稳定在年级前十，也找到了学习的兴趣和成就感，我在二者的引领下不断进步；初三开学便顺利地升入直升班。

来到一班，才体会到什么叫"高手如林""卷王聚集地"。有的同学词汇量 12000+，有的同学天赋异禀智力超群，有的同学作文次次都是范文……但我并没有因此而感到压力有多大，因为我始终坚持一个原则：不跟别人比，只跟自己比，只要自己在进步、在变得更优秀就行。这种观念让我学会正确面对竞争关系，不仅有效避免了无意义的精神内耗，还提高了我的执行力。这种稳定的内核让我在大学阶段继续受益。高一、高二我的优势科目是数学和物理，弱科是语文、化学、英语。生物成绩犹如坐过山车，忽高忽低不太稳定。从高二下学期开始，我有意提升语文，奈何领悟能力有限，收效并不明显。化学相对来说套路性较强，高二、高三刷了更多模拟题并进行整理归纳后慢慢提升到较好的水平。高三阶段我也有意识提高英语阅读能力，读完了好几本外刊，英语分数从 120+ 提升到 140+。生物的几次模考考得都一般（不过我始终认为海淀区生物偏难，参考价值不大。呵呵，有点儿自负哈！），高考时考得比平时都好。我觉得我之所以能实现"低开高走"的原因，在于心态稳定和掌握了较好的学习方法，能积极做好各科的归纳总结。

虽然重视学习，但我也不想做一个书呆子。学习之余我喜欢听音乐、跑步、做饭和旅行。起初我也比较宅，不爱运动，奈何中考体育要考1000米，于是我不太情愿地开始尝试跑步。坚持跑了一段时间之后，我开始享受多巴胺带来的愉悦，而且还让我一年瘦了10斤，脱掉了婴儿肥。到了高三，我依然坚持每天跑步。跑步可以释放压力，减轻心理负担，改善睡眠质量；同时跑步还能锤炼坚强的意志品质和补充充足的体力，这对于应对持续4天的高考是很有帮助的。除了跑步，做饭也是我的一大爱好。国内各地的各类炒菜、国外的西餐简餐、甜点饮品我都乐于尝试。我还酷爱旅游，高二的五一假期我还抽出时间去了一趟马尔代夫，选岛、找代理、订酒店、订机票全都由我来规划。在欣赏美景、玩耍的同时也锻炼提升了我的英语沟通能力。

除了各种兴趣爱好，我还积极参与并组织了学校的学生活动。我加入了校团委的活动部，和小伙伴们一起策划了多次大型校级活动，比如"一二·九远足"、辩论赛、五四表彰等。在策划活动的过程中，我学到了很多除书本知识之外的软技能，比如如何设计出更能吸引同学们参与的活动环节和形式，组员如何分工协作，如何进行外联，如何处理突发情况等等，这些技能对我大有裨益。

学习经验

笼统地说，我的学习经验主要有三点：重视积累、积极归纳总结和深入理解概念本质。

很多知识我并不是天生就会的，更多靠后天的学习和积累。比如一开始我的文言文较差，然后我就注意积累常见实词、虚词的用法，把万唯上归纳的十几个虚词各自的多种用法做了系统梳理，并结合具体的例句加以背诵记忆。平时做的题中遇到的生词我也会积累下来。久而久之词汇量增加，文言文也就不那么晦涩难懂了，选择题和翻译题的正确率更高了。另一个积累的例子是英语阅读。正如前文所提到的，高一、高二时我的英语并不突出，也不太稳定，一般就是120+。我发现阅读是我的弱项，所以后来我刻意增加了阅读量来提升语感。当时雷老师推荐我们读外刊，我就每天读半小时，读完了老师规定的《穿条纹睡衣的男孩》《了不起的盖茨比》，还自己额外阅读了《哈利·波特》和《杀死一只知更鸟》。同时我还坚持读外刊《上海学生英文报》，每天至少一篇，阅读后积累生词和短语，梳理文章结构画出思维导图。阅读外刊大大增加了我的词汇量，提高了阅读速度和理解能力。同时由于外刊囊括了科技前沿、人文社科、艺术体育、哲学文学等多种主题，读外刊使我对很多话题有了更丰富的了解，这样在考试中就可以更快地理解文章所探讨的主题。经过持续努力，我的英语提升到了140多分。

说完了如何积累，再来谈谈我是如何进行归纳总结的。归纳总结的实质就是透过题目和知识点的表象，挖掘提炼其本质特征，抽象概括出特定的模型和范式，形成具有普适性的通法。

以数学为例。比如针对函数导数问题，我总结、分析函数问题的一般思维过程：首先，关注定义域（注意对数函数、分式、根式、正切函数等）；其次，看看有没有对称性（如有，可以减少一半的工作量），再求导列表研究单调性；最后在单调性的基础上研究极值、最值、值域。在此基础上，针对特定的设问类型，我还归纳出一些特定的范式。比如针对较难的双变量问题，我将其分为有关系和无关系两类。有关系的往往借助单调性实现两个自变量的关系与两个自变量所对应的函数值的关系对问题进行转化，转化成一个单变量的不等式证明问题；无关系的双变量问题（如2022年高考题）一般采取主元法思想，固定一个自变量当成参数，将另一个自变量看成真正的自变量。类似地我还归纳过如何通过建系和空间向量的方法求解空间中的位置关系和数量关系、解析几何设点还是设线等等。

在物理中，归纳总结的对象更为明确，就是一个个经典的物理模型，比如板块模型、电动机模型、发电机模型、原子核模型等等。整理的时候我会先画一个情景图，设出各种变量和参数，进行电路分析、受力分析、运动分析。想清楚整个情境之后，再根据物理的规律、定理列出方程求解。而做题的过程，就是从一个具体生活的情景中剥离出一个物理模型并求解的过程。对于物理这个学科，除了要归纳总结模型，还要归纳物理实验。实验主要关注实验目的、实验原理（公式推导）、实验方法（控制变量法/小量放大法/转化法）、误差分析（分清楚系统误差和偶然误差，总结如何避免系统误差的改进实验的方法）、创新实验思路（伏安法与伏阻法、安阻法）、数据处理、图像分析等等，对每个课本上的实验按以上流程做一个系统的梳理，实验题就可以十拿九稳了。

对语文和英语也可以进行归纳总结。比如语文可以归纳常见实词、虚词的用法，可以归纳各种大题的答题模板，还可以归纳选择题设错的方式，比如动静、虚实、远近、整散、时间，还有以今律古、过度解读、刻板印象等。英语可以归纳语法填空的考点和阅读表达的答题细节，还可以归纳阅读题的设错方法，比如混淆主旨（main idea）和意图（purpose）等。

除了归纳总结，我认为学习还要力求深入理解概念本质。对于数学观念而言，既要能够用符号语言准确表述，又要能用直观、形象的语言描述其本质。比如极值点的定义是不依赖导数而存在的，不可导点也可能是极值点；极值点如果可导，一定是导数为零，反之，导数为零的点不一定是极值点，还要求导数变号。对于物理的公式、定理而言，要清楚它描述的是一个状态（牛二律）还是一个过程（能量守恒），描述的是一个质点（动量定理）还是一个系统（动量守恒）。要清楚定理的推导过程，比如欧姆定律成立的前提是纯电阻电路，原因就在于推导欧姆定律用到了能量守恒。尤其在电磁感应部分，要注意一些微积分思想的渗透。比如电动势等于磁通量随时间的变化率（对时间的导数），结合动量定理安培力对时间积分会出电荷量等等。再比如生物中对假说演绎法的认识。假说是尝试提出一种数学模型来解释遗传现象和规律，演绎是基于假说，对另一种情况进行数学推理，推测出某种遗传现象，再用杂交实验进行检验的思维过程。

以上三点，是对我而言比较贴合的学习方法。对于考试而言，除了平时的学习方法，考前的心态也是十分重要的。我认为自己高考中较为满意的发挥与考前平和的心态有着密切关系。我觉得心态上要注意两点：第一点引用毛主席的一句话："战略上蔑视敌人，战术上重视敌人。"战略上蔑视是指不要被一场考试吓倒，要相信自己一定能够克服困难，实现理想，对自己要有信心，不必诚惶诚恐，过度焦虑。战术上重视是指在具体的学习和考试过程中，一定要小心谨慎、细致认真，踏踏实实，不能轻率急躁。第二点是要合理预期，轻装上阵。考前不要有过高的预期和要求，比如这次一定要考到多少分，这种想法会让你在遇到新题和难题的时候心理压力过大，从而影响时间分配和整场考试的发挥。上考场前告诉自己我该做的努力都做了，剩下的结果就顺其自然。这样卸下心理的负担，轻装上阵，往往能有较好的发挥和意外的收获。

对自己有影响的重要事件

高三期间对我影响最大的事件是一模的失利，尤其是数学和生物的失利。期中、期末、二模我的区排名都在300名左右，一模则掉到了800名。这一方面给我敲响了警钟；另一方面也让我意识到自己有哪些不足之处。一模数学我出现了许多乍一看属于"马虎"的错误，比如立体几何建系后坐标写错了，概率统计数算错了，解析几何某一步因为跳步而出现了计算错误等等。经过仔细地反思，这些错误不应该用"马虎"草率解释，背后折射出许多潜在的问题，比如建系方法不够好（建系时应让尽可能多的点落在坐标轴上）、建系后没有在图中标出每条线段的距离、没有养成良好的运算习惯，等等。通过对问题进行细化、具体化的归因，找到了需要改进的地方。对各种出现过的细节问题进行强化，使我在做题的过程中对于一些细节有了更好的把握，有效减少了一些因"粗心"导致的失分情况。

除了对细节缺少关注，一模还暴露出计算速度慢、准确度不高的问题。对此，我将之前做过的大题重新整理，通过长期训练，我的运算准确度和熟练度有了大幅提高。2024年高考数学的计算量偏大，尤其是导数。正是我在高考前有意识地回顾整理，使我在高考中的数学能有一个较好的发挥。

一模的失利不仅使我完善了自己的学习方法，还锻炼了我坚强的意志品质。长期以来坚持努力，希望有所进步，而现实却不尽如人意，不仅没有进步，反而有所退步。此时我没有陷入"我不行""我完蛋了"的自我否定，没有因为一次打击而畏葸不前，而是仍然对自己保有信心，以一种乐观昂扬坚强的态度继续前行。我始终坚持"只问耕耘，不问收获"的观念，用踏实具体的实际行动代替无意义的精神内耗和消极的自我否定。正是这种乐观、坚强而又踏实的心态，使我在高考中实现了翻盘，考出了最理想的成绩。

关于附中

附中致力于"办负责任的成达教育"，也的确实现了这一目标。成德达才不仅仅追求成绩的优异，更致力于塑造学生全面完整的人格。老师们的及时答疑解惑，让我真正感受到了他们对我发自内心的关爱，化繁为简的奇妙解题方法让我茅塞顿开，在应考心理上践行了勇者无畏的思想精神。同时学校还为我们安排了丰富多彩的小语种课来拓展国际视野、增进对多元文化的理解。开设了各种艺术选修课，让我在版画制作的过程中提高艺术鉴赏力和审美情趣。学校多年来还延续"一二·九远足"的传统，让我们在重温先贤们走过的征途中培养家国情怀与责任担当。成达教育是追求德智体美劳全面发展的教育，使我受益匪浅。

除了先进的教育理念，附中认真负责且专业的老师也给我留下了深刻的印象。王海平老师如沐春风的话语，武智老师嘹亮而富有激情的授课，雷霞辉老师凌晨两点还在批改作文的身影，郑丙彦老师儒雅而勤恳的身姿，王锋老师妙趣横生的语言都给我留下了极为深刻的印象，让我久久不能忘怀。在此也向所有指导过我的恩师致以崇高的敬意和衷心的感谢。

班主任点评

龙灿是一个极具生活热情的男孩，他善于在平凡的生活中捕捉美好，无论是美食还是美景，都能让他感受到生活的丰富多彩，也展现了他善于观察、乐于探索的细腻心性。在旅行规划中，他能将创意与逻辑结合，设计出兼顾效率与深度的路线，这种统筹兼顾的能力也延伸至校团委的工作中——作为学生干部，他既能高效落实任务，又能凝聚团队力量，促进协作，以严谨审慎的态度和灵活的沟通方式赢得老师和同学们的认可。

生活中的他自律笃行，坚持用跑步磨砺意志，以脚步丈量坚持；学习中的他勤于沉淀，注重积累与归纳，善于将知识梳理为系统框架，并通过深入思考形成独到见解。这种"厚积薄发"的治学态度与"知行合一"的行动力，让他在学业与实践中始终保持稳步的成长；而当同学需要帮助时，他总能挺身而出，在班级中，他就是那个给别人带来温暖和正能量的人。

"龙"意味着腾霄、"灿"饱含着曜彩，在未来的日子里，愿龙灿如潜渊之龙蓄风云志气，若启明之星耀山河征程，带着对美好的向往，用坚定的信念和积极乐观的态度迎接生活的挑战，在追求卓越的道路上不断前行。

（王海平）

家长心语｜陪伴与沟通

高考已然过去，回望孩子上学的12年，我觉得不同阶段家长应有不同的侧重点。小学阶段要注重培养孩子的学习习惯，比如独立完成作业。中学阶段，家长更应该注重对孩子的陪伴与沟通。但陪伴不是强加控制，不是盲目、粗暴地干涉孩子的学习，而是尊重孩子的意愿和选择，做到不干涉、不指责、不控制。我陪伴孩子的方式是每天晚上与孩子一起跑步，在跑步的过程中耐心地倾听他讲述一天的学习内容以及遇到的困难。除了用心陪伴，有效沟通对于正值青春期的孩子来说也至关重要。这个阶段孩子的情绪很不稳定，探索与焦躁、激进与放弃、安静与易怒交替出现，只有善于倾听和沟通，才能及时为孩子疏解困惑与焦虑，让孩子保持平和的心态。在与孩子沟通的过程中，首先要学会耐心倾听，不轻易打断，让他畅所欲言；其次要结合该年龄段孩子的心理特征，站在孩子的立场思考问题，做到设身处地、将心比心，真正理解孩子的不易；最后要以平等尊重的语气与孩子沟通，让自己的建议更容易被孩子接纳。默默地陪伴，积极地沟通，孩子便会自然而然地进入最好的状态。

（龙灿家长）

从首都师大附中到北大燕园：
我的心路历程

王弘毅

成绩情况：高一年级排名第48，高二年级排名第18，高三（二模）年级排名第1。高考成绩693分，年级排名第10。

成绩雷达图：

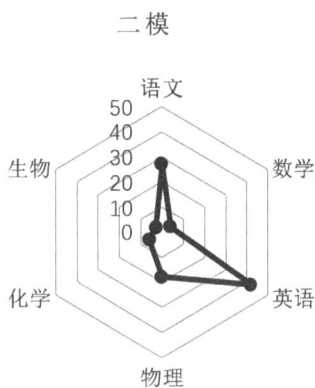

弱势科目：语文

送给学弟学妹的一句话：保持战略定力，做你想做的。

最终录取院校：北京大学物理学院

我的简介

十分荣幸能收到《从首都师大附中到北大清华》约稿。当我高中三年的班主任、深受同学们喜爱的王海平老师发来约稿消息时，让我们不要被书名"绑架"，写写自己六年附中生活的总结就可以。我想，在首都师大附中的六年，留下的绝不仅仅是世俗的经验教训，更是与北洼路33号的一草一木、恩师挚友在每个朝夕之间形成的深深羁绊。因此，我就把记忆中与首师附相关的重要经历记录下来，想必此书的读者希望从中获得的那些东西，都会自然地从这些记录中浮现出来。

初一、初二——迷茫

我与首都师大附中的缘分要从2018年开始说起。那是北京小升初最激烈的时候，小学六年级的我终于收到了来自"六小强"的录取通知书，由此我便成为一名首都师大附中成达一班的初中生，也将在这里度过接下来的六年。

可能与许多从小到大一直十分优秀、最终如愿进入清北的同学不同，以"北京市三好学生"身份小学毕业的我，进入初中却成了一个不折不扣的"差学生"。初中一年级的几次考试，我的成绩都在年级一百名开外。个中缘由，我把它归因于小学三年级随母亲到美国访学一年之后，在奥数学习中不再具备竞争优势，甚而被"群雄"碾压导致的信心尽失，以及对网络游戏无法自拔。

从初中二年级开始，我不得不面对一个压力，那就是初二升初三的"分流"。通常，成绩不优秀的学生，会从全校最好的成达一班和二班"分流"至其他班级。留在一班和二班，意味着可以直升首师附高中。以我当时的成绩，大概率会被"分流"。但内心迷茫的我，的确非常希望自己能留下。

一年级糟糕的成绩，让我觉得自己的期望像"天方夜谭"，不知怎样才能实现"留下"的目的。那个时候，是爸妈给了我信心！不知道为什么，尽管进入初中后考试成绩不理想，但爸妈却一直说，以我的学习能力，我完全有进入年级前十的可能，就看我愿不愿意努力。对爸妈所言，我半信半疑。但"留在一班"的强烈渴望，终于让我开始专注于自己的学习，即便是假期也不懈怠，一直努力复习。印象最深的是政治，我把知识点熟悉到可以不用看课本就能把整本书有逻辑地讲出来（这让我在大一学习思政课时，对宪法法律那一部分仍能记忆犹新）。这样，初二第一学期期中考试，我的成绩首次进入年级前40名；第二学期期末，进入年级前30名，排名第24，离爸妈所说的年级前10名越来越近。最终我也如愿留在了一班！

现在回头看，留在一班是十分重要的。当时有些成绩曾与我相近，甚至比我更好，但没能留在一班的同学，后面的发展很多都不尽如人意。而我本来很有可能成为其中的一员。若是这样，我此后的发展一定会有所不同。这让我对自己拥有的一切都心怀感激。

初三——特殊的一年

"分流"之后留在了一班，我的内心如同劫后余生，终于卸下了压力；再加上此时的成绩已经有所进步，我感到重获新生，此后的记忆也开始清晰起来。

我们的初三是极其特殊的一年。因为直升，成达班的学生不用像其他班级那样复习准备中考，而是直接开始学习高中课程。学校还为我们两个班级提供特色的"成达课程"，每周二整个下午都会选修体育美育课，还有许多独属于"成达"班的特色活动。当其他班级在为中考忙得焦头烂额时，我们不仅没有考试压力，反倒还有种种"优待"，这让大家的优越感与日俱增。学习方面，由于没有同年级的竞争，单独的排名让自己的名次总显得很好，难免会在学习上变得懈怠。

不过，因"优待"而"懈怠"的初三，并不意味着全面否定。对我个人而言，一方面，这种"矫枉过正"的优越感，从某种程度上重塑了我的自信心。它让我意识到，我的确有能力站在一个更高的位置，而我只需要更加努力，就能取得好的成绩。另一方面，我遇到了两位对我非常重要的老师。

第一位是我们的数学老师，也是班主任，操着一口浓重山东口音的夏繁军老师。他在某种程度上很像一个大学老师，对我们纪律性的管理十分宽松——不太在乎每个人交没交作业，允许我们在自习课出去活动，有时提前放学，还会和我们一起打篮球。同时，他的授课风格极具启发性和拓展性，常常由课时安排的内容延伸到后面的内容乃至课外内容。这种风格是十分迎合我们当时"优越"的心境的。从他的课上，我又重新找回了"好奇心驱使着学习"的感觉，让我重拾了学习的乐趣。

另一位是我的物理竞赛老师于万堂。初三那会儿，学校要求成达班的每一个学生都接触一门竞赛课程，以选拔竞赛生。我因为从小的兴趣而选择了物理，于是遇到了于万堂老师。于老师讲课的最大特点就是风趣幽默，充满激情。他讲课时，粉笔总是将黑板戳得"咚咚"响，在讲碰撞的时候说起台球，在讲斜抛运动的时候说起投篮，然后在那张"糙脸"上露出得意扬扬的笑容，说自己球打得多么多么好。当然，他也总会在下课的时候和我们一起打篮球。我们还能在平时看到他在单杠上做引体向上，在他的微信朋友圈里看到他练散打，并在周末的晚上发表"酒后真言"，又在第二天早上删掉。总之，从于老师身上，我看到的不仅是老师的身份，更是一个活泼可爱的人。虽然后来我没能在物理竞赛上取得突出成绩，但是这段经历让物理成为我"无须复习"的优势学科，指引着我来到北京大学物理学院。

高一——从"懈怠"与"癫狂"的回归

步入高中伊始，同学们大都带着初三的那份"懈怠"与"癫狂"，显然还没有做好进入节奏更快的高中学习的准备。最先来把我们纠回正轨的，是班主任王海平老师和物理老师范鸿飞。初步接触，两位老师都十分强调"规矩"。用比喻的说法，王海平老师像是我们的母亲，不管在教学上还是日常管理上都是按部就班、一板一眼；而范鸿飞老师像是我们的父亲，十分严厉，还有诸如上课不允许喝水之类的规定。这样的风格一开始让我有些不适应，不过与两位老师相处久了之后，他们可爱的一面也展现出来了。王海平老师不仅像母亲，也像我们的姐姐，总是面带笑容，对一切都充满活力、认真负责，又能与学生打成一片。范鸿飞老师不仅像父亲，更像一位松弛感极强的"老北京"，上课动不动冒出金句令人发笑，还发布个人的视频号，把物理实验的演示拍得像好莱坞大片，把自己自驾游的视频以及摄影作品展示出来，再加之他每天总是只穿那套如乞丐一般的衣服，留着像丐帮一样的长头发，让他的形象别具一格。总之，随着高中课程加速进行，我们也逐步回到了正常的学习节奏。

高一下学期，我遇到了人生中对我影响最大的老师——政治课老师陈菊婉聪。当时，大多数同学已经明确了自己的选科，因此对不选的科目一般都不会太上心，上课也都在干自己的事。然而，每一节政治课，我都聚精会神，听得有滋有味，原因就在于陈菊婉聪老师。

陈菊婉聪老师是 2010 年甘肃省高考文科探花，从北京大学毕业，学习中外政治制度。至于我们为什么知道这些信息，还是因为互联网上《兰州晨报》的一篇报道。其中，最令人忍俊不禁的一段就是："6 月 22 日下午 6 时，就在高考学子们都在紧张查分的时候，今年高考全省文科探花——兰炼一中高三（8）班学生陈菊婉聪还在健身房锻炼。'我是想着晚上回家后再慢慢查，反正迟点查早点查都不影响我的成绩。我接到班主任老师的电话后才知道自己考了 610 分，回家匆匆洗完澡后就奔学校来了'。"现实中，陈菊婉聪老师也是如此有趣。

她给我们上第一节课时就说，"相信以大家的能力，只需要考前看看知识点就可以轻松地通过学业水平考试，根本无须每节课都枯燥地讲课本，因此为什么不在课上学一些更有趣的东西呢？"于是，在接下来的一年时间里，陈菊老师带领我们走进了知识的海洋——不是课本上那些感觉很脱离现实的知识，而是真正生活中、社会中、世界上的知识，为我的思维打开了一扇窗，带领我真正认识这个世界。她给我们讲古希腊哲学家柏拉图的《会饮篇》、笛卡尔的"我思故我在"；她带着我们阅读经典著作《一九八四》，用其中夸张的情节带我们认识权力与制度；党的二十大召开之际，她给我们讲领导人选举的各种规则、过往各任领导人的趣事；疫情防控面临转折之时，她与我们冷静地分析社会动态……其中很多的知识是我们真正想知道，却没有时间，或者没有途径，抑或是不知道通过什么途径了解的。高一、高二，正值青年人开始认识社会的阶段，陈菊老师提供的知识，满足了我们如饥似渴的求知欲、好奇心，强烈地激发了我进一步了解社会的欲望。

陈菊老师的课还有一个很大的特点，就是允许我们发表任何观点，哪怕是平凡的、幼稚的，甚至是"低俗的""危险的"，她都会面带笑容地认真倾听，听完还会若有所思的样子。其中，令我印象很深的是她经常会在课后发一张小纸条，上面有一个开放性的问题，让我们随意作答，写一个字、一句话或几段话都可以。举一个例子：你认为以下哪个更真实？椅子、构成椅子的分子，还是你坐在椅子上的感觉？然后第二节课，她就会把我们所有人的观点都汇总在一张纸上，按照观点的不同分好类，打印出来发给我们。这些匿名的观点，无论长短，通俗或专业，认真或随意，她都把它们没有区别地排列在一起，与全班同学一起分享。此外，我们每个人的纸条上都已经写上了她的批语，不是"优"或者"阅"，而是她进一步的反问，以及手绘的表情包，发回到我们手中。

如果说北京大学最大的特点是思想自由、兼容并包，那么陈菊婉聪老师就是这八个字的具象呈现。在她的课上，我们敢于发表任何观点，哪怕它很不成熟，因为我们相信她会尊重这个观点；同时，我们也懂得了尊重、包容别人的观点。于是，思想的火花总会在她的课上迸发。也正是因为陈菊婉聪老师，我第一次有了想考入北京大学的愿望。

高二——稳中求进

高一、高二这段时间，学习和生活整体而言就是按部就班，该学学，该玩玩。我是个非常爱玩的人，于是考试成绩就取决于考前复习的动力足不足。动力够，复习得充分，就能考个年级30名左右；比较懈怠，复习不充分，就到了五六十名。不过我平时也认真听课、正常完成作业，因此课业也不会落下。

高二下学期期末是我的成绩迎来质的突破的时刻，首次进入年级前20名，排名第16，完成了父母一直坚信但我自认为"不可实现"的目标。而我的成绩取得突破的原因其实非常独特。

高二下学期，学校照例举办了"振兴杯"篮球比赛，我代表我们班出战，两战全负。这样一来，加上高一的三场失利，我就以0胜5负的惨淡战绩结束了我的高中篮球生涯。这对我的打击很大。从小我就十分热爱篮球，在高中年级里，水平也算不错，因此我也为"振兴杯"篮球赛投入了极大的心血，然而最终取得这样的结果，我很难接受。不知怎的，当时，一种奇怪的心理在我内心出现：要把在篮球上丢掉的面子从学习上找回来。后来，直到高三结束，我把投入到篮球上的激情转移到了学习上，这样就克服了我一直以来学习动力不足的问题。另一方面，经受了不断失利以及随之而来的他人的调侃或嘲讽，我的内心更加稳定了，不再容易被一时的挫折影响到心态，这在高三的长跑中，乃至高考考场上，都给了我极大的帮助。当然，后来我也一直在打篮球，而且发现自己对篮球的认识更深刻了，在场上的心态也更好了。现在，我也加入了北大物院的篮球队。

所以说，培养一个真正的兴趣爱好吧。它真的会在你意想不到的地方帮助你！

高三——一个"纯粹"的高三生

"做一个纯粹的高三生"，这好像是我们年级主任王锋老师在高三伊始对我们说的话。但正如王锋老师本人，我们的高三"纯粹"，又不"纯粹"。

高三一上来，最大的感觉就是一个字——累。仅仅是带着"高三"这一身份，我就不自觉地要把更多的时间投入到学习中，然后不自知地放弃了其他东西。同时，晚自习和一周单休的新模式又压了上来，这让我在国庆假期前的一段时间深切地体会到了 burn out 的感觉，疲惫总是在叠加而没有释放的机会，每一周都比前一周更累。当时我便认定，这种状态是不可持续的。于是后来，我就心安理得地重拾了运动和娱乐。体育课上，两个班一起打全场 5v5，不遗余力；下午自由活动，打上半个小时到一个小时球；午饭、晚饭之后，和同学们在班里玩"植物大战僵尸"杂交版；很用心地在班级日志里写写抒情文字；吃腻了食堂，就在学校对面一条街下馆子；周六补课中午和放学之后，操场上二十多个人像疯子一样踢足球……在这些时间里，把"高三"和"学习"抛在脑后。这种状态，我们一直保持到了高考前。那会儿学校已经放假，大家自发地来学校自习，到了下午五点，大家就拿着球一起往操场跑。

一模之后，班主任王海平老师在总结班会上把班级前 15 名的名单列出来，总结了这些同学的一个共同规律——爱运动。事后看来，运动在高三尤其重要，说得官方一点是让你有一个好的精神面貌，说得俗一点就是让你每天有个盼头。有人可能疑惑，你要是天天就盼着玩儿，那能学得进去么？其实，反过来想，要是天天连个盼头都没有，光学习，那能学得进去么？说实话，到了高三，每天固有的任务量已经够大，能把这些做好，你已经很"纯粹"了。

到了高三下学期，我能明显地感觉到高考越来越近给自己带来的强烈驱动力。上半学期晚自习回到家就是玩儿，下半学期回来吃点夜宵，还再学会儿。不过就算到了高三下学期，很多人还是觉得：自己的知识漏洞怎么这么多！不过既然大家都这么觉得，那就带着这种感觉往前走，缺啥补啥就行。毕竟题是做不完的，总有自己不会的，一有不会的，就觉得有漏洞，那漏洞就是无穷无尽的，只要扎实地往前走就行。

高三之后，我的成绩已经稳在年级前 20 名了。到第二次模拟考试的时候，我突然把状态调整得很好，拿到了整个中学生涯的第一个，也是唯一一个——年级第一。拿了年级第一，感觉带来的压力比喜悦更大，因为知道高考的时候不可能比二模更好了，所以一定要稳住下线。于是我更努力了，直到高考。

就这样，高三如飞一样地结束了。所有人都说，日子从未像高三过得这么快！

我的经验（关于补齐弱科）

说到学习经验，我想我对语文这一弱科的补强是值得一提的。从初一第一次考试到高三上学期期中的无数次考试中，我的语文只有一次上了班级平均分，我的内心已经把语文不行作为一种常态。然而，从高三上学期期中之后，我的语文再也没有低过平均分。

上初中的时候，我的确对学习语文十分厌恶。当时也在课外上过几次"一对一"，但效果很差。

到了高中，我遇到了语文老师武智，他的课堂让我重燃了对语文的兴趣。用另一位同学的话来讲，重要的不是武智老师在讲什么，而是他讲课的方式。他讲课不能仅用富有激情来形容，而是你能明显地看到他自我陶醉于其中，通过补充大量的课外知识来铺开宏大的历史背景，带出文章作者的生平和轶事，然后去感知圣贤们的胸襟气度、思想情怀和人格魅力。由于对武智老师的喜爱，我非常希望能在语文上取得突破，不再谈语文而色变。然而，因为漏洞实在太大太多，我无从下手，所以成绩仍然毫无起色，为班级倒数。

后来，当我的其他科目成绩慢慢上来，提升语文成绩对我而言变得越来越迫切。不过，心里想着学好，实际并没有做点什么。直到高二下学期期中考试后的家长会，妈妈带回来武智老师的分析（懒，不愿意做笔记）和班主任王海平老师的评价（弘毅的语文为什么一直不行，说白了还是他不够在乎，认为自己不差这一科，成绩这样就行），我才真正开始想办法，付诸行动。

回想起来，想要补齐弱科，最重要的不是方法论，而是要正视自己的弱科，不逃避，去真正地投入更多时间和精力，想办法把它提上来。为了push自己，我主动要求爸妈帮我找了个"一对一"老师，花了大约半年时间（每周末上一次课），把语文答题的方法套路系统化地学习了一遍。这次的效果很好！同时在课内，我更加重视语文作业的总结，也开始认真阅读优秀作文，并向那些作文出色的同学请教写作思路。进入高三下学期，我的语文科目取得显著进步，高考取得127分的好成绩！

关于学校

1952年，艾森豪威尔在出任哥伦比亚大学校长的致词中称教授们为"雇员"，后来的诺贝尔物理学奖得主拉比教授说："教授不是哥伦比亚大学的雇员，教授就是哥伦比亚大学。"关于首都师大附中，我想亦是如此。在前面的介绍中，我提到了多位老师，还有校园中许多老师未能提及，他们风格不一，然而他们都是我从首都师大附中到北京大学的引路人。被这样一群优秀的老师们指导，我是幸运的，也是幸福的。

需要再次提到的是我们高中三年的年级主任王锋老师。王锋老师，对他最恰当的评价，就是一个有大格局的人。这种大格局投射在现实中，表现为他在指导我们这些优秀学生时的宽松感，让我们能够随心所欲，却不会偏离大方向。这在高三期间尤其明显。

高三的时候，他允许我们在吃午饭到午休期间，以及吃晚饭到晚自习期间，在班里的大屏幕上玩"植物大战僵尸"杂交版，这成为我们所有人独一无二的回忆。他允许我们在没有具体安排的周五下午的自习时间出去打球直到吃饭。他在高考前一个多月，延后了下午课程的开始时间，给我们更多的午休时间。他在本来安排继续上课的体育考试后，大手一挥让大家放学。他允许我们做很多看上去很出格的事，允许我们在最紧张的高三玩儿，因为他知道，高三学生很累，我们需要放松。他也知道，适当的放松有助于我们提高学习效率。他还知道，我们这些优秀的高三学生会自发地去学习。他知道，作为老师，既然以提高学生成绩为目标，那就应该允许我们适当的放松。他真的这样做了。但这样做并不容易，需要魄力。这份魄力来自他的大格局、长眼光。

放眼整个高中三年，王锋老师从来没有把"卷"作为教育的目标，更没有把"给学生打鸡血"作为教育手段，然而他却带出了成绩最优秀的一届学生。这就是科学教育。我们取得如此的成绩，王锋老师一定称得上是"头等功"。

在王锋老师背后，我想一定有学校层面的指引。带领我们六年，如今已成为首都师大附中集团校书记的沈杰校长，一直以来坚持"成达教育"，从不提倡优绩主义。她有慈祥亲和的脸庞，更有智慧的头脑和先进的教育理念。正是在这样的校风之下，才会涌现出像王锋老师这样有大格局的教师。

希望首都师大附中今后能延续、发扬先进的教育理念，为国家和社会不断培养优秀人才！

班主任点评

王弘毅是一位全面发展的优秀毕业生，他以蓬勃的生命力诠释着青春最美好的模样，用"知行合一"的品格在成长的道路上书写着动人的篇章。

在学习领域，他对自己有明确的目标，并有为之努力奔跑的、永不停息的脚步，他善于构建知识网络，提升学习效率，总能在互动中提出令人耳目一新的见解。特别可贵的是，他深谙"一张一弛"的智慧，自习课奋笔疾书的拼搏的身影，课间与同学探讨习题时的专注眼神，放学后篮球场上跃动的矫健身姿，联欢会上教室间流淌的清澈歌声，话剧《茶馆》中生动灵活的舞台形象，构成了独特而高效的学习韵律。这种科学的时间管理能力，让他在保持优异成绩的同时，始终保持着对知识探索的纯粹热爱。

运动场是他挥洒激情的第二舞台。足球、排球、篮球，各种比赛中，都少不了他青春的身影，在运动中，他收获的不仅是健康的体魄，更有坚韧不拔的品格和永不言败的气魄，他就是"生命在于运动"最生动的注解。

在首都师大附中的六年，他爱身边的每一个人，无比珍惜同班的同学，真诚地尊敬和爱戴每一位老师，他能感受到世界的美好，也用更多的爱回馈他的世界。"士不可以不弘毅，任重而道远"，期待他继续保持这份赤子之心，在追求卓越的道路上不断前行。

（王海平）

家长心语｜顺木之天，以致其性

高考志愿填报结束后的第一个傍晚，我们一家三口去家门口的公园遛弯儿，不经意间聊起孩子的教育问题。我跟先生和孩子说："某种意义上，我不是个合格的'海淀妈妈'！"结果弘毅接过话题道："老妈可不能这么说！我们语文教材里有篇文章叫'种树郭橐驼传'。里面讲一个叫郭橐驼的人如何种树。他种的树，即便是移栽的，也'无不活，且硕茂'，原因是郭橐驼能够'顺木之天，以致其性'。树木的天性得到保全，它的习性就得以实现。我觉得老妈你和老爸跟郭橐驼差不多，育人方面遵循了孩子的天性，不妨碍孩子的成长，所以取得了好的效果。"

说实话，柳宗元的"种树郭橐驼传"，之前我并没有读过，甚至没听说过。孩子文言文和白话文夹杂，一边说一边给我们解释。听孩子说完之后我仔细想了想，在过去十八年间与孩子相处的时光里，有点"佛系"的我们，大多时候的确如此，因而不经意间，契合了郭橐驼的"种树之法"！

在尊重孩子身心发展规律的前提下顺应自然，引导而非强制孩子，做孩子的朋友，跟孩子一起成长，或许对孩子来说是最重要的。

回想起来，我对孩子的教育，可能小学之前的婴幼儿阶段是最用心思的。初为人父和初为人母者，需要学习和了解孩子的本性并掌握养育孩子的要领。如郭橐驼对种树的认知，"凡植木之性，其本欲舒，其培欲平，其土欲故，其筑欲密"，只有顺着树木的自然性格栽种，才能保护它的生机，进而收到"天者全而其性得"的理想效果。正因如此，我和先生共同认真参与了孩子婴幼儿阶段的全过程。从咿呀学语到蹒跚学步，从稚真童年到初入懵懂少年，婴幼儿阶段的用心陪伴，让孩子养成了热爱运动的好习惯（这个非常重要）；持之以恒的绘本阅读，让孩子自然而然地认识了中国文字；英文动画片的观看和英文儿歌的欣赏，让孩子有了沉浸式的语言体验；跟小伙伴们快乐地游玩嬉戏，让孩子学会了遵守规则，跟他人友好相处……我们亲力亲为，用心且有效地陪伴，这样，孩子始终感觉到自己是被爱着的！这种爱，不仅给予了孩子安全感，同时，良好的亲子关系也得以建成。

良好的亲子关系，有人说，它胜过一切教育。对这一看法，我深表赞同。的确，"一两的关系，胜过一吨的教育"。弘毅被北京大学录取的那段时间，总有朋友问我是如何把孩子培养得这么好的。我每次都回答说"没怎么管过弘毅的学习"。朋友们以为我没说实话。事实上，从弘毅进入小学之后，我们的确没怎么管过他的学习。婴幼儿阶段养成的生活和学习习惯，让他在小学六年都可以自己管理和规划自己的学习时间。初中进入青春期，有点叛逆的他不让我们管；高中三年，自己管理自己已经成为习惯，也不用我们管。

但是，不管并不意味着放任。尊重孩子的选择，支持他有自己的学习方式和学习节奏；不制造考前焦虑，不在意一时之得失，也不迷茫一时之成败；保持情绪稳定，为孩子提供平和、温馨、开明的家庭环境；了解孩子的兴趣爱好，跟他一起打球、滑雪、出去旅游；或是聊科比、库里、字母哥和约基奇；或者《红楼梦》《风流去》《瓦尔登湖》《时间简史》《十八岁出门去旅行》；也聊福岛核污染、聊俄乌战争、聊中美贸易战、聊中国的经济增长……他儿时对运动（尤其是篮球）的热爱，一直坚持到现在；周岁便开始的沉浸式英语学习，几乎没有间断；即便到了繁忙的高三，我们仍然提醒他忙里偷闲去打篮球，支持他参加学校组织的话剧表演，陪伴他去香山看日出日落；还会因为他喜欢唱《凄美地》《二十二》，而去百度谁是郭顶谁是陶喆；因为他喜欢李荣浩，而去下载大麦 APP 帮着抢第一次模拟考试后的鸟巢演出票……在备考最为紧张忙碌的时候，我们仍然坚持每个星期抽出一个时间段，用某种方法帮他从学习的紧张中抽离出来。可能是一场电影、一次爬山、一次骑行，或者是一次外出就餐。总而言之，可以用他最愿意、最喜欢的方式，彻底放松一下自己！这样，我们在与孩子的彼此陪伴、彼此热爱、彼此信任、彼此尊重中，实现了不露痕迹的引导和教育。

关于教育，我最后想说的一点是，信任孩子的学校和孩子的老师。我自己的职业就是教师。不管是在大学毕业后工作过的中学，还是博士毕业后工作的大学，我看到的绝大部分老师都兢兢业业，尽其所能，帮助学生成长为更好的自己！感谢首师附这座拥有百年历史的京城名校，秉承"成德达才"的育人理念，恪守"自觉、勤奋、求实、创新"的校训，坚持以德立身、以德立学、以德施教、以德育德，帮助孩子们实现了全面而有个性的发展！

（王弘毅家长）

北洼路 33 号记忆

王佳禾

　　成绩情况：高一至高三年级排名通常在前 20 名，有时在 20—40 名。高考成绩 692 分。

　　成绩雷达图：

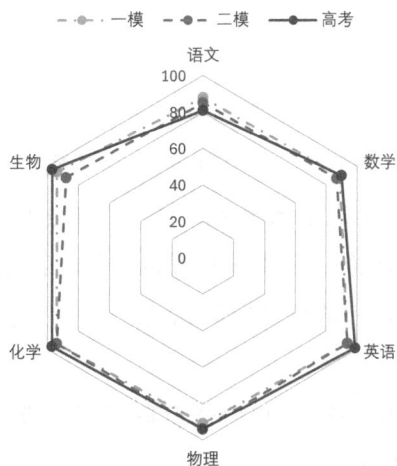

　　弱势科目：物理、生物

　　送给学弟学妹的一句话：愿你们在奋斗的日子里，心系城镇乡野，心怀家国天下。

最终录取院校：北京大学信息科学技术学院

我的简介

从 2018 年到 2024 年，我一直就读于首师附中。初一时，学校的信息社给我提供了接触 C++ 编程的机会。初一至初二，我在学校信息社老师的带领下参与信息学奥赛，取得 NOIP 普及组二等奖和提高组二等奖。初三至高二，我参加了化学竞赛学习，取得中国化学奥林匹克（初赛）二等奖；也在2022 年和 2023 年的全国中学生数学奥林匹克竞赛（预赛）中获得三等奖。尽管没有亮眼的竞赛成绩，但回望竞赛学习之路，正是这些不同学科的知识与思维交融在一起，才塑造了今天的我。最幸运的是，首师附中给了我发现兴趣、发掘潜能、追逐梦想、超越自我的平台。北洼路 33 号的老师与同学一直是我成长路上温暖的支撑。

我的经验

语文

从初一开始积累学科思维、答题方法和语言。

我喜欢在课文旁边做批注，梳理文章的结构，抓每一篇课文最独特、最突出的地方，这往往是选录该课文的原因，也是主要考点。

同时，我保持着阅读—摘抄—运用的习惯。读书的同时，我会在笔记本上摘抄深刻的思想点和值得借鉴的语言，然后有意识地在自己的写作实践中加以运用。

不仅如此，语文中的很多知识适合联系类比学习，比如儒道、苏辛、黛钗等等。尤其要注意从同中找异，从异中见同。

数学

我的数学学习比较中规中矩，认真听课、完成作业帮我打下了较为扎实的基础。在高三后期，我主要聚焦解析几何、导数和创新题进行突破。通过个人经验得出，对于非数学、物理竞赛同学，与其花费大量时间钻研创新压轴题的最后一问，不如多总结解析几何、导数和自己薄弱模块的题型和与之对应的多种解法，提高运算速度和准确率，并且在练习时注意控制做题节奏，保证考场上能拿出一定时间检查选择填空（尤其是不确定的题目）是更优的选择。本人在高考考场上最后两分钟查出填空题的一个审题错误，极限捞回 5 分，实在惊险。

英语

英语学习和语文学习有类似之处，重在平日的积累，需要久久为功。我按照题型模块分享几点建议：

（1）听说：把自己经常读错的重音和容易拼错的单词集中记在一个本子上，经常翻看，考前回看。备考听说时，可以从听说文本中积累地道的词组，用在自己的微写作和作文里。

（2）完形填空：文本是一个整体，不会的可以先跳过，可关注上下文语境，读懂情节再作答。注意感情线的变化。平时积累固定搭配和熟词生义。

（3）语法填空：利用"五三"上的考点总结，形成自己的"核心/易错考点整理"，考前回看。

（4）阅读：先读题目，抓设问关键词，区分 main idea 和 purpose 等易混点。CD 篇用思维导图或旁边批注的方式理清每一段的功能和大意。

（5）微写作：分层，体现思维的广度、深度、灵活度。比如，从个体和集体、经济和文化、利与弊等不同角度展开，有所侧重地阐述，最后最好能回扣题目设问。语言方面综合运用非谓语、从句、地道词组等，丰富句式，展现储备。

（6）作文：审题、设计、书写是关键。审题时注意 Type（文体），Theme（主题），Tense（时态），Tone（语气），Person（人称），Structure（结构），以及 Need（需求），要有读者意识。

物理

物理是我的弱科，直到高考也没有完全补强。对于想要补强物理的同学，或许可以借鉴以下经验：

（1）高中用一个大本子记物理笔记，这样知识点相对系统，高考前查看笔记补相应知识也方便。考前回看物理笔记，保证基础知识不含糊。

（2）高三准备一个本子记录犯过的错，包括但不限于：知识性错误、审题错误、技巧上的不足等。不要放过看似"马虎"的小错，思考小错背后是不是另有疏忽，有什么办法可以避免故错重犯？考前回看。

（3）针对自己不擅长的模块多练题，总结方法。光看笔记有时发现不了漏洞。

化学和生物

基本知识在第一遍学的时候就认真背记扎实，后面的学习会简单很多。高三，针对每个知识模块总结核心知识点和易错点。

在应试方面，化学需要思考每个题型的思考顺序＆角度。比如工业流程题问某现象的原因，考虑反应速率和反应限度两个角度。针对每个角度，又有相应的影响因素。作答时，用规范的化学答题语言。高三后期尤其重视答题思维、技巧的训练。

生物首先要非常熟悉课本基础知识，把选择题和大题第一空的分数拿稳。大题的其他部分，需要训练针对每个题型形成快速提取信息、完成作答的能力。不要在考场上追求把题目中的实验／资料完全理解透彻再作答。

高三印象深刻的一件事

高三最后一次晚自习，同学们和往常一样安静地做着各自的复习整理，只是这无声的夜色，因为某种"唯一一次也是最后一次"的意味，仿佛多了一分沉重。当时我正在利用校本教材整理生物模考试题，突然，广播里爆发出几个鼓点，教室里的同学们怔住了。紧接着，鼓点却引出一段欢快的旋律，"青春的公车越过荒野和山坡，追逐少年的梦想做最自由的光。"同学们抬头看表，竟然到了晚自习结束的时间，只是铃声变成了歌声，在夜色里流淌着。"理想的模样身着朴素的衣裳，翻过城门与高墙走最自由那一趟"，短短几句歌词，囊括了青春、梦想、自由和那与眼前暗夜有些格格不入的——"光"。我们的青春，在此刻被赋予了追梦的内涵，于是眼前以至于曾经鏖战过的那么多黑夜都有了意义。我心中泛起涟漪，而当我合上书向周围望去，我看见一直以来与我一同并肩作战的同学们，眼中也闪烁着惊喜、激动的光。当歌声唱道，"你啊借那风越海峡，一路坎坷总要去经历它"，同学们纷纷放下笔，在班主任王海平老师的招呼下围拢，拍班级合照。如果说成长路上的无数困难、阻碍是"海峡"，那"风"是什么呢？是老师的教诲和启发吗？是父母的关心和支持吗？是同学的帮助和鼓励吗？此刻，每个人心中都有自己的答案。但无论如何，我们过去的"一路坎坷"，有坚定执着的"我们"一同"经历过"。面对高考，面对未知，以至于未来的"一路坎坷"，我不再畏惧。我们和班主任、年级组长拥抱、道别，然后一起走进夜色，走向各自的星辰。高三（1）班的我们，仿佛在用青春的步伐宣誓：我们要"翻过山遇晚霞，去寻无人知晓的花"。我们相信，黑夜过后，必有曙光。

关于学校

论自然草木，桃李路上春日吐蕾的桃花苞、散播清芬的紫叶李，秋雨后实验楼外的月季，播撒遍地金黄的银杏林，都诉说着这一方土壤的生命力。

论人文景观，石板路在树林间穿行，串联起几座长椅，在报国钟边，提供了师生在自然中阅读、学习、交流、成长的场所。校园随处可见开放书架，随时随地，置身书海、品味书香，还有独树一帜的青牛创客空间、地下非遗艺术教室等教育场所。在这些地方，首师附中的学生们动手创新创造，探索科技前沿；学习传统文化，传承非遗技艺。

在首师校园里，还有一批批认真负责的老师。初中时在信息竞赛的机房啃代码，高中时在化学竞赛的教室里做习题，高考前"喜提"各科老师耐心细致的答疑……所有"艰难中淬炼"的时刻，始终有附中优秀的教师陪伴在身边。我很庆幸能在这六年时光里收获如此美好的师生情谊。

六年光阴，倏然而过，北洼路 33 号的印记却永远烙印在我的生命之路上。犹记得，春雨过后，青牛创客门前桃树突然吐露新苞；犹记得，夏风吹过，白云和我们在跑道上赛跑；犹记得，霜降一过，仙鹤头顶会戴上红彤彤的柿子帽；犹记得，一场大雪，几多欢乐。六载二十四季，顺着时间线摸索过去，我仍能回到曾经无比熟悉的日常，那是时间印章，那是成长足迹，那是我的附中生活。

班主任点评

"佳"字生香，有温雅气度；"禾"字含秀，有丰饶意象，二字相和，既有君子的嘉言懿行，又蕴大地的蓬勃生机，王佳禾就是这样一个女生。作为班级的学习委员，她不仅是学业上的领跑者，更是全面发展的多面手，用行动诠释着新时代青少年的风采。

她热爱各种艺术形式：在班级和学校的活动中，她背着沉重的相机记录下老师和同学们的点点滴滴；在舞台剧表演中，留下了她生动的艺术形象；在教室和学校的板报中，有她流畅的笔画；一件件精美的手工艺品，诉说着她对美的理解；一篇篇妙笔生花的佳作，既是对生活的热爱，也是她人生的感悟。

她擅长各类体育运动：长跑、短跑、跳高、跳远、排球……她有强健的体魄，也深谙团队中分工与合作的重要性，在赛场上，她就是灵魂人物。

她对学习永远充满热情，曾参加过信息竞赛、化学竞赛、数学竞赛的学习，历次大考，成绩都始终名列前茅，同学们称呼她为"六边形战士"，她的优秀不仅源于天赋，更因她坚信"日拱一卒，功不唐捐"，教室中顽强拼搏的身影，是她对卓越的执着注解。

"温和"是同学们提及她时的高频词。面对请教问题的同学，她总是不厌其烦地耐心解答；当老师需要协助时，她总能积极回应。她将集体荣誉视为己任，这种发自内心的责任感，让"优秀"二字有了温度。

王佳禾用奔跑的姿态诠释青春，以温暖的胸怀拥抱世界。愿这份对生活的热爱与追求，继续照亮她走向更广阔的天地，成就更加璀璨的人生篇章。

（王海平）

保持冷静，做自己

王悦然

成绩情况：高一至高三年级排名 10—30 左右，高考 700 分，年级排名第 4。

成绩雷达图：

弱势科目：数学、化学

送给学弟学妹的一句话：Keep calm and carry on（保持冷静，继续前进）

最终录取院校：北京大学元培学院

我的简介

该如何向读者（大概率是学弟学妹们）介绍自己呢？高考成绩公布后，我收到了很多来自亲戚朋友类似"学霸"之类的赞美，但我觉得我最想让大家认识的自己还是一个普通人。我在首都师大附中学习生活了整整六年，期间参加了不少活动，也有一些爱好。在书法社写了六年不好不坏的字；初三的时候和同学们一起导演了一部《红楼梦》的舞台剧；高一当上了耕耘社的社长；代表班级打了两三场辩论；在女篮社短暂地待了一些时日……如此算来，自己的中学生活算得上是多姿多彩。但是回想起来，那会儿的自己似乎总是处于"如何把学习搞好"的焦虑之中，多数时候，我是"狼狈的"，而非"潇洒的"。

何为普通人？就是意识到自己并不是万里挑一、智商超群的天才，而是资质尚可的芸芸众生中的一员，自己迄今为止获得的所有学业上的成绩，都源于久久为功的努力、周围人善意的扶持和一点幸运的加持。"自己不是天才"，这句话看似是一句废话，但我觉得真正能深刻理解这一点是困难的，而承认这个事实对于我的高中乃至现在的学习生活至关重要。正因为认识到自己不是"天才"，我才能洗去浮躁，对学业和知识保持敬畏，脚踏实地地一步步前进，并对周围的人和事时刻心怀感激。

之所以写下这些，是为了给那些和我一样的偶尔潇洒、时而开心、大多数时候陷于焦虑中的"普通人"们一些信心和勇气：别害怕，都没关系的。作为过来人，我想说，每个人都有自己成长的节奏，真的不一定非要复刻前人的道路（例如效仿某学长活动学习两头抓），也不一定要在某个时间节点达到什么特定的成就（例如某上届优秀毕业生在某次考试、竞赛中达到什么名次）。关注于当下，保持自己的节奏向前走就好了，每个人都会走出自己的道路，而这条路对你而言就是最好的安排。曾经的我一度处于自我怀疑、迷茫的"不快乐"之中，那时没有人告诉我这些，但是我想把这些告诉大家。

校对文稿的时候老师要求我为自己的文章拟一个题目，我想了很久。

本来只想图省事把那句送给学弟学妹的话（也是我高中的格言）抄上去，但是在打开文档的瞬间恍然想起了高二时的一件小事：当时我最喜欢的公众号作家要在图书大厦办第一场签售会，因为要上学不能亲自去，我拜托妈妈去帮我要个签名。当时妈妈打来电话问要让作者在扉页上写什么赠言。我想都没想就说：保持冷静，继续前进。但是后来拿到的亲签书上写的却是"保持冷静，做自己"。据说，那位作家在听妈妈说完我的请求后写下前半句时想了一下说，这后半句不好，她这个年纪不需要总是"一直前进"，"做自己"就好了。

这本书我一直珍藏，步入高三之后，我也逐渐意识到，的确如此。所谓生活，不是时刻给自己"打鸡血"，而是踏踏实实地在每一天中体会细碎的幸福与快乐，在珍惜每分每秒中活出自己。

我的经验

发挥优势，有取有舍，保持敬畏

作为一个非典型理科生，虽然高考选科是物化生组合，但数、理、化、生这几门科目对我而言都十分具有挑战性，反而是语文和英语相对轻松。在高一刚开始分选科考试时，由于精力分配不合理，在理科难题上花费太多时间，对语文、英语的关注又不够，我曾经在学习上一度陷入"瓶颈"，开始钻牛角尖。其实我应该认识到，高考一共有六科，不仅考察的是某一科目的能力水平，更考察平衡各科的综合能力。用我高中年级主任的话说，就是"懂得取舍，学会放弃"至关重要。

首先，在理科学习方面，只有一条：把自己"能"拿到的分都拿到。此处的"能"并非是最后考出来的分数，而是在你能力范围之内，非智力制约的所有分数。以数学为例，高考前我的小测成绩常年徘徊在120分左右，曾经让我十分头疼。压轴的解析几何和导数至少会有一道做不出来，最后的新定义题也往往止步在第一问。我曾经认为我的数学着力点应该放在完全攻克这些题目上，因此做了不少偏难怪的题，但是收效甚微，甚至有的时候还会在立体几何的送分题上出现低级失误。

我仔细分析卷子结构之后发现，北京卷的数学并非从头到尾为难大家。我真正有可能"绝对做不出来"的三道压轴题的最后一问在整张卷子中的分值占比实际上并不大，而且面对这些题目大多数人都力不从心。我真正的薄弱环节实际上是前面的简单题，忽略条件、抄错数、不关注定义域、计算错误……这些看似"小毛病而已，下次肯定不会再犯"的失误才是我数学最大的薄弱点。只要我把"能"拿到的分都拿到手，哪怕放弃压轴题，分数也已经相当可观了。

要做到这一点，要求的就是近乎零失误，更通俗地讲是"别轻易放过自己"。看错数、没看见条件，不能用"下次一定"搪塞过去，而是回溯到考场状态，深刻反思为什么会出现这样的失误，并用显眼的颜色在错题本上标注出来，考前反复提醒自己。这强调的实际上是对试卷保持敬畏之心，且这种敬畏应当从提笔开始做第一道题时就常怀心间，哪怕在你眼中它是"送分"题。最终，这样的策略在高考中得到了积极反馈——2024年的高考数学题不算难，但最后几问于我而言仍然具有挑战性，考后复盘时我发现自己在考场上拿不准的几问确实都没有做出来，甚至最后一题的最后一问都没来得及看。但是我仍然拿到了139分，这已经是我高中数学考试取得的最高分了，它来自简单题的零失误。

其次是文科方面的学习。或许是由于没有史地政的人文知识补充，语文和英语对于纯理科选考生来说更加困难，况且在写作领域，人与人之间对文字的驾驭力确实存在差距。以我个人为例，我不太擅长写作文，议论文一直在40分左右徘徊。朋友的常年优秀范文曾经让我焦虑，花费大量时间积累素材磨炼文笔却进步甚微，更让议论文成了我的"心魔"。

于是，就到了我所说的对自己是"普通人"的认识派上用场的时刻：我承认自己在高考议论文写作上能力有限，终于达成和解，不再纠结。除写作之外，我认为其他所有的语文板块，无论是选择题的考查角度还是诗歌、散文的简答题的回答思路，都有可以短期提升的"技法"可循。我把历年高考题和各区模拟题按照题型和设问进行了重新整理，反复研读题干和答案，力求理解思路，贴合出题人想法。事实上，我认为对于理科生而言，这是比一味研究作文更有效的语文提分策略，因为作文的打分具有更大的主观性，而对于"技法"的掌握可以保证我们在有标准答案的客观题得分上保持稳定。最终，虽然我的作文成绩依然拿不出手，但通过保证简答题和选择题的得分率，我的语文成绩还是稳定在了130分左右。

"技法"适用于高考前的冲刺，我更想强调的是语文、英语的平时功夫。因为理科学习占比大，我们在课下能够分给语文、英语的时间实际上并不多，往往是早自习或者中午、晚上的边角料时间，因此，把握课堂效率就显得尤为重要。我周围有些同学会选择在语文、英语课上写其他科目的作业，但我认为认真听讲的效率更高。一方面，老师在课上会补充一些人文知识，而这些恰好就可以作为议论文写作的灵感素材；另一方面，老师讲的做题技巧对于阅读题的答题也非常有效。英语课上老师随口提起的文章好词好句也可以马上应用到书信写作中。高效利用课堂，可以帮助我们在本就不多的文科学习时间中快速积累，并大大减少在课下花费的时间，腾出更多精力攻克数理化。不仅如此，我强烈建议大家认真对待语文老师平时留的写作任务。好好完成作业，可以在不知不觉中增加自己的写作练习量。因为作文比较薄弱，在过去三年，有关议论段200字左右的写作练习我都会尽力按照800字的完整成文要求自己。虽然会在平时写作业时多花费一些时间，但是练习效果是显著的（因为除作业之外，你大概率是没有毅力再去做写作练习的）。

积极总结，做好规划

总结分为两部分：一部分是平时的错题本积累；另一部分是大考后针对考试的总结和未来的规划。平时的积累可以按照科目、错误类型进行划分，我曾经在网上看过一些高效整理错题的教学视频，这对我帮助很大，有兴趣学习的同学也可以自行寻找。这些错题和积累就是考前复习最大的抓手，可以反复练习、反复琢磨。至于考后总结，可以去找老师答疑分析自己在知识点上的漏洞，但是考后的复盘是一定要自己做的。复盘内容不仅应该包括自己在此次考试中没有发挥好的地方、复习策略的不合理以及疏漏，并提出积极的改进建议；还应该关注自己有明显进步或发挥稳定的部分，总结出"过去一段时间我有哪些策略是有效的"，并积极保持，否则就有可能出现科目成绩上下波动明显，"按下葫芦浮起瓢"的情况。

我个人非常喜欢做计划，即使没有办法完美完成所有的任务，哪怕是将计划列出来帮助我明确优先级也是有意义的。计划可以划分为短期和长期，我会在每天晚上列好第二天的任务，大致写出早自习、午休、晚饭后要干些什么，对这些碎片时间的安排做到心中有数可以有效避免焦虑，并在日复一日中不知不觉地完成很多额外工作。在大考之前，我会安排几轮为期5—7天的复习，给每周的复习树立一个大目标，例如"夯实基础""增加做题量""聚焦难点和易错点"等等，再根据每天的课表规划要复习的科目和内容。

积极求助，向身边的人学习

在我看来，首师附最大的优势就在于有一群绝对尽职尽责的好老师。因此，学习生活上遇到任何困难一定要积极与老师接触。我的语文和物理一直处于中游水平，但是我始终积极地找这两科老师答疑，每次作文课后的一对一分析，大小考试后的试卷分析我几乎从未缺席。渐渐地，老师也会注意到我在学科上某些模块的薄弱，并给我更多额外的帮助，例如武智老师会时不时把自己看到的好文章分享给我，郑丙彦老师会在大考之前私信给我发复习建议和考试注意事项……这些关心与帮助在我的学习成长道路上至关重要。老师的精力是有限的，而主动与老师交流能够更好地让老师了解你的需求和困难，更好地提供帮助。

另一方面，要积极向身边的同学学习。这种学习可以是直接去找学霸请教有效的学习方法，或者向某科有专长的同学问不会的题目，也可以是平日里的"观察"。在不同科目的学习上，我都会留意这一门学得比较好的同学是怎么下功夫的，最终找到一个和自己学习模式最相似的"大佬"，并模仿、改进 ta 的学习习惯。例如我们班的 Z 君，他是我极佩服的一位朋友——不仅各科成绩均衡稳定，高中三年排名几乎没有掉出过前十名，而且活跃在各种学校、班级活动中，并不是一味苦学的"死读书"。因此，我从高二后期就开始关注他的学习节奏，发现他是每天最早到校的同学之一，因而在早自习之前有完整的时间可以复习《论语》或者默写古诗文，提高了早自习之前头脑混沌的这段时间的利用率；他在数学科目上有一个随时拿出来记录注意事项和易错点的错题本，写了上百条的"提醒"。不仅如此，他还极有毅力，每天下午坚持跑步（这是我难以做到的）……在模仿他的一些学习节奏的过程中，我也渐渐地摸索出了更适合自己的经验，在学习上摸到了门道。因此，对于那些成绩中游，希望提升又不知道如何开始的同学，我建议不妨从寻找身边的榜样开始。

写在最后

在过去的六年中，读了无数别人的中学学习经验，总算轮到自己写给后来人了，因此多少有些感慨。在敲下这几千字的"学习经验"时，我时常在想：这些东西真的对后来人有用吗？毕竟曾经我在阅读别人的经验时也不过是匆匆一瞥，扫过大标题，觉得大家写的这些学习方法都是"千篇一律的正确的废话"，也常常因为没有读到学霸的"独家秘籍"而感到失望。但一路走来再次回看时，才恍然意识到：学习经验就是这些众所周知的东西而已，没有什么"秘籍"。真正困难的不是了解学习方法，而是足够自律足够用功，将这些东西贯彻到底。而如此努力，将这些方法坚持到底的最终目标，不是深陷优绩主义的囹圄，而是为了自己的理想信念、为了自己青春中那一点幼稚的热血和"终将获得幸福"的坚信。回头来看，真正值得纪念的其实是自己走过的这条路。最后的最后我还是想说，尽力就好，对于结果别太纠结。如果每一步都已经是"我此刻仅能达到的高度"，那就没有遗憾，路通向何方都有最美的风景。

高三记忆深刻的一件事

这似乎不算是"一件事"，更像是"一段时间"。在高考前的最后两周，我们开明的年级主任并没有让大家上课到高考前的最后一刻，而是停课回家自主复习。尽管如此，停课之后我们班仍有一半同学每天自发到学校自习，没有作业压力、没有老师管束，我们实现了奇妙的"自治"，每天到点课间、午休、体育锻炼、晚自习。尽管高考在一天天地逼近，紧张情绪与日俱增，但我却愿意将那段时光称作我高三最"放松"、最快乐、最充实的日子，它们至今仍在我的脑海中熠熠生辉。

那时，我会在清晨早早来到学校，按照计划写一套语文卷子，然后给自己一个"大课间"，在楼宇间、操场上四处乱转，顺便点个外卖，然后回教室复习一下物理。中午的午休时间一改上午的寂静，大家吃完饭会玩会儿电脑上的"植物大战僵尸"，剩下的人就会有一搭没一搭地聊着天，欣赏着大屏幕上的游戏界面。

下午的时间往往分配给英语、化学和生物。但实际上四点钟左右我的心思就已飘出了窗外。L君或Y君会冷不丁凑近我的耳朵："走吗？"或者是几个人在班里一对视，然后我们就捞起篮球，直奔操场。由于作息不同，最后的这段日子里终于没有其他年级的同学与我们抢场地了，我们会和男生们一块儿分组，然后"奢侈"地打全场。上了大学再回想起来，那时的篮球技术确实还没"入门"，但是这一个小时的酣畅淋漓和快乐却是实实在在的。我们班把运动的优良传统贯彻了六年，女篮最热门的时候，一个班竟然能凑出来七八个人，在整个年级里都堪称奇迹。不仅如此，我也因篮球结下了许多珍贵的友谊。打完球，一整天因为难题和高考而积攒的郁闷一扫而空，买瓶饮料、回班收拾收拾东西回家，这一天也就差不多了。后来大家又利用班里有限的空间开发出了乒乓球和羽毛球的玩法，也算是有趣。

印象最深的是高考前在首师附的最后一个傍晚，我们草草打完最后一次球。莫名不想坐在食堂里的我在"点外卖"和"走到麦当劳"中，最终选择了外卖。还记得那天，操场上摆满了从各个教室里搬出来的桌椅，其他年级则笼罩在一个星期不用上学的欢欣之中，由于这种快活的空气是建立在高考之上的，与我而言反而更显压抑。我坐在报国钟旁的木椅上，既故作轻松地和朋友唠唠班里的八卦，又难免会在和大家的闲聊中激起紧张无措和"最后一次"的感伤，紧接着用自嘲和大笑加以掩饰。眼见一个个不上晚自习的老师和同学背着包从远处走过，天色渐晚，我终于吃完了最后一根薯条，起身溜达到既熟悉又陌生的主教学楼去看考场，在空无一人的昏暗教室中坐下，想象着几天后的情形。那天吃的似乎是最普通的巨无霸套餐，但从此之后"此时此刻此情此景"可能不会再有了。

在高三这一年中，学习、考试、成绩占据了我大部分的注意力。除此之外，最值得铭记的就是我的朋友们和篮球，或者说和朋友们一起打篮球的时光。我时常在想，如果没有运动、没有朋友、没有高三最后那两个星期的停课，我或许早就在某个小小的挫折面前崩溃了。得益于学校政策，在最后的那段日子里，我才能慢慢沉淀，聚焦于知识上的薄弱点，保持自己的学习节奏。更重要的是，在伙伴们的扶持下，我尽力去感受去体会去生活，在高三结尾留下了最珍贵的一段回忆。

关于学校

任何一个在首师附就读过的学生可能都吐槽过它的"小"：在操场上跑800米要跑两圈半；仅有的三个食堂每天中午都人满为患；一个课间足以横穿校园打个来回……但是小也有小的好处：六年的时间足够让我对这里的每一个细节每一个角落都了然于心，在日复一日的日常中，使这校园融入了我的生命。正是因为它小，我的青春六年故事可以浓缩在一栋教学楼中。教室排布几经变迁，当我们在高二重新回到曾经是"初二（1）班"的教室中，在讲台抽屉的角落中找到三年前同学们的书法作品时，这些珍贵的时光就形成了闭环。也正是因为它小，我在高三最苦闷的日子里，可以在课间下课铃响的瞬间"说走就走"，离开压力弥漫的教室，在空无一人的"辉煌跑道"上围着校园走上两圈，尽情地呼吸新鲜空气，再踩着上课铃声准时回到教室。我曾在实验楼的露台注视夏日的雨幕，曾在无数个傍晚坐在报国钟旁的木椅上仰望天空，也曾在综合楼犄角旮旯的白墙上细读历届学生的理想与迷茫。

与此同时，这校园在我心中又是"极大"的。这种"大"是校长在校园中和学生一起跑操、遛弯，不摆架子；是开明的、以学生为中心的管理方式；是每一位老师对学生的绝对负责和无私的爱。不仅如此，敦厚内敛的学校风格更融入每一位学生气质当中，形成一种不可言说的、博大深远的底蕴。毕业之后，我每每回到附中，推开铁门进入校园的瞬间都会感到踏实和心安：这里切切实实是我的家。

毕业时间不长，但走出学校，我已经明显感受到了附中对我的深远影响。这六年的回忆太细碎，又太厚重，有些记忆值得一次次反复咀嚼品味回甘，还有些细节会在某个瞬间恍然记起，让人没来由地扑哧一笑。六年来，我见证了三食堂的建成、初三楼的启用、校园的翻新……毕业后这半年来，学校的喜报频传，扩校指日可待，这都说明附中在变得越来越好。对学校的称呼从"首师附"到"母校"，变的是称呼，回不去的是明媚的中学生活，但不变的是永恒的爱与归属感。

附中嘛，我应该还会常常回去。不管时隔多久，再踏入那方校园，我还是能够熟门熟路地找到（1）班的教室；能和朋友说些独属于（1）班的笑话，让笑声回荡在楼道里；能够怀恋又满心自豪地逢人就说："我是天空蓝。"

班主任点评

王悦然如一方温润的砚台，既有墨香沉淀的静气，又有笔锋流转的锐意。她以"静能生慧，动可笃行"的姿态，在学业、社团与生活中书写着属于自己的青春篇章，诠释着新时代少年的品格力量。

学习于她，是虔诚的修行，学海深耕，是她一贯的态度。课堂笔记上工整的字迹，作业本中严谨的解题步骤，无不彰显她对知识的敬畏之心。面对难题，她从不急躁，而是以"如切如磋，如琢如磨"的态度反复推敲；考试后总能在改错中看到她用红笔标注的反思，践行着"零失误"的自我要求。更难得的是，她将书法中"意在笔先"的智慧迁移至学业规划：每日任务清单精确可行，周计划表与月目标环环相扣。正是这种"守拙"般的自律，让她的成绩始终稳居年级前列。

校园中能在各个场合看到王悦然。篮球赛中穿梭突破的身影，辩论场上舌战"群儒"的飒爽，耕耘社的菜地里育苗培土的专注，舞台剧中生动灵活的形象，书法社中的沉心静气……无论做什么事，她都以"事必尽善"的态度对待，刚柔并济，知行合一，这种跨界却不敷衍的执着，让"热爱"

二字有了沉甸甸的重量。

"王悦然的笑容就像春风，总在不经意间暖人心。"这句朴素的评价，道出了她最珍贵的品质。作为生活委员，每逢班级活动她都细致地做好后勤工作，同学生病缺勤，她默默整理好所有的笔记和作业；辩论队备赛时，她梳理资料到深夜；耕耘社农忙时，她主动舍弃休息时间，弯腰俯首与土地对话。"谦和如竹，温润成林"，她带给老师和同学们的始终是一片赤诚之心。

王悦然以笔墨为骨，以热忱为魂，愿她始终带着这份清醒的坚持与温暖的真心，在更广阔的天地间，写下独属于她的浓墨重彩的一笔。

（王海平）

附中记忆

魏睿涵

成绩状况：高一至高三排名在第 2—45 名波动。高考成绩 679 分。

成绩雷达图：

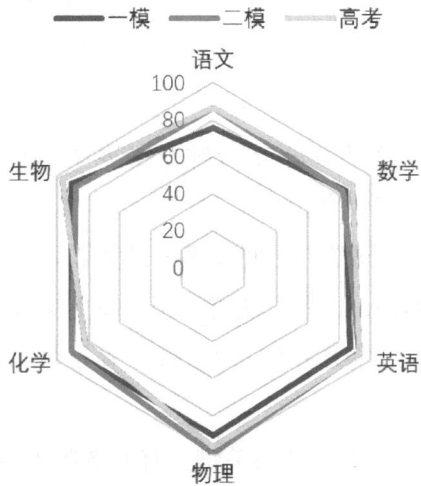

弱势科目：数学、化学、生物

送给学弟学妹的一句话：切忌功利浮躁

最终录取院校：北京大学医学部（口腔医学院）

我的简介

我毕业于首都师范大学附属中学高三（1）班，曾担任校学生会社团联盟主席、校学生会副主席，2023年区级优秀学生干部，2023年区级三好学生，选科物化生，最终被北京大学医学部口腔医学专业录取。高一年级排名前10，高二年级排名第2—30，高三年级排名第10—50。在我的高中生涯中，我经历了许多挑战和成长，现在我想与大家分享一下我的学习和生活经验，希望能对正在奋斗中的学弟学妹们有所帮助。

我的学习经验

一、高效学习方法

1.时间管理（由于本人自制力不高，所以经常需要采取强制措施）

如果想要自制的话可以尝试市面上常见的番茄钟软件，且开启禁止其他无关应用运行的功能；也可求助父母设置手机使用限额，这样可以大幅削减"摆烂"时间。

同样可辅以番茄工作法，每25分钟专注学习，然后休息5分钟，这样可以保持注意力的集中和效率。

2.主动学习：多参与同学们之间关于题目多解的讨论，同时可以通过教授他人来巩固自己的知识，这种方法可以帮助我更深入地理解本质。

3.整理错题：定期回顾错题本，尽量按章节分类，注重思路的梳理和易错点的强调。

4.认真听讲：高三的内容都很关键，有时老师上课的一句话可能会点通你很长时间困惑的点。

二、补齐短板的方法

1.专项强化训练：安排更多的时间进行专项训练，比如语文作文需要勤找老师分析问题，精进结构之后多修改稿子，不要害怕麻烦。

2. 寻求帮助：可以经常向老师和同学求助并积极参与相关科目的课下讨论。

三、选科建议

1. 兴趣优先：选择自己感兴趣的科目，因为兴趣是最好的老师。

2. 未来规划：考虑你的职业规划，选择与之相关的科目，同时关注目标院校相关专业对选科的招生需求（物化生的选择范围更广）。

3. 优势科目：可以优先选择自己的优势科目，这会大大减少后期的学业压力和作业负担。

四、各科学习建议

1. 语文：注重针对不同题型作答方式的整理，作文平时积累素材，议论文建议把重心放在结构上，思辨性加强，推敲段间与段内逻辑连接词（可以使用引入，下定义，作用效果，反向思辨，在思辨基础上更进一步推价值，现实针对性，收束的结构）。

2. 数学：大型考试采用常规方法解题确保得分，同时一定不跳步，注重错题回顾（建议分章节或模块整理，有助于形成整体的思维结构），切忌好高骛远，优先保证基础分，稳定在130+后再去追求最后一题的解法。

3. 英语：写作——课上认真听讲，在日常或者考试中注重积累相关好词或好短语，英美的电视剧都是很好的短语来源，切忌用大词偏词，多用精辟小词；阅读——多背单词，并将之作为习惯坚持下来，同时可辅以外刊学习；语法——错题本积累常考且易错的语法知识点（和语感不同的需要特别关注）。

4. 物理/化学/生物：注重模型的提取，把握核心条件，必要时可以画流程图辅助理解，过程千万不要跳步。

五、考试建议

1. 数学答题卡和草稿纸都注重分区，显得卷面整洁，便于查错。

2. 正解不出，错误答案不涂。

3. 做完全部题目后，先检查一遍答题卡有没有涂上，有没有涂错或者是填错，然后再考虑有没有算错的问题。

六、学习中的避坑指南

1. 避免拖延：制订明确的学习计划，并严格执行。
2. 正确休息：保证充足的睡眠，这对记忆力和学习效率至关重要。
3. 健康饮食：保持良好的饮食习惯，为大脑提供必要的营养。

高三记忆深刻的一件事

高三成绩创下历届大小考试的历史新低，经过老师的鼓励和同学们的安慰后，我逐渐走出了考试失意的绝望，也渐渐意识到不应太过功利，过于在意成绩反而会过于紧张，使考试状态不理想。

关于附中

离开学校时间越长，越会怀念在附中的时光——阳光透过树叶的罅隙照在辉煌跑道上，成达厅的灯影闪烁，操场上和同学们肆意挥洒的汗水和飘散在风里的欢声笑语。附中给了我们很多选择的自由和尊重，达人秀给了同学们展示自己的舞台，丰富的社团也为同学们提供了找到好友的广阔平台，人文艺术类活动也是丰富多彩（如罗翔老师的讲座等）……附中作为百年学府的包容和气度深深影响着我们每一个人，将我们塑造成"成德达才，社会中坚"的青年。同时，附中还具有先进的教学设备和优质的教育资源，和每一位老师共度的时光都在我未来的道路上不断支持着我——失意时的鼓励、自满时的告诫以及点点滴滴的温暖回忆……最后祝附中越来越好，更上一层楼！

班主任点评

魏睿涵如同一只精准的时钟，以高效的时间管理和严谨的细节把控，在学业与生活中书写着属于自己的节奏。她不仅是校学生会副主席和班级数学课代表，更是一位以行动诠释"精益求精"精神的实践者，用她的智慧与坚韧，为青春注入了独特的光彩。

魏睿涵深知时间是最稀缺的资源，因此无论是学生会活动的统筹安排，还是班级事务的协调处理，无论是紧张的常规学习，还是挑战性极强的物理竞赛，她总能以极高的效率完成任务。这种对时间的敬畏与规划，能让她在繁忙的学习与工作中游刃有余地切换。

"细节决定成败"是她的座右铭。她的作业本上，每一道题的解题步骤都清晰严谨，甚至连草稿纸上的演算都井井有条。这种对细节的执着，不仅让她在学业上屡获佳绩，也让她成为同学心目中的"魏神"。

面对困难，魏睿涵从不退缩，而是以冷静的分析与灵活的调整化解挑战。考试失利后，她没有沉溺于挫败感，而是尽快复盘，找出知识盲点并制订改进计划；学生活动遇到突发状况时，她总能迅速提出备选方案，确保活动顺利进行。失败不是终点，而是新的起点，这种积极的心态与强大的执行力，能让她在一次次磨砺中不断突破自我。

尽管成绩优异、能力出众，但魏睿涵始终保持着谦逊的态度。她乐于分享自己的学习方法，能主动帮助同学解决难题；在学生会的工作中，她尊重每一位成员的意见，善于倾听与沟通，她的一言一行、一举一动，都凝聚着她对集体的热爱与奉献。

魏睿涵以时间为笔，以细节为墨，书写着属于自己的青春篇章。愿她在未来的道路上，继续保持这份对卓越的追求与对生活的热爱，在更广阔的天地中绽放光芒。

（王海平）

家长心语丨拼搏进取，勇闯佳绩！

作为一名大一学生的家长，我的孩子刚刚经历了高考，所以我深知这一路的艰辛与不易，也很荣幸能和你们分享一些心得。

高三，是一场需要勇气和毅力的马拉松。无数个日夜，你们在题海中拼搏，在疲惫中坚持。但请相信，你们付出的每一滴汗水都不会白费，每一次努力都在为梦想添砖加瓦。我的孩子在高三时，也有过迷茫和焦虑，但始终保持着积极的心态，认真对待每一次考试和作业，查漏补缺，不断总结经验教训，最终在高考中取得了不错的成绩。

在接下来的日子里，希望你们合理规划时间，制订科学的学习计划，做到劳逸结合。保持良好的生活习惯、充足的睡眠和适当的运动能让你们更有精力投入学习。遇到难题时，不要害怕，多与老师和同学讨论交流，他们的经验和建议会给你们很大的帮助。

高考不仅是知识的较量，更是心态的考验。保持自信，相信自己的能力，把每一次考试都当作检验自己的机会，在实战中不断提升。同时，也要学会释放压力，找到适合自己的放松方式，比如听听音乐、跑跑步，让自己在紧张的学习中保持平衡。

最后，祝愿你们在今年的高考中都能取得优异的成绩，考入理想的大学，开启人生新的篇章！愿你们不负青春，梦想成真！

（魏睿涵家长）

先想明白再去卷

闫来苏

成绩情况：高一、高二整体表现中等偏上，高三突飞猛进（上学期期中考试年级第3名；期末考试年级第16名；高考语文117分，数学142分，英语138分，物理折合100分，化学97分，生物97分，总分691分；年级第14名）。

成绩雷达图：

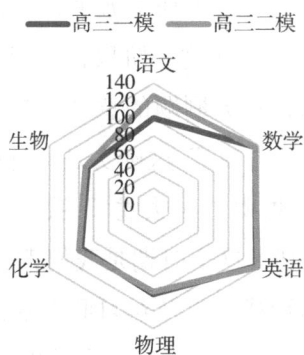

弱势科目：语文、英语

送给学弟学妹的一句话：做主动的思考者

最终录取院校：清华大学计算机系

我的简介

我从初中便在首都师大附中就读，中考时我和我们实验班的大部分人一样选择与首都师大附中签约，直升进入高中部。我在班级里担任体育委员、英语课代表等职位，很善于充当老师与同学之间的桥梁。我爱好体育，羽毛球、篮球、排球、乒乓球都会一些。学习方面，我从初中到高二一直学习数学竞赛，但由于本人天赋不足，最后没有获得任何奖项，自觉对高考也是帮助不大（赛道不同），在此奉劝大家最好在竞赛拿不到好成绩时，及时退出，别浪费时间。至于课内内容，我比较擅长理科，尤其是物理以及数学。但以上这些都不是很重要，我的特点其实就两个：爱读书以及爱思考。我也希望你们能在读完我这篇文章后在这两点上有所收获，那就让我们开始吧！

我的经验

一、整体心态

还记得我步入高三之时，班主任王海平请了她之前的学生回来给我们讲了讲高三。那个学长提道："在这一阶段，你们会有很大的压力，你们或许会疑惑自己为何要学习，每天刷题的意义又在哪里，但我建议你们搁置这些问题，先拼尽全力学好再说。"这确实是一种中肯的观点，但我并不这样认为。我的态度是："先想明白再去卷。"我认为，高中三年绝不是为了高考分数的提升而不顾一切，这个时期是我们青少年心智高速发展的时期，代表着世界观、价值观的形成，以及对自我存在意义的求索与追问。回到那个问题："你为什么而学习？"你不妨现在就停下来思考。Tips：你需要区分割弃那些由外界强加给你而你并不真心认同的种种规训，同时摒弃掉那些厌学、自弃或无所谓的心理，我们需要真诚而纯粹的理性。

好了吗？以下是我的一些想法：从精神追求的角度，我因为好奇而学习，我从物理、化学、生物中了解自然世界的规律，实际上，我经常在闲暇时看 B 站 up 主"芳斯塔芙""LUCA 计划"的生物科普来放松，或者在环球科学公众号上找两篇生物学论文的摘要来"啃一啃"。这不仅使我不自觉地勾连课内知识来复习，同时也使我生物考试时的心态较为轻松，偶尔看到自己了解过的相关题设还会会心一笑。当然，我也好奇人文社会的规律，在高三还专门抽出时间读了《兴盛与危机——论中国社会的超稳定结构》和陈旭麓的《近代中国社会的新陈代谢》(PS：本人并不选考历史)。主科也很有魅力。人不能认识到语言中不存在的事物，于是英语就代表了一个新的世界。数学是一切理科的根基。语文则一方面传递了文化血脉，另一方面也培养了我们的媒介素养。以后再看到煽动性的新闻，倘若拿起语文的知识，我们会分析其背后运用了哪些手法，于是从情绪中脱离，分析他到底写了什么内容，是否有着事实支撑，再然后研究作者是谁，有着什么立场，他希望煽动的情绪对其有何利益。主科绝非无用之学。当然，好奇并不能解释我为何需要反复的刷题考试，而我对此找到的意义是：我通过改正错题来提升自我，精进学科能力。所有学科都有核心的能力，能力的训练需要从实践中来，而作为高中生的实践途径除了试题也鲜少有其他机会了。于是，试题被我当作进步的阶梯，每当我改错订正试题的时候，我都感觉自己确实在变强，分数与排名则无关紧要。

然后是实际需要的角度。就算你疲倦于家长或老师的"好分数 = 好大学 = 好工作"的论调，我们需要意识到分数高一点对我们自己是有意义的。我对于那种论调也是处于脱敏状态，但我找到了别的意义：我希望能结识更优秀的人，最起码不能周围全是躺平者，而我也相信，我付出多少努力，就会在相应分数的大学里遇到同样努力的人。同时，我真的很感激我的老师们，为了让老师们多拿一点奖金我也得考个好分数。这些动力看似有些浅白，但确实是我在高三的重压下找到的能说服自己的现实动力。

针对高中生活中常见的分数至上论，我认为将提高分数作为学习的动力源确实可行，但需要指出的是，我们首先是学习者，然后才是应试者。我们要避免个人在高中将分数作为学习的唯一目的，这意味着个人会被分数所异化，成了分数的奴隶。但是倘若完全不看重分数，以考低分摆烂为乐，同样也是被分数主宰了行为的准则，一样可悲（逃避分数同理）。我们要认识到分数只是能力的外在表现（这个表现还不一定准确，维度也很单一），类似于高楼和影子的关系。看着影子去筑楼当然没有直接看着楼再搭高更为简单稳固。于是我建议最好还是从学习本身去找动力。

总结而言，学习乃至于做题必须要有原因，这个原因必须是自己赋予的。外界所强加的总会在某个时刻与你分道扬镳，而自己赋予的动力则会充分发挥主观能动性，有助于学得更好。然而，我们也可能会陷入短视频、游戏的诱惑中，导致无法安心学习。我经常意识到我的自制力没有那么强大，于是我要求家长在高考前不要给我买手机，反正自律不行就靠他律。在高三的寒假中，家人回老家一周，我要一人留在家中自习，我就要求家长不要给我留任何电子设备，只用电话手表联系家长订外卖，或用现金出去吃。这一周我没有饿死，反而感觉与网络和他人隔绝后很充实，每天读书做题，读完了第三遍《三体》全套和语文老师推荐的《金陵十二钗评传》（这使得我的红楼名著题提了两分），实在啥都不想干了就睡觉，精神好了不少。强烈推荐感觉自己精神不好、十分焦虑或是离开手机就活不下去的同学试一试这种"断网隐居调整法"。

二、时间规划

很多同学经常发现自己仅仅能每天按时交作业（甚至作业都交不齐），经常无法抽出时间来复习。那我自认为在这方面很有话语权。首先，我需要先声明一下，最好高度重视老师留的作业，相信老师的专业程度，比如语文老师每次考试后留的改作文作业确实是我最耗费时间的作业了（我个人改一次作文得花 5 小时以上），但我高中的议论文平均全都重写过一次，这对我的作文构思确实有很大帮助。但如果确实由于能力因素完成不了，可以私下找老师沟通，请完全放心，老师会理解的。

那么，究竟该如何抽出更多时间来学习？这绝不应该通过上课写作业、逃体育课、逃跑操写作业或是熬夜写作业来完成。上课写作业就无法听讲，而上课不接收知识，写作业就什么都巩固不了，还不如不写。体育课和睡眠是保证人身心健康的重要部分，健康的身心是学习的一大利器，我可以断言多睡一小时绝对比多熬一小时有用得多。实际上，我的思路是增加"有效"学习时间。我发现在家学习时总是无法完全集中注意力，于是我选择周末也去学校自习（离学校远的也可以找图书馆，总之必须是陌生化的环境，不能让你的大脑将此地点和放纵联系起来），不带任何电子设备，效率明显高了不少。其实我确信我高三时成绩突飞猛进就是因为晚自习和周末去学校使我的有效学习时间大幅增加。

接下来就是时间分配。其实我都是很随性的，语文写累了就换数学，数学烦了就换物理，实在不在状态就默读古文读外刊，也可以读书。其实要谈的就一点，千万不能有惰性。比如擅长生物就只写生物，又比如只一股脑儿地刷题而懒得订正。这些"假努力"除了精神胜利之外，没有太大的实际意义。其实我个人选择了一种"受虐心态"，越是不擅长我越要花时间去练。比如圆锥曲线，我最初确实不擅长，看到一堆字母要硬算就慌，然后我在一次考试失利后痛定思痛，非要把圆锥曲线的题练上来不可。于是我跟着 B 站上的 up 主"橘子 zhen 好吃"开始刷外省的圆锥曲线，在家里看一两个小时的题目讲解后回到学校刷（其实对于圆锥曲线这种大难题，先看解析再去做要比先做再订正要高效，也更不容易因畏难而放弃）。对于思路有了印象，对于答案的大致形式也心里有数，我反而不断地养出了一种自信。最终我成为班里的"圆锥曲线大佬"，班里同学还给我起外号"圆神"，乐。

其实在学校，除了学习之外也有很多值得去做的事情。我很推荐大家去参与社团，进行班级集体活动，参与体育锻炼，等等。以我在实验班的观察来看，几乎没有同学是埋头死学的。同时，闲来无事我也推荐去找老师聊天，但最好不要硬聊，要有目的，明确你是想求助问题，还是想了解学习方法，抑或是聆听老师的建议，总之，拿出好学的态度来。（PS: 临走找个扫把把地扫了会大大增加老师的好感）最后，我个人也习惯于中午进行午休。中午实在困就睡一会儿，也挺适合我这种对睡眠有着较强要求的人。

三、选科与科目学习经验

对于选科，如果你已经有了较强的文理偏向则不必多说，只需选好方向，然后坚定走下去即可。我本人就是坚定的"物化生战士"。至于还在摇摆的同学，我也建议从大学专业或就业方向入手，问问家长或多关注相关资讯，如果能找到未来的职业方向（或用"排除法"移除不想走的专业），对于高中的学习往往会事半功倍。其实我们班（物化班）大多数的大学专业也无非高中已有的科目（数学、物理、生物等）或从医，再者就是计算机，与电子信息相关。我觉得还是理科较为吃香，所以我最后还是推荐没想法的同学优先选理科，把物化先选上，这样专业选择余地会大很多。

对于语文学习，我建议多读书，特别是在高一、高二，我的语文其实毫无天赋，感觉就是靠从小打下来的阅读爱好硬撑。同时我上课认真听课，下课完成作业，考完试就找老师分析试卷，最后高考混到班级平均分左右也就够用了。对于英语，积累第一。我个人的积累是新概念英语，主要是洗漱时或自己跑圈时就放着英语，一篇文章听个半周到一周就试着背下来。英语学习无非"听、说、读、写、背"，背诵优秀文章很实用，新概念三册 + 四册的词汇量对于阅读题几乎完全够用，比干背单词天生多了一个语境，能使单词"活起来"，而且还能培养优秀的写作能力。而硬背不如放着听力去"听着背"，这对于培养地道的英语口语能力也很有帮助。这是我个人的英语学习技巧。除此之外就是多做题多总结，努力去适应北京高考的命题逻辑，明白文章主旨问什么，作文写什么不偏题，等等。

对于数学，确实很吃天赋，但是大家也要明白，高考数学中档题居多，特别是北京高考，完全可以用刷题来解决。但刷题也要讲究策略，平时要关注自己的薄弱环节。同时，我建议大家要多总结某一类题的经验，多与数学老师或班里数学好的同学交流某一道题的思路，数学能力增长是很快的。对于物化生，我确实只能说跟着老师安排走就差不多了，再有就是积极思考、提问。切忌不能为了装懂而提问，这纯粹浪费时间。如果真有知识或方法想分享，就大大方方地站出来表示想和大家分享某个知识。我在高三一次生物课上，老师讲完克氏原螯虾（小龙虾）生物入侵的一道大题后，举手向大家科普了一个常见的生物入侵误区：小龙虾等生物入侵不能靠"吃"来解决。毕竟你吃的小龙虾都是从养殖场出来的，而构成生物入侵的小龙虾在野外生存，指不定还会有多少寄生虫，没人会吃（事实上我国的生物入侵防治与生物保护并不是处于很完善的状态，对生物相关领域有兴趣的可以上 B 站看看 up 主"爬行天下"的视频）。

四、善用网络资源

无须否认，网络上有很多优秀的学科资源，我在上文就提到了很多 B 站的 up 主。大家在学科之外也可以关注一些优质的博主，比如"混乱粉笔"（对于争议问题的观点整合），"棱镜史话"和"棱镜 talk"（时事政治），"3blue1brown"（数学可视化）等等，用来做消遣完全不会有空耗时间的负罪感和空虚感，对课内的学习也有触类旁通之效，十分推荐。

我与首都师大附中

我对首都师大附中确实培养了很深的感情，比如排球小院、跑道、篮球场、足球场、地下和地上的乒乓球室都有我的珍贵记忆。我也在图书馆的长椅上睡过觉（那次好像是某个模拟考，中午不能回教室），在班里的电脑上玩过"植物大战僵尸"的随机植物版和杂交版（我本人找的资源）（不要模仿，要听班主任的！），一般都是中午饭后，上面一个人玩下面一群人看，等班里开始学习的人多了就停了。还记得晚自习时大家聚在窗台前看晚霞和落日，那真是极美的风景。

我对首都师大附中最深的感情还是我的老师们。对于一所高中，教室已建，但优秀教师难求。首都师大附中的老师们是我觉得最好的。我有幸遇到了真心爱着学生们的几位班主任，也遇到了认真负责、水平高超的任课老师，就算是体育、音乐、美术等老师也保证了课堂充实而有意义。我与班主任王海平老师讨论过班里的迟到惩罚措施的公平性（我本人总是在最后的 1 分钟到教室，别学我），老师包容了观点有些偏激的我。我也与生物老师有过对于答案评标争论不休的情况，辛苦吴颖老师总能找到彼此都能接受的解释。我真心爱戴这些老师们。其实，我在首都师大附中最珍贵的记忆还是给王海平老师过生日的时候。zpr 同学牵头组织，加入了很多有意思的环节，比如将同学们的祝福录成视频，还加上了过往班级活动的回忆，甚至还请王海平老师所教的上一届的同学们录制了祝福。可惜鄙人武将，不善言辞，只能遥祝老师们能身体健康，带出更多优秀的学子！

班主任点评

闫来苏是一个充满朝气、品学兼优的阳光男孩。他以积极向上的态度感染着身边的每一个人，无论是课堂上专注的眼神，还是课间爽朗的笑声，都展现出蓬勃的生命力。他善于思考，总能在学习中发现问题的本质，面对难题时，从不急于求成，而是耐心推敲、举一反三，这种深入探究的精神让他在知识的海洋中不断突破自我。课堂上，他逻辑清晰的发言和独到的见解常令老师和同学赞叹；课下，他乐于分享解题思路和学习方法，带动班级形成了互助共进的氛围。

他不仅学业成绩优异，更拥有广泛的兴趣爱好和高效的时间管理能力。作为班级体育委员，他以身作则，在运动场上挥洒汗水，无论是球场中的矫健身姿，还是运动会上的奋力拼搏，都彰显出其对体育的热爱与责任。他擅长平衡学习与兴趣，课余时间广泛阅读文史哲、科学类书籍，更难能可贵的是，他能严格规划自己的时间，无论是作业的完成质量还是课外活动的参与度，都体现出超强的执行能力。

他的好奇心与探索欲让学习充满活力，对知识的渴求不仅限于书本，而是通过实践与思考将所学融会贯通。他热爱表达，无论是即兴演讲、辩论赛、舞台剧，都能以流畅的语言和缜密的逻辑传递观点，展现出优秀的综合素养。

希望他能继续保持这份赤子之心，在未来的成长道路上，让思考的深度与视野的广度齐头并进，用热情点燃更多可能性，期待他有更加卓越的未来！

（王海平）

平芜尽处是春山

张逸凡

成绩情况：高一至高三年级前 15 名；高考成绩 683 分。

选科：物理、化学、生物

成绩雷达图：

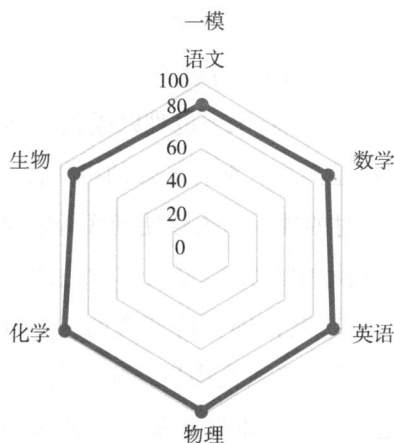

弱势科目：语文

送给学弟学妹的一句话：追风赶月莫停留，平芜尽处是春山。

最终录取院校：北京大学化学与分子工程学院

我的简介

我曾获第 36、37 届化学奥林匹克竞赛（初赛）一等奖；第 37 届化学奥林匹克竞赛（决赛）三等奖。高考略发挥失常，在考入清北的高考生中，高考成绩很低；在考入清北的竞赛生中，竞赛成绩很差。低情商：啥都不擅长；高情商：啥都会一点。高考和竞赛两条腿走路，两条腿都有点"瘸"，一瘸一拐地走进了北大。

2018 年 9 月我来到首都师大附中，2024 年 6 月离开附中，从"阳光橙"变为"天空蓝"，历时近六年。

自从初一入学后第一场数学考试——有理数计算，我拿到了全班倒数第二的成绩，收获了老师"关切"的提醒，数学便成为我长期以来的心头大患。我一边安慰着自己"这都是小学时候的底子不好"；一边因为其他同学的优秀而深感焦虑。后来的六年，虽然数学水平始终起起伏伏，但并不如最初预想的那样糟糕。数学成绩最好的时候，我在高一期末考试取得了并列年级第一。后来我慢慢摸索出数学考试里大多是基础题和中档题。只要平时坚持做一定量的练习，考试的时候认真仔细，确保基础题不丢分，遇到难题尽量争取拿到步骤分，那么最后的总分就不会差。回首过往，我深切领悟到："往昔所不擅长之事，绝非预示着未来也难以成就。"每个人都蕴含着无限的发展潜力，无论是习惯还是能力，都有极强的可塑性，我们能在成长中不断蜕变。因此，切不可因一时的挫折与失败便彻底否定自己的未来。

回想起初中语文，脑海中满是需要长篇背诵的三行对译、套路满满的阅读理解，以及容不得一字差错的古诗文背诵。那时候，似乎只要埋头苦背，成绩就不会太差。然而，步入高中后，我才发觉"背就完事"的策略根本行不通。面对阅读题，我常常难以触及文章的深层内涵，答题时也总是丢三落四，得分寥寥。写议论文时，不仅语言匮乏，思想也流于表面，难以出彩。究其根源，是平日里读书太少，缺乏思考与积累，知识储备不足。在数次停课期间，我一心扑在化学上，每天都在与化学原理、反应机理打交道。等再回到语文学习，重新提笔写作文时，长期未进行写作练习，让我对作文产生了强烈的恐惧与抵触情绪。高一、高二时，数学和其他副科的讲课进度很快，为了跟上节奏，不得不将大量精力投入其中。那时总觉得语文学习来日方长，等搞完化学竞赛、空闲下来再补也不迟。可到了高三，语文学习陷入了"做题—讲题，写作文—讲作文"的循环，日复一日的重复，让我一看到与语文相关的内容就心生厌烦。若能有重来的机会，我会从高一开始就广泛阅读，坚持写作练习，希望自己不再仅仅掌握应试技巧，而是能真正拥有深厚的语文素养和扎实的能力。

在英语学习方法中，我最喜欢的是用专用笔记本记录过往试卷与范文里的好词好句。我向来不习惯于那种直白的"英文单词—中文释义"一一对应式的单词背诵模式。毕竟，中、英两种语言和文化在本质上存在差异，许多英文单词难以用精准简短的中文翻译，一词多义更是常见。在我看来，于语境中记忆词汇效果更佳，例如试卷里出现的生词，本身自带生动例句，单词含义就更容易铭记于心。此外，把单词放在短语、固定搭配里记忆也是个好策略。毕竟阅读时不是指着单词，将它们逐个翻译为中文，而是在一个语段、语句中整体理解。以前，我着实不理解背诵英语范文的意义，对老师布置的背诵任务还满是不屑。有趣的是，如今我备考英语四六级，由于长时间没有动笔写作，语感彻底消失，面对空白作文纸时，我完全不知从何下笔。无奈之下重拾高中背范文的习惯，像以前一样分析范文的结构内容、行文思路以及好词好句，这才慢慢找回了写作的感觉。所以说，假如暂时不理解老师让你做的事，先去尝试一下也无妨。

我很喜欢北京的高考物理题，它经常借用复杂的知识背景，试图以简洁抽象的模型简化复杂而具体的现实问题，实验设计也是脑洞大开，类型新颖。不像其他某些省份的物理大题一样，难题常常是数个模型的简单组合，专在计算上刁难人。学物理的过程也很有趣，我很喜欢在一张空白纸上写写画画，自己由定理推出新定理，由一级结论推出二级结论，有一种"合成知识"的成就感。

在准备化学竞赛期间，我有过几次短时间停课，导致生物学科部分章节从一开始就没来得及学习。一轮复习时，又因参加全国化学竞赛决赛而再次错过这些内容。起初，我以为大致浏览一遍知识点便足以应对考试。

然而，随着一轮又一轮的考试推进，生物基础薄弱的问题逐渐暴露无遗。一模考试后，我意识到问题的严重性，开始按照章节对生物中逻辑结构最为复杂的章节进行基础知识点的归纳总结。为了夯实基础，我投入了大量时间进行梳理，这才确保了高考时在基础题目上没有失分。此外，在临近高考的那段紧张时期，我每天都会抽出至少40分钟的时间专门练习生物大题。我很喜欢与同学一起做题、共同讨论的过程，我认为练习册上给出的标准答案并非一定是最佳答案，同学们从不同角度思考写出的答案，有时反而更加完善。一般来说，北京各区的模拟题和其他省份的高考题难度都远超北京高考，平时拿这些题练习诚然是很痛苦的事，但我想只有适应了这种难度的题目，到高考时才能更加得心应手。

刚上初中时，我进行体育锻炼大多是为了应付体育中考，纯粹是为了应试而进行体能训练。这种功利性的锻炼持续了很久，直到初三，附中给成达部开设了体育选修课，我和同学们开始一起打排球，这才让我从小到大第一次领略到体育运动的独特魅力。排球场的地面铺着胶皮，每到下雨天过后，就变得异常光滑，大家救球时稍不留意，便会摔得人仰马翻，引得旁人一阵哄笑。场边有一棵歪脖子松树，常常遭受排球的"袭击"，每次被击中，就会窸窸窣窣地落下一阵松针雨，为球场增添了几分别样的趣味。那时，我们没有接受过专业的排球技术指导，同学们的打球方式可谓千奇百怪：有的像拳击一样把球打出去，有的让球在网口慢悠悠地滚过，还有的用手背扣球，各种新奇打法层出不穷，大家都玩得乐在其中。高二的时候，学校组织了排球联赛，与我们班平时在一起打球的伙伴们组队参赛，最终取得了亚军的好成绩。但如今回想起来，那些打排球的日子里，真正让我难以忘怀的，并非比赛的排名和奖牌，而是那些充满欢乐与活力的瞬间：是在蒙蒙细雨中，大家依旧在球场上尽情挥洒汗水；是在上课前两分钟，还抓紧时间打上几个回合；是随手找来一个气球当作排球，也能玩得不亦乐乎；打出一个漂亮好球时，球网两边的同学会同时鼓掌欢呼，球场上满是欢声笑语……这些温暖又美好的画面，是我几年来最珍贵的回忆。

从初三时起，我对化学产生了独特的兴趣，自此开始学习化学竞赛。我自认为在参加化学竞赛时所学的知识和能力堪比高中其余各科的总和——它让我提前接触了一些大学知识，提升了思维水平；让我学会了自学和在与同学的交流中成长；也让我走出校园，认识到更多优秀的人，意识到自己的普通。前两年化学竞赛生涯在朋友的陪伴下度过，我们平时一起交流、探讨问题，共同进步，闲暇时一起打排球、踢足球，日子既忙碌充实又充满乐趣。但到了学化学竞赛的第三年，身边的朋友一个个离开，每天孤独地做题，孤独地看书，没有人一起探讨问题，更没有人交流谈心。尤其是感觉自己进入了"瓶颈期"的时候，虽然基础不牢，但看以前读过的书花费时间长、收获小，学新知识时又不明所以稀里糊涂。最后一年就这样在迷茫和孤独中度过。看到提早放弃化学竞赛的同学如今课内成绩都很好，课余生活也很充实，又想到自己因为外出参加培训，缺课又缺少体育锻炼，不仅课业落后，体重也狂增数公斤，心理压力一度很大。在第三次参加的第37届中国化学奥林匹克（决赛）中，我排全市第31名，作为女生，得益于保护政策，幸运地进入了省队。但此时，我却陷入了艰难的抉择，在做出放弃继续参加化学竞赛培训的决定前，我深思熟虑许久，也向老师、家长和同学征求了许多建议。考虑到自己没有获得金秋营的"优秀营员"认定，全国化学竞赛决赛所涉及的物理化学科目一直是我的短板，再加上当时糟糕的心理状态，我最终决定回归高考的赛道。不过，我最终还是裸考参加了决赛，拿到了铜牌。就这样，我的化学竞赛生涯画上了句号。本以为从现实角度出发，我不会再选择化学专业，可世事难料，高考那段充满波折的经历，阴差阳错地让我踏上了曾经无数次幻想的理想主义道路。

我的高考经历可谓惨绝人寰。曾经，我将高考视作人生的绝对转折点，仿佛命运的走向全系于此。我有时也在想，四分五分的数学选择填空题倘若只因一念之差填错，会给未来的人生带来多么难以估量的影响。在我眼中，高考就像一场试错成本极低、成败在此一举，还夹杂着诸多运气成分的关键关卡。由于背负着巨大的心理压力，高考第一天的前夜，我几乎彻夜未眠。清晨，我强装镇定，一边在心里默默安慰自己"失眠也没什么大不了，一夜不睡照样能考好"，一边拖着疲惫的身躯走向考场。可是怎么可能毫无影响呢？过度紧张导致我心率过快，直冒冷汗，手心滑得连笔都握不稳，脑袋昏昏沉沉的，语文作文也是稀里糊涂地写完，不知所云。考完之后继续回忆题目真是极其不明智的做法——考完数学当晚，我躺在床上回顾那道看起来挺简单，却没有做出来的圆锥曲线题："题的整体思路并不复杂，可是式子太难算了，动点（t，0）在 x 轴上，按理说我用反设直线的方法应该已经是简便化的方法了，怎么会算不出来……"突然，一个可怕的想法闪过脑海，犹如晴天霹雳：那个动点是（0，t），而不是（t，0）呀！我横竖睡不着，想到读题就读错了，直线方程也写错了，联立的分数也没有，韦达定理自然也错了，后面过程分肯定也是一分没有，我自嘲地笑了起来，想复读的心都有了。接下来的几天，无论中午还是晚上，我依旧没能睡着，这样精彩的失眠经历我也是第一次尝试。说来有趣，到了后期，我甚至不再纠结"失眠会不会影响考试状态"，倒是开始担心自己会不会因为连续几天没休息好，再加上巨大的压力，猝死于考场。不过，在之后的几场考试里，我逐渐接纳了失眠状态下的自己，我努力让狂跳的心脏恢复平静，尽力克服身体的不适对精神集中程度的干扰，最终也算勉强调整成功了。从第二天的英语，到第三天的物理、化学，再到第四天的生物，尽管失眠的总时长越来越长，身体状况每况愈下，但神奇的是，我明显感觉到自己的精神状态越来越好。从最终成绩来看，最后几科的成绩与平时相差无几，及时拯救了语文和数学成绩的"滑铁卢"。其中生物这门学科，我以前从未赋分到满分，高考时却超常发挥拿到了一百分。这场从糟糕开局到超常发挥的逆袭，虽说有些许遗憾，但好在最终没有酿成大祸。一个糟糕的开头并不一定就意味着悲剧的结局，一切皆有可能发生逆转。

而最大的逆转还是在高考出分以后。看到全市排名 600 多的成绩时，我以为自己注定与清北无缘。所幸平时成绩很好，在运气的加持下，我在北大强基的校测中取得了很高的分数，最终以低于录取分数线 5 分的成绩，幸运地踏入了北京大学化学与分子工程学院的大门。现在想来，这都得感谢曾经那个拼命努力的自己拯救了如今的高考失利。

令我印象极其深刻的是高二时学校安排的外出研学，其中1、2两班被分配前往合肥科学岛。听此"噩耗"同学们都叫苦不迭，毕竟比起其他班级去的成都、西安，合肥实在算不上什么旅游的好去处。但是在科学岛上，我不仅大开眼界，学到了许多书本上学不到的知识，对科研的兴趣也在心底悄然生根发芽。我和同学选择了固体物理研究所的"制作纳米'晴天娃娃'"课题，即利用 PS 微粒经过等离子刻蚀法（RIE）对硅片进行刻蚀，再喷洒纳米金颗粒，在电镜下形成像晴天娃娃一样的结构。我们跟着实验员一起铺薄膜，跟研究生一起穿着防护服去超净间做刻蚀，最后一起参加答辩、写论文。这段经历让我看到了科研的真实模样，研究员们常常日复一日、单调地重复着相同的实验操作，从海量的实验数据中抽丝剥茧，提炼出全新的结论。这与我以往所认为的科研就是不断进行发明创造与发现的想法大相径庭。科学岛的环境十分静谧，宛如科研领域的世外桃源。岛上随处可见"科研重地，禁止鸣笛"的标语，处处彰显着对科研的尊重与专注。有一次，一辆汽车遇到因拍照而挡路的游学学生，没有丝毫的不耐烦，安安静静地等候了一分钟，直到学生拍完照离开才缓缓驶去。听导游介绍，岛上有学校、有医院，甚至有些人生于斯，长于斯，死于斯，这种与科研深度融合的生活方式，深深地震撼了我。从那以后，我常常在脑海中勾勒自己穿上实验服，在这远离世俗喧嚣的地方安静地做科研的画面。如今，我也正朝着这个目标，一步一个脚印地慢慢靠近。

至此，以上内容与其说是经验分享，倒不如说是我在附中六年的简短回忆录。高三时，我时常遥望着河对面的玲珑塔和远方若隐若现的西山，时而幻想，有朝一日，窗外的玲珑塔能悄然变成未名湖畔的博雅塔。过往我总以为考上清北是一件遥不可及的事，看自己欠佳的执行力、并不非常机灵的头脑和严重的强迫症，认为这与幻想中清北学生的样子大相径庭。时光匆匆，当我和身边的同学真的踏入这片梦想的校园，才发觉旁人眼中如天才般的清北学生，也不过是在平凡日子里默默耕耘、用努力铸就不凡的普通人。

我自认为是个虽带有惰性，但功利心极重的"内卷者"。而如今回首中学六年的过往，看到刚入学时热血沸腾、壮志凌云的自己，看到面临大考时急功近利、焦躁不安的自己，看到高考出分时的怅然若失、忧郁感慨，如今在北大校园里，也能淡然地一笑了之了。偶尔，我也会问自己：倘若当初未能圆梦北大，那六年的拼搏与汗水，是否就会失去光彩？努力的意义，难道仅仅在于抵达那个既定的终点吗？逐梦的路上，我们都曾全力以赴，那拼搏的身影，无论结局如何，都自会散发光芒。那些和我一样，甚至付出了更多努力，却没能踏入梦想学校的同学，他们的人生同样在各自的轨迹上熠熠生辉。

高中时读到的那句"追风赶月莫停留，平芜尽处是春山"，曾给我莫大的鼓舞。那时的我，沉醉于它描绘的美好未来，满心都是奋发向上的冲劲。如今，我已身处曾经憧憬的"春山"，回望来时路，却是荆棘丛生、坎坷万千。参加化学竞赛三年的拼搏，最终未换来理想的成果；高考的失利，分数的大跳水，都成了难以释怀的遗憾。但"月圆则亏，水满则溢"，这些遗憾，或许也是一种别样的圆满。它们是成长的印记，是生命给予的独特馈赠，让我懂得人生并非只有一条既定的成功之路，每一段经历，无论好坏，都在塑造着独一无二的自己。

班主任点评

张逸凡如同实验室中跃动的分子，既有稳定而坚韧的内核，又焕发着探索未知的炽热能量。她以化学方程式般的严谨与平衡，在学业、竞赛与团队协作中书写青春，用热爱与坚持为梦想注解，展现出一名未来科研人的雏形与气象。

她与化学的相遇是一场双向奔赴。课桌上常年摆放的化学书被翻出毛边，笔记本里工整记录着无数化学反应，错题集上用红笔标注的不仅是解题思路，更有对知识底层逻辑的追问。而她的成长轨迹也并非坦途，高三那年，面对高考与化学竞赛的双重压力，她也经历了时间紧、任务重，也曾有过迷茫和孤独，但低谷从未让她沉沦，反而成为淬炼心性的熔炉，成绩始终稳定在年级前列，最终，她迎难而上，在全国化学竞赛中摘得铜牌，并通过高考和强基叩开了北京大学化学系的大门。

排球场上，她是攻守兼备的主攻手，扣杀时的果决与救球时的韧性，恰似她在学业上的专注与坚持。这种团队意识浸润在生活的每个角落，她就像催化剂，让集体的能量产生源源不断的反应。

张逸凡用化学键般的坚韧联结理想与现实，以科研人的热忱破解成长方程式。愿她永远保持对未知的好奇，在分子与星辰的交响中，抵达属于自己的科学秘境。

（王海平）

回望来路，追光清华

——我的附中逐梦记

赵一澄

成绩情况：高一至高三，年级排名大致在前 50；高考成绩：699 分。

成绩雷达图：

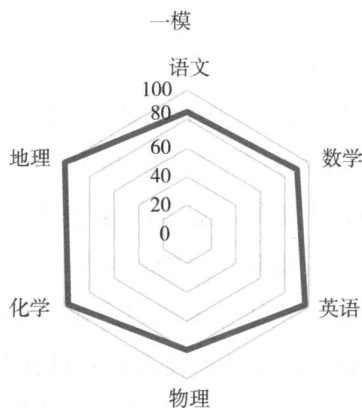

弱势科目：语文、物理

送给学弟学妹的一句话：愿你们永记头顶星河的灿烂，不忘眼前烟火的安宁。

最终录取院校：清华大学计算机科学与技术系

我的简介

我自 2018 年开始就读于首都师大附中；2021 年升入同校的成达部，在附中度过了六年的学习生活。我的中学生活较为丰富，学习方面，我自初三参加了化学竞赛，在 2022 年和 2023 年的全国化学奥林匹克初赛中获得二等奖；思想品德方面，我在校团委中任宣传部成员一年、宣传部部长一年，并在 2023 年被评为海淀区优秀共青团员。

我的经验

选科建议

在北京市 "3+3" 的选科政策下，除去基础的语、数、英三门主科，我选择了物理、化学和地理。高考中，我所擅长的化学和地理都收获了满分，即便是不擅长的物理，也取得了我高中生涯的最好成绩。努力固然重要，而在关键节点上选择适合自身的道路则可以让努力的效能最大化。回顾我的高中生涯，高一时期所做出的选科决策，无疑为我的高三总复习奠定了坚实的基础。在此，我愿意分享一些我的选科经验。

首先，明确自己的职业方向。在经历初中三年的学习后，我清楚自己更擅长理科方面的学习，未来的专业方向也应以理工科为主。因此我根据当时学校的选科引导，首先确定了 "物理 + 化学" 的组合，满足大学理工科专业的需求。如果想学习法律等偏文的专业，则可以尽早确定历史、政治和地理的选科组合。但是，这并不代表我们只有上述两种组合可供选择。若是早早地明确了自己擅长的科目，或是选定了自己向往的具体专业，则可以根据具体情况进行个性化选择，充分利用高考 "6 选 3" 政策的自由度。

其次，确定自己的兴趣。中考成绩中，我的生物和地理分数在剩下四门科目中都是最高的，但是我对地理更具热情，为了保持之后学习的动力，我早早选择了地理。事实证明，我的选择是正确的。我对于地理的热爱使我在高一便扎实地打好了基础，以至于在高三的一轮复习中，我对于基础概念和基本题型的掌握较快。复盘我六门科目的复习，我分配给地理的时间是最少的，效益却是最大的，根本原因便在于我的热爱能使我更为投入、主动地温习知识。

最后，如果对各个学科都没有特别的偏好或优势，那么就需要"因地制宜"，根据自身和学校的实际情况进行选择。我选择地理的原因，不仅在于我对它有着浓厚的兴趣，还因为我们的学校在地理教学方面拥有丰富的经验，地理教研组的老师们对教学工作极为认真负责。在这样的学习环境中，我对地理充满信心。

科目经验分享

在六门科目中，语文和物理是我的弱势科目。我对它们缺乏强烈的兴趣，也没有提前预习过相关内容，可以说是完全依靠学校老师的指导和自己的努力来应对。在高考中，我尽可能地发挥出了自己在这两门科目上的最佳水平。下面，我将重点分享我在复习这两门科目时的一些心得体会。

在我看来，语文科目的复习难点在于其庞大的内容量和较高的开放度，因此课内外的积累便尤为重要。写作方面，为了最大化地利用身边的各种资源，我从高一开始便准备了一个语文素材积累本。无论是课本上的内容，还是老师分发的阅读资料与范文，我都会提炼其中有价值的内容与段落，进行专题性的摘抄和归类，并记忆其中有价值的段落和素材。之后，我会紧跟老师的步伐，认真完成每次随堂写作的任务，并完善作文的二稿甚至三稿，做到精益求精。高考前夕，我再次通读我之前的作文和同学们的范文，并结合历年北京高考作文题目进行押题。而我的确押中了作文题目的大致范围，因而在语文考试期间，我也更为自信。

阅读方面，我将其归纳为古文阅读和现代文阅读。就像阅读英语文章需要背记生词一样，我在阅读文言文时会背记常见的实词与虚词，并在笔记本上进行整理；升入高三后，为了适应应试题型，我开始整理主观题的类别和答题思路，并对于我认为的难句进行反复阅读和翻译，这种做法大大提升了我的熟练度。在现代文阅读方面，从初中起，我便开始阅读课内外中外名著，培养自己理解作者主旨的"语感"能力。升入高三后，我缺乏阅读的时间，便开始梳理往年试题中现代文的脉络和主旨，进行题型的整理归类，我的应试思路也更加清晰。

我在物理学习方面展现弱势，不仅是因为物理知识体系环环相扣的复杂性，还有我心态方面的不自信。从初二接触物理开始，物理便一直是我的垫底科目，这种对于物理的刻板印象经常萦绕在我的脑海中，有时即使进行了充分的复习，我也总因为在考场上急于求成而丢掉基本的分数，因而不同于任何一科，锻炼良好的心态是我攻克物理的首要任务。我首先会提前物理复习时间，通过率先完成复习助长自己的信心。考试前，我会给自己积极的心理暗示，以轻松的心态回顾一遍较为简单的题目，再次鼓舞士气。在这样的重复训练下，我的这种心态被迁移到了每一门科目的考试中，以至于在高考考场上，我遇到陌生的题型能迅速调整和进行反应，进而发挥出自己的最佳水平。

回归物理复习，我采用画思维导图和整理错题作为配合复习。我首先会通读课本，结合课本和教辅画出每一章节的思维导图。除基本定义之外，我的思维导图会关联每一小节之间的联系。在高三一轮复习中，我则会绘制更为粗略但勾连高中全部内容的大体系思维导图；面对交叉门类的内容时，如力学和电学相结合的电磁导体棒问题，我会进行专门的题型归类，以便更好地理解章节之间的联系。

我还会整理错题，在考前通过复习和拓展错题本来巩固知识，丰富做题经验。我通常将课本、练习册和历年市区考试题中的错题进行整理，不仅会重新写解题过程，还会点明易错点和错因。不仅如此，我还会在每次回看错题时进行批注，落笔重新做题和批注可以极大地加强自己对于一类题型的印象，进而促进理解。

我学习物理的方法偏基础和记忆，对于刷题方面，我始终坚信老师布置的题目、北京市历年高考题和重点区的试卷就足够了，过多的刷题量会降低我复习的效率，不去理解而仅仅套用题目模板，是无法应对高考的新情境题型的。

中学记忆

再次复盘我六年的中学生活，我发现了各种"伏笔"。它们不是能被普遍学习的应试经验，反而更像为我而独家定制的一场场缘，在这六年被分散着埋在我日复一日的学习生活中，等到告别附中的那一刻，同夏日的烟火一样，在我心中怦然绽放。其中，有的看似短期无用，有的是父母口中的"与学习无关"的琐事，却都在最后的成果验收中为我助力，成为我宝贵的回忆。

初三时，学校为创新部专门开设了竞赛课，抱着去打发时间的心态，我参加了化学竞赛，却不承想一学便学到高二。我不具备出色的竞赛头脑，对于远超高中的知识理解也较慢，有时甚至因为竞赛而耽误了我的课业。我本想放弃，但最后因爸妈和竞赛老师的鼓励而坚持了下去。我专注于知识本身，想在有限的时间内多接触从未见过的领域，从未抱着获奖的期许去参加每一次考试，却意想不到地在初赛的获奖名单中留下了自己的名字。在高三，我更惊喜地发现之前在学习化学竞赛时留下的知识记忆和思考方法能使我更轻松地理解高考出题人的想法，节约了我在化学复习方面的时间，为我其他科目的复习留足了精力。有时，一次无心的栽培与坚持，便是柳枝成荫的关键。

我在初中还拓展了自己的体育爱好——排球。对排球极度痴迷的时候，我每天放学后都会待在学校，有时甚至忘记了回家的时间，为此经常被父母训斥，不要因排球而消耗自己的精力。然而，升入高三后，我每日锻炼的习惯却保持了下去。充分的体育活动使我拥有充沛的精力和健康的身体素质，在朝七晚九的复习日程中，我能全身心地投入课堂，并以更高效率进行课后复习。不仅如此，我还结识了一批志同道合的排球"搭子"，高考结束后，我们没有放弃联系，而是定期组起排球团建，维系这来之不易的友情。

除此之外，在校团委任职的两年也丰富了我的中学生活。高一的秋天，我怀着期待的心情在校团委的办公室介绍了自己，成为宣传部的一员。然而，平衡团委的工作与学业并非易事，这曾让我与父母之间产生了分歧。最终，我学会了如何巧妙地协调这两者，在这个过程中，我也掌握了一定的时间管理技巧，使我在后来的学习和娱乐时间安排上变得更加自主和合理。然而，团委给予我的远不止这些。为了提升宣传的质量，我自学了PS、海报制作、公众号运营、刊物排版等技能，也学会了如何更有效地与同学们沟通。最终我与其他成员们共同出版了团刊，让校团委充满着进步的生命力，而这些经历和成果如同繁星点点，照亮了我前行的道路，也大大提升了我的综合能力。

就是这些不起眼的种子，在我前行的六年间被悄然埋下，等待2024年的那个盛夏，它们在岁月的沉淀下向上生长，连成一片苍翠的浓荫，勾勒出我金绿色的中学记忆。

感恩母校

与附中相伴六年，我终于在她诞生的第110周年为她献上了她同我辛勤耕耘六年的生日礼物。我感谢我的老师们，他们风格迥异，有的幽默风趣，有的淡泊平和，可都极具耐心，认真负责。他们在我一次次取得阶段性进步时同我庆祝，又在我陷入低谷时为我指明前行的方向。不仅如此，我也要感谢我的同窗们，同行六年，我们从不是孤身一人，而是相互陪伴、相互支持。这来之不易的友情，是我值得用一生去回味的财富。最后，回望那充满生命力的校园，鸟雀啁啾，阳光洒落在灰色的石板路上，映出点点金光。我不会忘记我的母校，她在我懵懂时挽起我的手，伴我走过一个个春夏秋冬。我们在夏日相遇，又在夏日离别，我在校园中学到的一切，将永远铭刻在我的内心，如同一抹茶香，陪伴我在未来人生路上越走越浓，越走越远。

班主任点评

赵一澄如同排球场上凌空跃起的二传手，以精准的调度串联起学业、责任与热爱的多重维度。她是理性与感性的平衡者，是理想与行动的践行者，更以真诚与韧性浸润集体的温暖光源，她以独特的节奏诠释着"全面发展"的深刻内涵。

作为校团委宣传部长兼班级宣传委员，她让"责任"二字有了具象化的表达：班级初建立时独具匠心的班徽设计，每个月一期图文并茂的板报，送给任课教师的饱含着热爱的个性化漫画，学校大型活动的宣传任务，无不凝聚着她的心血，体现着她的艺术修养。面对学业与学生工作的交织，她将任务转化为高效的行动，在严格的时间安排中始终保持着清醒的节奏感。

在学业中，她是虔诚的求索者，以系统化的知识架构与独创性思维方法突破重围，将对知识的深刻理解转化为解决问题的密钥。教室中专注的身影，见证了她扎实的积累和对知识的敬畏，与老师和同学积极的讨论，体现了她的学习热情与积极的态度。

排球场上跃动的身影，是她拼搏精神的生动写照。这项运动赋予她的不仅是强健的体魄，更有逆境中调整心态的智慧，以及为集体荣誉倾尽全力的赤诚，这份坚韧浸润着她的学业与生活，让她在压力面前始终保持着从容的姿态。

"真诚"是她最动人的底色。她总是以润物细无声的方式关怀他人：主动分担同伴的压力，细心察觉集体的需求，用温暖的行动替代浮夸的言辞。即便身兼数职、成绩斐然，她都始终保持着谦逊的姿态，这种不彰自显的人格魅力也让优秀具备了感染人心的温度。愿她永远保持这份赤诚的热爱与清醒的坚持，在更广阔的天地间，书写属于奋斗者的优美诗篇。

（王海平）

五育并举，成德达才

傅 瑀

　　成绩情况：高中三年整体在年级30名内浮动，高考704分，位列年级第一，北京市第64名。

　　成绩雷达图：

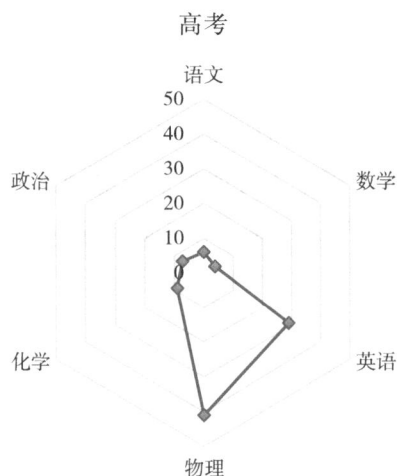

　　弱势科目：语文

　　送给学弟学妹的一句话：十年磨一剑，高考敢称雄。愿附中学子踔厉奋发，放飞青春梦想，书写人生华章！

最终录取院校：清华大学电机系

我的简介

傅瑀，首都师大附中2024届高中毕业生，高中获学校"成德达才校长奖"、海淀区优秀学生干部及连续三年海淀区三好学生称号。在校期间担任班长，积极发挥班干部引领作用和团员模范作用，主动承担班级、年级的各项任务。在班级的日常生活中认真履行职责，负责班级管理、活动组织策划、班集体述职报告撰写、主题班会筹备等工作，并担任多科课代表。热情真诚待人，尽己所能为同学们送去温暖。

在班级生活及学习之余，积极承担学生工作，参与、组织学校多项活动，在学生会、校团委、国旗班等学生群体中积极贡献。高中期间，参加校图书馆馆刊《千帆》编撰；曾担任学生会文艺部副部长、学生会副主席，参与组织学校达人秀、扩校仪式等活动；组织所在班级与校团委青年志愿者协会共同开展面向西藏革吉县孩子们的冬衣捐赠活动；尊重爱护国旗，参与升旗降旗工作。工作认真负责，踏实诚恳，态度积极，得到教育处及各科老师的充分认可，形成了很好的引领作用，并获得学校"志愿服务之星"称号，以实际行动承担青年责任。兼顾课内学习与学生工作，以轻松的心态面对学习生活，坚守附中"成德达才"的追求目标，追求德智体美劳"五育"的全面发展。

学习经验

谈到学习经验，历来有很多行之有效的经验和方法，比如打好基础、建立错题本、树立知识结构、掌握应考策略，等等。每位同学在十余年的学习生涯中，也或多或少地有着自己的心得体会。回望我自己的学习经历，在上述列举的具体方法之上，以更宏观的视角观之，如果用几个词来概括高中期间的学习经验，我想应该是：放平心态、自主规划、团队协作与多元发展。

一、放平心态

高中时期是人的身体、心智逐步发育成熟的关键阶段，同学们逐渐接触到更广阔的社会，有了更丰富深刻的见解与思考，心中有更多所思所想，但有时却不免出现注意力分散的情况；同时，步入高中意味着同学们距离高考越来越近，面对人生的一次重要大考难免心中有所波动，特别是在步入高三之后，多少会产生紧张焦虑的情绪。对此，最重要的在于放平心态。

从学校和老师的角度来看，附中是一所温暖友爱的学校，老师们对待学生总有包容和大爱，是学生们良好的沟通者、倾听者、陪伴者，往往能帮助同学们解决学习生活上的障碍和挑战，引导学生们保持良好的心态。以我的班主任何老师为例，他作为特级教师在授课水平上非常优秀，而作为班主任在体贴学生上亦是细致入微。他在班级管理上赋予学生充分的自主空间，并非全盘管理，却时刻关注着自己学生的生活情况和内心状态。我在高三时曾经无意间翻开他的班主任手册，看到他与同学们的谈话记录，其中，焦虑情绪、身体状况、情感问题等等主题不一，对症下药，在紧张的高三复习阶段为同学们提供了重要的心理疏导与支持。其他班主任和科任课老师也是如此，时常与学生打成一片，使他们在宽松自在的环境中成长，以平和的心态面对高三生活。

对于学生而言，我想需要做到一件事，即是"相信"。相信学校、相信老师、相信自己，相信"相信"的力量。首先，相信学校和老师们的教学能力和教学规划。附中的教学安排科学合理，老师们对待课堂也是严谨认真、循循善诱。重视课堂和作业，紧跟学校和老师们的节奏，以平常心面对学习生活，往往会有好的成效，而不必过于担心自身的学习情况，参加过多的课外补习，为自己带来太多压力。其次，相信自己。高中的学习内容并非那么复杂，人与人之间的智商差距也并不显著，况且每个人所擅长的领域也各有不同，因而不必拘泥于一时的得失，不必为成绩一时的起起伏伏而情绪波动，关键在于树立信心。在附中的原创音乐剧《后浪》当中，有着这样一句话："相信自己，每一朵浪花都有自己的力量。"其实学习生活正是如此，相信自己的能力，相信自己总会在"螺旋式上升"的过程中成长，相信我们自己终会作为独特的个体而绽放光彩。坚定理想信念，坚持相信"相信"的力量，这样的信心和定力对于成长大有裨益。

具体而言，从我的经历出发，对于调节心态有如下建议：

第一，尝试专注于当下，避免沉溺于过去或过度纠结未来。学习中或多或少会存在不完美，如浪费了时间、未完成既定学习目标、考试失利等情况，然而这些都已经过去。正所谓"往者不可谏，来者犹可追"，已成定局之事无法改变，与其懊悔于过去，不如充分把握当下，及时调整，以更好的姿态投入新的学习生活之中。同样地，对未来不确定性的纠结也并无太大必要，只要我们对未来有明确的规划，做好现在的自己，便足矣。

第二，采取合适的方法调节负面情绪。紧张、焦虑的情绪在学习中难免存在，在高三复习时更是频繁出现，此时不妨尝试从以下几个方面予以缓解：通过散步、聊天等方式散心，防止始终处在高三的节奏中过于紧绷，通过转移注意力实现学习张弛有度；参与体育活动，合理释放压力，同时在运动中获取快乐，愉悦身心；与父母师长倾诉，诉说自身苦衷，吸取过来人的经验。总体而言，即有张有弛、稳中求进，在适合自己的学习节奏中培育积极情绪，在积极情绪的带动下更好地前行。

第三，沉着冷静应考，考试时保持信心、耐心和定力。我身边很多同学本身知识水平不低，却在考试时因紧张而影响发挥，甚至出现崩盘的情形，导致大考甚至高考出现偏差，十分可惜，这就需要充分掌握应考策略。所谓信心，即相信自己的知识水平和能力，相信自己能够圆满完成考试，给自己正向的情绪反馈；所谓耐心，则是在具体的试题上细心应对，尤其是在复杂题目上锲而不舍，一步一步分析拆解，得出答案；所谓定力，则是遇到困难时不慌不忙，或冷静应对，或暂时跳过，不与自己较劲，亦不因此紧张、放弃。心态上坚守这几点，再加之本身的知识深度、学科素养，相信定能取得理想的结果。

二、自主规划

高中生活意味着更多的自主性，日后升入大学、迈入社会更是需要自我管理、自我规划，因而在高中阶段培养自主规划能力尤为重要。这包含两方面要求：一是时间管理与学习规划；二是目标制定与人生选择。

高中阶段的学习对自我管理能力、时间规划能力提出了更高的要求。逐步提升的课程容量和课业难度要求我们在有限的时间内更高效地完成学习任务，更丰富的课余活动也需要我们善于分配时间，对自己的学习生活进行明确规划，合理平衡学习和课余生活，做到自律。在时间管理上，关键在于高效利用时间，提高学习效率。高中学习不宜通过消耗过多时间来换取成果，熬夜学习或将周末都用课外班填满往往不能取得良好成效，反而会影响睡眠和休息，不利于形成良好的作息习惯。在学习时远离手机、电脑等电子产品，保持专注地开展学习，并充分利用课间、午休等碎片化时间休息放松，方能提升效率，事半功倍。同时，要对自身的学习情况有明确的了解和规划。找到自身在学习中的优势和劣势科目，适合自身的学习方法和存在问题的学习习惯，并通过切实可行的目标和规划不断调整进步。每个人的学习情况都有其独特之处，学习方法往往没有好坏之分，只有适合与不适合之别，要对症下药，通过自我分析和规划，找到最恰当的学习方式。以晚自习为例，其上与不上要看在何处学习效率高，对有些同学来说在学校自习未必比在家自习更适应，因而要从自身实际情况出发，具体问题具体分析。

更宏观而言，自主规划要求我们对未来有所展望，在面临选择时内心清晰而坚定。人生充满选择，每一个选择都可能影响未来的人生轨迹。往近了说，包括高中时期的选科抉择；往远了说，还有志愿填报、专业选择、职业规划，这些都是人生的重要岔路口。有许多因素值得我们考量，个人的兴趣、擅长的领域、社会的需要、专业的前景等等，而每个人各有侧重。有时，我们可以在自己喜爱的领域深耕，有时我们又不得不考虑专业情况、就业情况而在选科、选专业上作出取舍和让步。比如，当前本科的多数专业录取对高中选科的要求是"物理＋化学"，而这种"物化捆绑"的选科方式未必每名同学都能学起来得心应手；又如，文科生的岗位需求较少，就业难度较大，也使很多热爱文科的同学犯难。这些都是让人些许无奈，却又不得不考虑的现实情况。

未来孕育无限可能，但愿每个人都对自己的未来有所思考，有所期待，在自己的一片天地中活出生命的精彩。

三、团队协作

考试需要一个人面对，但备考的过程却可以相伴而行。同学之间的合作和帮助既在学习上大有作用，又有助于友谊的培养、情绪的调节。我所在的二班就非常重视这一点，在班主任的引领下，我们倡导"心在一起叫团队""独行快，众行远"，重视以班级为基础的团队协作。一方面，我们重视班集体建设，使每位同学身处班级之中都不感到孤单，也使每位同学都能为班集体作出自己的一份贡献。我班在高中三年有过多次学生人员调整，但有些东西始终如一。比如，每次班级转入新成员时，受到的欢迎与接纳；比如，我们同学之间不减的情谊；比如，班集体强大的凝聚力。每位同学善良的品格是我们形成一个团队的基础，而我们也通过充分打磨设计主题团日、主题班会、班级联欢等活动项目，留下属于班级的珍贵回忆，形成独特的班级氛围与班级文化，增强每位同学在班级之中的归属感。回到学习方面，我们将班级归属感转化为主人翁意识，以热爱为内驱力带动同学们为班级作出更多贡献。例如，在英语科目阅读英文小说时，除个人独自的阅读之外，同学们分工合作，将全书分为若干部分，每位同学负责精读其中一部分内容并进行讲解，编写学案，在交流互鉴中使每位同学在有限的时间内更好地理解书目，收获远大于自己单独阅读。我们所编写的学案通过完善优化，最终成为英语科目校本教材的一部分，这在更高层面上可以说是我们为学校这一更大的集体作出的小小贡献。我班在高中期间多次荣获学校"优秀班集体"奖项，正是对我们在学习成果、思想动态、班级活动等班团建设各方面的充分认可与肯定。

另一方面，我们在班集体的基础上，充分尊重同学意愿，带动同学们的积极性和合作热情，由同学们自由组合，建立四至五人的学习小组，使每位同学都身处小组当中，与身畔的同窗们携手同行，既有突出的学习效果，又留下深厚的同学情谊。在学习上，这是互帮互助的平台。小组成员有问题相互探讨，在交流互鉴中增长学识，特别是在英语听力口语高考备考期间，同学们以学习小组为单位每天中午开展朗读等练习，互相督促学习，互相纠正发音，携手共进；在生活中，这是增进友谊的契机。除学习之外，小组成员在假期相约出游，如参观博物馆、一起运动等等，增长见识、拓宽眼界，同时留下了共同的美好回忆。班主任通过设定打卡，督促小组同学们进行交流，不仅没有让学习小组的开展流于形式，而且使同学们小组活动的热情高涨，效果显著。疫情防控期间，同学们难以相见，然而学习小组活动不断，大家定期自主利用线上平台聊天讨论，相互的陪伴与照应，以线上的方式拉近人与人的距离，让每个人不再孤单，让这份情谊历久弥坚。

四、多元发展

正如标题所言，"五育并举"方能"成德达才"，首都师大附中始终致力于培养具有仁爱之心、睿智之脑、健康之体、发现之眼、创造之手的学生，也即德智体美劳全面发展的成达学子，而这五个方面相互贯通，彼此联系。一名学生学习优秀不仅依靠智育，更离不开艺术、体育等方面对学生的积极影响。与只会"死读书"相比，多元发展、全面发展的人，往往拥有更加健康阳光、自信坚毅的心态，这种正向的情绪反馈对课内学习大有裨益。同时，多元发展的人往往能够见到更广阔的天地，拥有更开阔的眼界和格局，这有时能使学习更加得心应手。因此，我们要谈学习，就不能只谈学习，而要追求自身的全面发展，进而助力学业进步。

附中关注学生的成长成才，各类学校活动和学生群体为我们搭建了多元发展的良好平台。学校有着达人秀、振兴杯等异彩纷呈的校园活动，也有学生会、校团委这些学生组织，以及科技、艺术、体育各领域一系列学生社团，这都是同学们展示自我、发展自我的良好平台。不妨参加其一，发展兴趣爱好，提升个人能力，发掘更多元的自己。我个人不敢说自己全面，但在附中成长的几年也收获了许多。台球桌在中学里颇为少见，而附中的台球资源让我发展了这一比较小众的爱好，有了自己热爱的体育运动；在高中我参加学生会，参与组织各项活动，开展志愿服务，让我不仅提升了组织协调能力、沟通能力，更收获了珍贵的友谊。这使我在学校的生活更加快乐、自在，也让我以更轻松的心态面对学习生活，在课内学习和课余活动两方面均收获颇丰。

当然，人的精力毕竟是有限的，在其他方面的时间投入客观上确实会对学习时间造成影响，因而要妥善做好时间管理，实现课内外的平衡。在时间分配上我依然以学习为主，保证学生工作和学校活动等不影响正常学习时间，不过我认为学习和课余活动其实并不冲突，而是相辅相成、相得益彰的。学习以外的工作和活动固然消耗部分时间，但这也促使我们利用更有限的时间完成学习任务，提升学习效率。而且，正如上文所言，各类学校活动有助于我们放松心态，以更饱满的姿态投入学习生活中，使我们并非仅仅埋头苦读，而能提升我们的视野格局，在实践中学习进步，实现全面发展。

在学校记忆深刻的一件事

回想在附中读书的几年，印象最深刻、对自己影响最大的一件事，当属学校的 110 周年校庆。可以说，这是学校的重要里程碑，对我们每一位学生也是萦绕在心头的一件大事。自 1914 年建校起，首都师大附中已走过 110 年征程，而 2024 年 110 周年校庆正值我们这一届学生毕业之际，因而对我来说格外有意义。

从学习的角度而言，我们若能取得优异的高考成绩，则是对母校最好的献礼。早在 2021 年高一时我就想到这一点，而怀揣着这样的心情，我们高三年级在备考过程中也显得格外认真，希望能不辜负母校的栽培和教育，书写出既让自己满意，又令母校满意的一份答卷。最终我们也确实用高考成绩实现了目标，创造出相当理想的结果。而我有幸考取年级第一，以状元身份为 110 周年校庆献礼，将一份不错的成绩回馈给我的母校，回馈给栽培我、教育我的老师们，也算是为我的高中生涯画上了圆满的句号。

学习之外，在为庆祝校庆做准备的过程中，我也是亲历者、参与者，这成为我高中生活浓墨重彩的一笔。我有幸见证附中扩校百花园，实现校园面积的重要突破；见证开在奥体中心的集团运动会，展现"七区十七校"首都师大附中教育集团的蓬勃发展；见证校庆日当天的繁华景象，感受历届校友对母校深沉的爱。这些都是附中 110 周年校庆历程中的重要节点。对我来说，扩校的那次经历让我印象最深，回想起来始终心潮澎湃。2023 年，在数年努力下，附中成功扩展校园面积，将学校隔壁的百花产业园规划为初中部，实现附中北洼路办学七十年来首次扩校，而这次的扩校仪式是我难以忘怀的记忆。在仪式筹备过程中，我与教育处老师及几位同学一起讨论仪式流程、确定人员分工、撰写主持词、布置仪式现场，一步步见证着扩校仪式方案的逐渐成熟，特别是在仪式当天，我和另一位同学作为代表接受沈杰书记授予校旗，让其在百花园新校址迎风飘扬。作为一名普通的附中学生，我亲眼见证了扩校，亲身经历了扩校，在这一过程中作出了自己的贡献，何其有幸！有时，我总感觉，在这一延续了110年的百年学府中，读书三年的我们不过是历史的过客；然而作为"小人物"的我们，却也在短暂的中学时期经历了学校发展的重要节点，甚至是有所贡献。虽然这些节点上未必镌刻着我们的名字，但我们却组成了校史活生生的一部分，在一部百余年的历史中留下自己的印记，这真是一种难以言说的、奇妙的感受。

写到这里，再记录一段非常有趣的故事。每年元旦前，学校都会以班级为单位开展联欢活动，而校领导将会去往初三、高三年级和国际部十二年级为同学们送去新年祝福。在迎接2024年的新年联欢会上，学校还设置了抽奖环节，每个班获得抽到的号码所对应的福袋，而我跟随领导们帮助运送礼品和抽奖箱，也见证了一个神奇的时刻。在来到国际部十二年级时，因一班、二班两班合办，同时抽取了两个号码，即为14和19。这不正是1914吗！在迎接110周年校庆的一年，我恰好抽到附中建校的年份，这样巧合的事情竟奇迹般地发生了。领导们也感叹这是天意，在这样的年份抽到这样的数字，也算是为附中的第110年开了个好头吧。或许这也预示着110周年校庆的圆满成功。

关于学校

"正志成达，三八四二，我，首师附中……"这是建校百年时，学校创作的歌曲《海阔天空》中的歌词，记述了附中的校名沿革。作为一座百年名校，附中几次更改校名，搬迁校址，然而附中学子"正志笃行，成德达才"的追求始终如一，教师队伍为党育人、为国育才的初心始终不渝，百年学府的深厚积淀让这所名校在新时代焕发出更蓬勃的生机和活力。

附中的历史永远打动人心。一百一十载源远流长，一百一十载风华正茂。校史馆中的件件展品生动而真切，记录着附中过往的辉煌成就；一代代附中人成才报国，为社会作出贡献，更让附中的历史立体起来。我曾经在学生会的柜子中看到承载二三十年前学生们照片的相册，看到历年红五月合唱节的光盘，那些鲜活的面容仿佛就在眼前；我也曾见到20世纪90年代的学生会会议记录、国旗班升旗记录，也曾悉心整理学生会刊物《焰火》，这份刊物自20世纪90年代起发行至今。阅读这些文字，就像与以前的附中人对话，在字里行间真切地感受岁月流逝、感受学校历史的厚重而灵动。我在110周年校庆前夕，陆续发布了很多校庆预热的朋友圈，回顾附中的百年校庆、90周年校庆，甚至是学校名为北京师院附中时期的老照片。时至今日，典礼现场人们的笑容依旧动人。这一周的预热，照片精挑细选，内容精心打磨，也可以说是我在成绩之外的又一重献礼吧。

附中的教师总是倾情奉献。附中教师始终秉持有温度、有深度的教育理念，教学上既有很高的业务水平和专业知识，又有百年学府立德树人的理想情怀。除常规的教学之外，很多老师把自己的休息时间献给了学校和学生，尤其是身处高三的老师们，常常陪学生待到很晚。若是答疑，则是知无不言、言无不尽，对待学习问题严谨认真；若是谈心，则是设身处地，将心比心，对待学生们亦师亦友，充满大爱。曾记得，初三时教学楼停电，老师们在办公室打手电筒为同学们答疑；也记得，众多老师们在身体抱恙时，选择带病上岗，坚持上课，心怀"课比天大"的理想信念，为学生们倾情付出。他们用自己的学识能力和奉献精神打动着一届届学生，让师生情谊永远温暖人心。为党育人、为国育才，这用来形容附中的老师们再贴切不过。在很多附中老师的眼中，教师不仅是一份工作，更是一份事业。这是一份为学生成长成才而毕生奉献的事业，也是一场与学生的相互成就、双向奔赴。

附中的教育如今勇立潮头。正如学校一直以来所宣传的那样，附中始终在办有温度的素质教育，不功利，不盲从，培养健康阳光、自信坚毅，正志笃行、成德达才，家国担当、胸怀天下的创新人才。我至今仍清楚地记着铭刻在学校达才楼一层的那句话，"教育要面向现代化，面向世界，面向未来。"可以说，附中的教育正是贯彻了这句话的追求。附中摒弃"唯分数论"的教学观念，转而以"五育并举"为育人模式，开展各类学生活动，赋予学生充分的自主选择权，激发学生潜能，着力推动学生全面而有个性的发展；附中在110周年校庆之际改造校园环境、扩大校园面积，完善学校基础设施，提升学校科技含量，以"智慧校园"赋能教育教学工作；附中积极与其他学校友好合作，开展国内国际研学，推动学生们与国内外优质学校的学生交流互鉴，培育学生的全球视野。我很喜欢附中为庆祝110周年校庆而创作的音乐剧《后浪》，有幸在成达厅现场观看三场演出，戏里戏外正传达着附中对于新时代教育的理解与实践。身处新时代，附中教育摒弃旧观念，拥抱新潮流，使这座历久弥新的百年学府焕发生机，与朝气蓬勃的青年学子们共同奔向美好未来。

班主任点评

　　傅瑀同学在附中学习的时光里，展现出诸多令人钦佩的品质，为班级和学校的发展贡献了自己的力量。

　　他有着无私奉献的大我精神。每次考试结束，他总是主动承担分发试卷的工作，穿梭于各个办公室，不辞辛劳。学校的各项事务性工作，只要有需要，他从不推脱，总是积极主动地参与其中。无论是组织班级活动，还是参与学校的大型项目，他都全身心投入，不怕苦、不怕累、不计较个人得失。这种奉献精神，不仅为同学们创造了便利，更为班级和学校营造了良好的氛围，带动身边的同学积极参与集体事务，增强了集体的凝聚力。

　　在对待成绩上，他展现出了难能可贵的淡然与豁达。他深知努力的重要性，在学习上全力以赴，但又不被成绩所束缚。他明白学习是一个积累的过程，注重学习本身的收获，而非单纯追求高分带来的功利。这种心态，让他在面对学习中的困难和成绩的起伏时，都能保持冷静和坚定，不断调整自己的学习方法，稳步提升。这离不开家庭教育的良好引导，父母注重培养他的能力和价值观，让他懂得在追求目标的道路上顺其自然，努力并坦然接受结果。

在学习方法上，他倡导放平心态、自主规划、团队协作与多元发展，不仅成就了自己优异的成绩，更为同学们提供了宝贵的经验。学习效率高，体现在听课的专注度和对问题的深入理解上，这种品质将会终身受益。

（何文杰）

家长心语｜以"心"育人，将"心"比"心"

从孩子高考出分后到拿到录取通知书考上清华，甚至一直到入学后，身边知情的人除了恭喜外，几乎都在问我们怎么将孩子培养得这么优秀。其实我们在孩子的学习成绩方面从来不做严苛的要求，更多的是注重性格、能力的培养以及价值观的塑造。

从孩子懂事到迈入学堂以来，我们一直告诉他，到学校学习的不仅仅是知识，更多的是学习方法、学习习惯、学习能力、表达能力、组织能力以及解决问题的能力。通过日常的学习和生活中一件件小事，帮助他分析如何去做到和做好，并巩固和提升。根据孩子的性格特点和意愿，增加兴趣培养。特别是通过学习音乐，我总结出"三心"即"信心、耐心、恒心"，并将其迁移到对孩子其他方面的教育和培养上。这"三心"一直贯穿始终。

我认为能力和习惯的培养才是比较重要的财富，孩子会一生受益。基础知识的学习其实是不断的积累过程，是孩子提升能力和韧性的过程，为以后更复杂的学习阶段提供良好的基础。其中，我觉得思考能力尤为重要。孩子一开始对这个世界总是充满好奇的，总是十万个为什么。作为家长，我是特别欣赏和鼓励的，当孩子提出问题时，我不会采取填鸭式的方式直接给出答案，而是引导孩子思考，一步步将答案分析出来。这样既培养了孩子的观察能力和思考能力，同时也让孩子始终保持爱提问、爱思考的学习习惯。到了中学后这个品质尤为重要，孩子遇到学习上的困难，或是自己查找资料分析解决，或是勇于找老师讨论、答疑，及时解决问题不留死角。

作为家长，要想把孩子培养好，首先要做到以身作则。家长是孩子的第一位老师，家长的言传身教是孩子最好的榜样。家长对孩子的要求首先自己要做到，还要做好，孩子自然会看在眼里记在心里。此外，家长不妨放下架子和孩子做个朋友，不盲目否定，多倾听，帮助孩子客观分析，让孩子选择更适合自己的方式。只要不是原则问题，对孩子不做过多的限制，营造松弛感，多肯定。孩子有独立的人格，家长的陪伴不能是看管和控制，而是站在孩子的角度，将心比心，让孩子从家长这里得到充分的情绪价值。

做好家校配合，我认为也是非常重要的一环。学校有完备的教学体系和教师队伍，家长在课业上需要做到的就是信任，相信学校、相信老师的教学能力，一定会收到丰厚的回馈。学校老师对孩子的培养不仅体现在学业上，我们同样也深深感受到学校教育理念的传承和来自老师沉甸甸的爱意。当然，这并不意味着放任不管，将孩子全盘交给学校，而是实现家校互补、家校共育。

孩子的母校首师大附中无论是在教学方面，还是育人方面，都有着成熟的体系和优秀的教师队伍，都让家长感到放心、贴心，更是深深的感动。学校和老师对孩子的成长起到了重要作用，我们感同身受，毕业典礼上我也数次忍不住泪目。我们感激学校对孩子的悉心栽培，附中真的是在用心办教育，不浮躁，不功利，真正让孩子们既成德又达才，在他们成长成人最关键的时期给予优良的教育。衷心祝愿附中越来越好！

（傅瑀家长）

附中回忆备忘录

李欣悦

　　成绩情况：高一年级排名 40 名左右，高二年级排名大体 5—25 名，高三年级排名位于 20—50 名区间，高考成绩 699 分，北京市排第 132 名。

　　成绩雷达图：

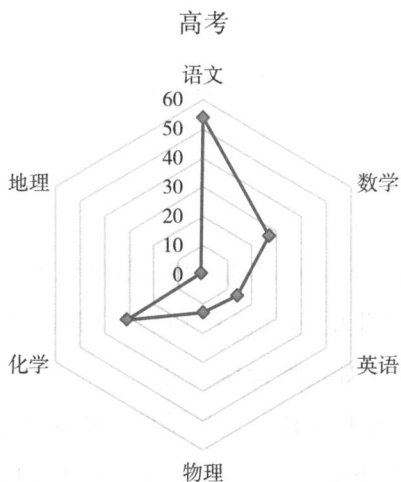

　　弱势科目：语文、化学。

　　送给学弟学妹的一句话：欣欣向荣，喜悦发生。

　　最终录取院校：北京大学元培学院

我的简介

嗨！我是李欣悦，首都师大附中 2021 届初三（2）班、2024 届高三（2）班毕业生，2024 年北京高考 699 分，目前就读于北京大学元培学院。我是一个平平无奇的高考物化地选手，高中三年成绩总体中等偏上，多有浮动；也是一个热情开朗的 ENFJ，兴趣爱好广泛，尤其热爱运动。回顾高中三年的日子，秉持着 "Work hard, play hard" 的态度，可以说我在备战高考与课余休憩之间找到了属于自己的稳定点。尽管学习方面我的成绩起伏不小，难称顺风顺水，而且平时难免专注力缺乏；但幸运的是，经过不断探索、尝试、调整，最终，我顺利地解决了这些问题。学习之余，在老师和同学们的陪伴下，我的附中生活同样精彩，担任班委更新班级公众号、登上附中达人秀的舞台等等，更让我收获了知识以外的成长。

接下来，我将聚焦我的高中学习，聊聊那些用到的高效 tips、心得体会和 "避雷" 指南。很高兴你愿意倾听我的分享，更希望以下内容可以帮助到正在备考的你。

我的经验

一、高效学习方法

"效率" 是我认为学习最核心的一环，既有事半功倍的成效，也能避免低效学习下事倍功半滋生的焦虑感——所以，我也往往在低效率学习与不学习中选择后者。那么，如何保持高效呢？

首先，重中之重，保持专注、去除浮躁。很不巧的是，我个人的专注水平并不乐观，常常静不下心专一做一件事，比如刚上高一的时候，篇幅长一点的文章看不下去，数学题难以长时间深入思考，写作业没一会儿就想去做别的事等等。因而，"专注" 也是我在这三年中着重突破的关键点。

培养专注力，我的第一个有效尝试是控制手机的使用。不过鉴于个人情况，我并未把这件事做得太"绝"，依然保留了社交中聊天、公众号、朋友圈等的正常使用，但是严格不打开短视频以及游戏类的软件（尤其强调短视频）。此外，学习时间段电子设备静音放远或者锁机，摒除干扰，营造一个安静专注的环境。不过，即使没有其他干扰，自己有时也难免感到浮躁不在状态。这种情况下，我会选择放下笔，冥想、深呼吸；不再细说它激活前额皮质的生理原理，一直重复直到清空大脑，找回平静感，事态会好很多。

此外，关于专注力，我还想说两个很容易被忽视的要点——精力与运动。以我自己为例，从高中三年至今，我一直坚持每日至少半小时的运动，同时由于精力一般般，我几乎不熬夜：前两年不晚于十一点、高三不晚于十一点四十睡觉，保障七至八小时睡眠，加上午休半小时，才能做到精神饱满，否则总会带着疲惫的状态，无力专注于学习。高中时，班主任何文杰老师一直强调大家下课多动动，不要总带着死气沉沉的气场——拿现在流行的话来讲，就是保持"高能量"，而这一点我也深以为然；在我的经历中，"活人味"、感到活力满满，这种状态下，往往思考更专注、学习更轻松。

高效率学习法二是有计划，即时间管理有规划。这一点尤其被班主任何文杰老师强调，每次临近假期，他都会督促我们制作寒暑假计划表，如实记录执行情况、每日打卡，开学前进行回顾总结；也正是在何老师的有意培养下，我逐渐养成了做计划的习惯并且从中获益。每个学习阶段都需制作相应的计划，对我而言，最有效的模式是以"整体布局＋细节安排"的结构推进，在此我以备考阶段的复习计划为例。首先，我会预留一周到两周的时间作为考试的"集中复习"阶段，再来规划这段时间内的复习安排。接着，我会全面考虑"总待办"，即每个科目具体有什么需要复习的。通常我习惯按照"知识点→题目"的顺序进行，这里以地理学科的自然地理复习举例：首先从头到尾梳理一遍笔记、复习提纲等，从大气、气候和植被、河流、地形地质、土壤、自然灾害几个大模块分别延伸细节处的知识点；随后按考题题型推进，从描述类如气候／水文／水系／地形／……特征、成因类、过程类、影响类分别回顾作答思路和典型例题；接着进入做题练手部分，优先重做错题本上的题目和典型例题，之后再推进新题保持手感。

对每个科目进行拆解分析后，还有至关重要的一步，即总复习推进规划。在计划表上标明，具体从哪一天开始、持续多久解决什么科目，以及具体某一天复习这个科目的哪个部分。这一步的必要在于，唯有听从"总指挥"的安排，具体复习任务的推进才会清晰明了、有条不紊，不至于出现"这一科好像复习的差不多了但感觉又差点意思"的窘境。

最后要分享保持高效的方法就是少内耗，快执行。大部分情况下，内耗往往是自己和自己较劲，耗时半天不仅没什么成效，还感到情绪低落、疲惫不堪，妥妥的低效率行为。如何减少内耗？在高三的一次心理讲座上，我学到了一个朴素但立竿见影的思维方式：发现问题—承认问题—快速解决问题。简而言之就是简化思维，比如，没忍住刷手机的冲动，那么现在接受这个事实：这部分时间已经被手机浪费掉了，然后呢，怎么解决？你当然不能追回丢失的时间，所以只能立刻停下继续耗费更多时间的行为，就这样你又回到了书桌前。这个思维的本质也是执行力的体现，即在承认问题后果断去想"怎么做"的行动立刻执行，而非反复在问题本身上内耗。

关于执行力，还有更多值得一提的。比如方才过程中，这一步至关重要的快速解决问题，又该怎样"快速"回归执行状态？我常用的小窍门是把要做的事情分成逐步深入的小块，心理上产生着手去做的倾向；比如要完成一篇800字作文，但此刻没有写它的欲望时，不如先想着草拟出提纲，做到之后，再依次想着写出文章的开头引入、主体论证、深化论证等。如此一来，有了最开始"写提纲"的突破口，大脑会顺水推舟地进入"执行"的状态，最终完成而非拖延。

二、补齐短板

整体来看，我在六个科目间没有极其明显的偏科，各科通常平均地处于居中或偏上的位置。在高中学习的后一半阶段，随着做题、考试的增多，许多细枝末节的问题与欠缺也逐渐暴露，其中较为明显的是地理选择题和语文议论文。

先说说地理选择题——一个对我而言非常玄妙的存在。我在这一部分的正确率极不稳定，考场上堪称是颗随时会爆开的炸弹，高三二模时一度有错 4 个选择题的"战绩"。好在最后阶段也算开窍了些，及时抢救了我的地理。我将这窍门总结如下：首先，回归课本教材，基础知识点必须熟练。地理选择题很多考察基础知识，这些最基础的知识点起初我并未关注，毕竟它们看起来和普通常识一样，看着顺下来都知道；但随着后期做题愈多、考的知识点越细，我逐渐发现对于这部分知识仅仅"模糊地知道"是远不够的，尤其是非热门重点的知识点，如土壤和图像背记相关的细节，如果不熟悉，考到了只会感觉似曾相识，回头看其实就写在课本上。因此，要熟悉所有的基础知识，最好能不看原文地复述其内容与逻辑联系。

接下来，关于做选择题的训练，我认为有两大忌——着急赶时间和犹豫反复横跳。理想状态为控制一套 15 道题在 20 分钟至 25 分钟完成。过分追求快，做题时容易沉不下心，忽略至关重要的审题和题干材料的细节而犯错；而当感觉几个选项都合理 / 不合理时，也不要过分纠结选项本身，还是回归题干与材料，通常都是这一部分的审题出了问题；在一道题徘徊了超过 2 到 3 分钟，却还在绕圈子，这时候先放下它往后看，"清空"大脑，最后返回来重新进入情景思考。

同理，我们最后回到考场上。开考前 5 分钟下发试卷，这个时间段很多同学会从头开始看题目，即直接开始"干瞪眼"做选择题；但也正是这一做法，极大地增加了前几道选择错误的可能。地理老师也多次强调，做好一套选择题需要沉浸式思考的状态，一定要放到正式打完铃再着手，充分静下心，仔细圈画材料，真正读进去，读懂情景后再做题。尤其在前几道题挂钩自然地理的情况下，有时甚至要画一些草稿，目测法更非明智之举了。

关于语文议论文，我的第一个短板是缺乏素材积累。在高三以前我的积累意识并不强，平时整理本上会记录但鲜有翻看，考前才返回来突击记忆。但是这么做的弊端很明显，记忆模糊、套用生硬，到头来素材库还是空空的，极大地影响了议论文的得分。看着例文精彩的旁征博引，我逐渐意识到加强积累的必要性，于是从高三起每天划定专门时间，翻看、记忆积累本已有的内容，坚持读"人民日报评论"积累新素材，更是重点关注老师下发的阅读材料。当然，仅凭借记背还是不够，下面一步更为重要：为了避免考场上素材运用生硬不熟，我会提前对素材进行"预演"应用，在记忆素材时拿出作文题目对照，思考这个素材片段可以怎么运用到哪个主题上——也是语文老师提倡的"一材多用"。同时在日常写作训练中，多运用这些素材，真正将它们内化到头脑里，考场上才可信手拈来。

很长一段时间我的写作都在38分徘徊，上不了一类很影响分数的硬伤。在提升过程中我尝试了不少方法，其中最有效的当属多写多改，较为合适的频率是每周写一篇初稿，再改一篇二稿甚至三稿直到一类水平，当然我的问题更是立意容易偏题，所以我还会加上每周两到三次的提纲训练。我尤其想强调多改的重要性。其实，改作文要比写一稿麻烦许多，我需要首先弄清楚初稿是出于什么原因判为二类，是分论点偏离中心，还是不够深刻？比如，怎么偏的题？是从根本上对概念的理解挖掘不对，还是意思正确但败在写出来的表达上？接着我还需看明白和一类文差距在哪里，即细致研读范文，把握好"切题"的那个"度"。最终，思路捋顺后落到笔头修改又是另一回事，综合考量具体语言表达、举例引用的替换等还要费一番功夫。整个过程涉及了重新深入思考、借鉴优秀示例、动手实操写作，久而久之会对一类文的立意、高度、语言有越发清晰的认知，进而在考场上形成直觉，写出一篇一类文。所以，不断修改是提升作文分数的有效之举。

三、选科建议

就我自己来说，物化地的选科组合一方面是出于大学理工类专业大多物化捆绑的要求；另一方面也是出于个人兴趣所在，高一时果断选择地理作为三小科之一。所以我在选科方面并没许多纠结的地方，如果要给学弟学妹一些建议的话，我会说可以考虑自己的兴趣、优势以及未来学业规划，同时根据身边同学的经历，三个选科确定得越早越好，可集中精力专一攻克。

四、学习中的"避坑"指南

当然，三年知识学习的摸索中我走过不少弯路，也被一些错误做法狠狠"背刺"，在此，我筛出了如下曾经踩过的"坑"。

计算错误、看漏条件、正负搞反、不小心抄错……尤其在数学和物理科目中，不知道你是否常遇到这种问题——至少我总犯这类"非智力性"因素导致的错误。这里就是我想强调的"避坑"指南之首：千万不要小瞧"粗心"的错误。高三前我对这类错题的关注度一般，遇到了就告诉自己反正都会，下次注意点这三四分就回来了，仅此而已；直到高三的数学期中考试，三角函数计算、导数题求导通通算错，最终狠狠扣掉了 16 分，我才真正意识到问题的严重性，分析所谓"粗心"背后的原因和"不再粗心"的改进。最终我总结如下：计算错误多是最简单的步骤跳步导致，最经典的例子是复杂函数的求导——套上"求导法则"后，先写开再化简，不必着急把两步合并进行。其次，我发现自己在考场上简单题和此类低级错误的失分多有"着急"的心态在内——下意识认为题目难度低，所以应该尽快做，把时间留到后面的压轴题慢慢用，最后有时间再翻回来检查计算；但事实上，尤其在考试进行到最后的时刻，大部分计算错误很难再查出来。所以，更好的做法是不论平时训练还是在考场上，从动笔的那一刻起，沉下心慢慢来，会的题只算一遍，争取一次就对——并且高三后期有大量的训练，熟练度增加，也不必担心没时间做后面的题。最后，针对此类错题，我认为好的习惯是也把它们记录到错题本上，给予重视，关注曾经错误过的细节（比如：问的是 A 对 B 的反作用力，向量点乘的正负与夹角为钝角充要与否，等等）也算是应试的经验积累了。

　　第二大"坑"：对刷新题的执着，"题海战术"。尤其对于数理化，做新题是重要且必要的，但只有建立在消化好做过的题的基础上，刷题才能有效发挥作用。换言之，即先整明白例题、错题，总结它们的思路框架（怎么想的？为什么这么想？）、技巧方法、易错点，随后通过做新题来实战练习手感和积累具体情境中的经验。以化学的实验探究题为例——这也是我化学学习最大的痛。高一、高二时我一直把实验探究扣分多归因于"做题不够"，于是做了很多新题，却对于写不出来的空仍旧一头雾水。直到何老师的一番点拨，我才认识到正确的方法：需先理解好其逻辑，从探究的总目的、结论和影响因素出发，延伸到实验中每一步意义何在、探究或对照什么、有什么现象支持等。如此下来才算真正捋顺了思路，再看设问时才不觉得不知所以；一味刷题，不深入钻研明白实验探究的逻辑思路，做题时大脑是盲目的、"断片"的，拿分更无从谈起了。数学和物理题更是如此，很多同类型题需要放在一起回顾总结才更能理解思路和要点。

对于文科，以英语学习为例，我认为一直刷题更非最优解。起初我也抱着"做得越多越熟练分越高"的观念，刚上高一就天天做阅读题；短期内有成效，不过自打一学期后文章难度增加，这招便不再得心应手。我渐渐发现，刷阅读题确实可以快速提升手感和熟练度，但对英语水平的提高帮助不大；当考题变难时，想要从容应对就必须有相应的英语水平，本质上就是要素养的提升。于是，我将重心转移到积累的工作中，坚持每日阅读原版书、背单词、积累短语，临近考试阶段再做题刷手感。从结果来看，这确实是明智的选择。

高三记忆最深刻的一件事

高三一年，或紧张，或失望，或振奋，或惊喜，无数个片段交织相叠，深深触动着我。而其中印象最深刻的，当属那次二模和它的后续。

那场考试简直糟糕透顶，英语和地理考试时不知怎么总是不在状态：英语文章连 B 篇都看得似懂非懂，地理考试的选择题一圈下来几乎一半都模模糊糊。拿到三年以来最低分数条的那一刻，我的反应甚至不是失望，只有恍惚和不真实——自己一度划定为"优势"的科目，却在高考不到一个月的日子里，拿着全班倒数的成绩，如此落差又让我陷入深深的绝望中。

带着这份沉重以至不敢面对的心情，我找到了英语老师徐静和地理老师宋丽芳。不过，这注定不是一场普通的面批。分析试卷后，老师们更多跟我聊起了考题之外的东西，关于她们对我的信任，关于她们告诉我一定没问题——放在平常，我大概率会把这些话判定为"情绪价值"的套路式鼓励。但今非昔比，在那样濒临放弃的处境下，来自引路人的一句"我相信你，你也别怀疑自己——一定没问题"，真真切切的感触，却是最有力的支持，给予我整装再发的动力。非常感恩二位老师无条件的信任与支持，我至今还清晰地记得，最挣扎时刻，那些话语是怎样化作一阵暖流，温情而有力地带着我坚定向前。

除此之外，那场面谈所影响我的，更是帮我最终摆平了心态问题。我想徐老师一定看出了我在考场上越做越慌的心态问题，因为当她告诉我接受一切发生、"放下输赢，才会赢"的时刻，我突然感觉所有困境倏然有了出路。最后的时间，我依靠这两点自我开导，最终端平了应对高考的心态：关注过程，淡化结果。从备考的阶段而言，接受一切结局的发生，因为它们是被过程本身决定好了的——所以高考来临，无须多余"内耗"，它的结果已被此前三年甚至六年来的积淀锁定；"放下输赢"——考场上，再怎么担忧卡住的题会给总分影响多大也不能改变做不出来的现状，所以不如放下实时算分数的顾虑，关注解题本身的过程，专注在题目，是发挥出真正实力所需要的状态。至少从最终结果来看，经历一场这样的二模也不见得是坏事。

关于学校

来到附中前，我对一所初中或高中的印象很绝对：只是为中考与高考而生。然而，六年的求学之旅，我渐渐发现，附中带给我知识之外的感动实在是太多太多。

"正志笃行，成德达才"，这是附中人的追求，也是附中人才培养的根本——"基桢缔造，肇始青年"。从附中走出来的，不是眼里只有分数排名的考试机器，而是有才华、有品德、有志向的大写的人。我清楚记得高一时的"一二·九远足"活动，十几公里的路全程用脚步丈量，但整个班却没有人不在坚持，大家更自发地唱起歌互相鼓励。一程下来双腿酸痛，却彻底铭记了这场对毅力与团结的磨砺。此外，学校一向注重同学们的兴趣特长与自主探索的培养，辩论赛、"振兴杯"足球篮球联赛、排球比赛、环湖越野跑、课本剧展演、学生会发起组织的达人秀等等。

附中的魅力，更在于身边的"宝藏"老师。扎实的教学功底不必多说，更难能可贵的，是老师们不放弃每一个人的负责以及和同学们打成一片的陪伴。几乎每次考试后，班主任何文杰老师都会挨个儿找每位同学私聊，综合分析问题，或鼓励保持；高三时我的物理学科最后一道选择题总是无法突破，课下物理老师于万堂拿出个人休息时间，帮我有针对性地解惑；数学老师黄凤圣为我们补充导数解析几何练习，几乎高三的每个中午都坐在班里监督、批改、答疑；找语文老师卢吉增面批作文，他的上心与细致，常常一坐就是一中午；各个学科办公室内，一到中午更是人挤人地"热闹"……除学习之外，在校园生活中，老师们往往摇身一变为同学们的好伙伴——高中三年，我最为津津乐道的事情之一就是化身气氛组，观摩于老师和男生打篮球，或者何老师与班里的羽毛球高手赛一场激烈的对局，精彩至极。

何文杰老师是我永远感激的班主任，除化学授课之外，他还十分注重我们二班作为一个集体的凝聚力。何老师常常跟我们说"独行快，众行远"，而他也真切让我体会到了这句话的含义。学习方面，何老师督促我们建立学习小组，假期一起讨论问题，成员互相鼓励监督；在与好友的探讨过程中，我则收获了更多精妙的解法和不同角度的更深刻的理解，这也是在我独自学习过程中难以达到的成就。而每每有以班级为单位的活动时，何老师更彰显出激发我们集体凝聚力的领导力。篮球赛、运动会无一缺席，谋划"战略"，带头呐喊助威，掀起全班同学的热情；在这样的集体中，那份热血与感动是我此前从未体会过的。在何老师的精心栽培下，二班真正成为我心目中家一样温暖的存在。置身这个班集体，陪伴与支持是可以触摸到的，相处的每一刻是鼓舞人心的，而奋斗行进的每一步，更会感到战友同在、共赴前程，心里是有勇气与底气的。

高三每次上下楼，我都会看到走廊墙上的这句话：梦想从这里启航。附中六年的栽培塑造出如今的我，而我也将这份记忆深深刻入心底；站在人生又一个起点上，再出发，再向前，无愧母校的培养，回报恩师的感化。

班主任点评

欣悦同学在高中三年的成长历程中，展现出诸多令人称赞的特质，给班级和身边同学带来了积极深远的影响。

在时间管理与执行力方面，她堪称班级的楷模。日常放学后，她能迅速整理好物品，不到一分钟便离开教室回家，充分利用每分每秒。这种高效的时间利用习惯，延伸到学习和生活的各个角落。每次制订寒暑假计划表，她都认真规划，详细安排每日学习、运动和休闲时间，如实记录执行情况并每日打卡。开学后还会细致总结，从中吸取经验教训，不断优化自己的计划。你的这种做法不仅让自己的假期充实且有意义，还多次作为典型发言，为同学们提供了宝贵的经验借鉴，带动大家养成良好的时间管理习惯。

运动场上更是熠熠生辉。她对运动的热爱和出色的运动能力，给大家留下深刻印象。100 米栏项目中，她凭借扎实的训练、顽强的毅力和出色的爆发力，成功打破学校纪录，为班级赢得了荣誉，成为二班的骄傲与期待。她在赛场上拼搏的身影，激励着每一位同学勇敢挑战自我、突破极限。

带着这些优秀品质，希望她能在未来的人生道路上继续奋勇前行。无论遇到什么困难，都能凭借高效的执行力和坚韧的毅力去克服，在新的领域绽放光芒，创造更多精彩！

（何文杰）

家长心语

高三对于孩子和家长来说都是充满挑战的一年，在陪伴的过程中，我感受到孩子从家长和家庭所需要得到的支持，已经不是学习上的指导帮助，而是心理和生活上全方位的关怀——提供充足的"情绪价值"，尤其帮助孩子摆正紧张焦虑的心态。进入高三后欣悦的成绩起伏不小，虽然孩子表现出的情绪还算平稳，但我知道她内心一定有很大波动，此时，我能做的就是多倾听、宽慰，理解她的焦虑和不安，不强硬要求她一定达到什么样的成绩和排名，避免带来额外的压力。时刻倾听、理解孩子的心理诉求，勉励她接受现实、发现问题、解决问题，并引导孩子正确看待高考，让她明白高考只是人生的重要部分，也非唯一出路，更能够帮助孩子调整好心态应对高考。

同时，我也非常感谢附中在"家校共育"方面的努力。应对高考，在高考中胜出，家庭给予的支持多是情感和情绪方面的，学校所进行的知识与学习能力的培养方为取胜的根本，而"家校共育"正是二者的桥梁，是成就一个青年全面成长的关键所在。很幸运，附中在这方面做得非常出色：班主任和每一位任课老师都十分认真负责，热心为每一位孩子答疑，并积极与家长联系沟通；每一次大考后年级组都要组织家长会，帮助家长了解孩子的在校学习状况，共同分析问题，以助力孩子的发展成长。

（李欣悦家长）

Always with me

刘文珊

成绩情况：高一年级排 15 名左右；高二成绩浮动，最高第二名，最低 81 名；高三除了刚开学在前 10 名，一直到一模都很差，可能六七十名甚至更低；二模 20 名左右。高考成绩 690 分。

成绩雷达图：

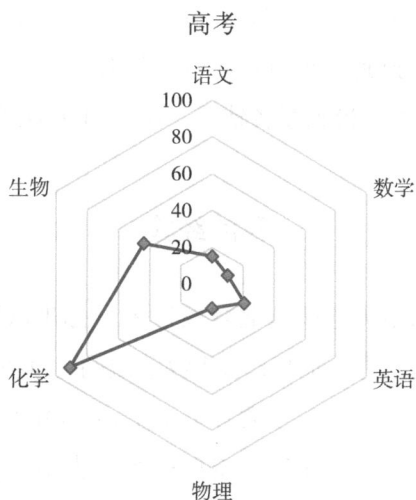

弱势科目：语文、英语

送给学弟学妹的一句话：方法恰当的努力总会有回报。

最终录取院校：北京大学城市与环境学院

我的简介

高中，我通过直升进入成达班。高一时，我继续初三的数学竞赛学习，同时保持课内成绩年级排 15 名左右。高一下学期我参加了校团委组织的盲校志愿者辅导项目，获得服务时长 26 小时。高二上学期，我参加了全国中学生数学奥林匹克竞赛（预赛），获得二等奖。高二下学期，我随校到中国科学技术大学科学岛参观并进行了"毛发快速检测毒品研究"课题研究，之后我开始调整学习状态迎接高三生活，并在期中考试中获得化学学科年级第 1 名、六科年级第 17 名的好成绩。高三最开始，我非常不适应，突然增添的星期六使我压力倍增，一度失眠、厌学。但是在消极应对了一段时间之后，我逐渐调整过来，恢复了以往的学习节奏，并且在高考中正常发挥。

我认为，我是一个对事物有浓重好奇心和研究热情的女孩。我非常执着地学习数学竞赛，尽管我是竞赛班里唯一的女生，但我从未想过放弃。课外方面，我的爱好不多，但是精炼且持久，我在园艺、手工、羽毛球等方面均有丰富的经验和独到的见解；同时，我对社会上的弱势群体有深切的同情心，我不仅参加了盲校志愿者辅导，还主动探望同单元独居老人。

我的经验

虽然老师同学们整天念叨清北梦校这种目标来激励大家，但是千万不要为此而给自己太大压力，把自己搞得太焦虑了。其实，努力过就可以了，不必太在意结果，就算是高三也要以开开心心学习为重。此外，高三是三年抑或六年旅程的最后一站了，一定要珍惜一直陪伴自己的老师、同学和点点滴滴。记住，竞争对手从来都不是身边的同学，而是千千万万的素不相识的考生，抑或是过去的你。或许有的同学会很"卷"，总是"凡尔赛"，这都不重要，不要因此焦急、怨恨。每个人都有自己的节奏，经营好自己的一小块地方，因地制宜，花园就足够美丽了。

高三记忆深刻的一件事

高三很长一段时间，我的闺蜜因为生病而时常无法到校，这使平时习惯于"二人世界"的我感到无比孤独。加之学习上的不顺心、焦虑，我实在难以忍受，情绪崩溃，旷掉化学大练习跑到何老师办公室里痛哭流涕、大吐苦水。何老师当时或许有事，或许没有，但是长达一个多小时，他都一直耐心倾听我吐槽晚上如何难以入眠、如何急火攻心和胸闷气短、如何突然厌恶刷题和"炒冷饭"、觉得生活多么无意义……一时间，我觉得世界还是有实体、有温暖存在的。打铃了，何老师要下去监督跑操了，我也来到楼下，重新加入浩浩荡荡的高三队伍。我记得，那天的风很冷，但是吹在脸上不疼，凉丝丝的，有一种穿越重生的清新。

关于学校

与普通学校相比，首都师大附中是海淀"六小强"之一，历史悠久、实力雄厚的老牌市重点。但与其他学校不同的是，首都师大附中没有显赫的背景，显得是那样孤独、单薄，甚至有点儿弱势。

在这样的背景下，首都师大附中扮演了一个小家族倾尽全力、倾其所有供养儿女的角色。学校是那么的给力，老师们是那么的敬业，学生们是那样的拼搏……为了高三学生的体育锻炼，在狭小的校园内为我们铺设了灰黄（辉煌）塑胶跑道，为110周年校庆翻修校园涂上的大红新色是那么的鲜亮，可见，首都师大附中"望子成龙""望女成凤"之心殷殷恳切。

还记得，高考语文考试前沈杰校长站在校园正门，端庄优雅而又充满力量。她喜笑颜开地主动与我们击掌——我还记得那股强大而温暖的力量，从她的掌心传到了我的身体里，围绕在我躁动狂跳的心尖，焦虑与胆怯消失殆尽，而自信与勇气缓缓生发。怀着这样一种鼓舞，我的各种杂念合二为一，化成唯一一种坚定的信念——尽自己最大努力，专注应考，不留遗憾。事实证明我确实做到了，甚至语文这一门都超常发挥了！

班主任点评

每当看到刘文珊站在黑板前从容书写演算过程的身影，我总会想起她自述中提到的初中课堂场景——那个在化学课上仍执着于数学真理的女孩，如今已成长为能在知识海洋中自如摆渡的思考者。她身上始终跃动着一种珍贵特质：对思维本质的热忱与敬畏，让每一次求知都成为照亮认知迷雾的星光。

在个人品德与社会实践方面，刘文珊同学充满爱心和社会责任感。她积极参加盲校志愿者辅导项目，获得26小时服务时长，还主动探望独居老人，展现出对弱势群体的深切同情心。这体现了她善良、有担当的一面，彰显了她良好的个人品德。面对高三的压力，她也曾经历不适应、失眠厌学等阶段，但能及时调整，恢复学习节奏并在高考中正常发挥，甚至语文还超常发挥。这种自我调节和应对挫折的能力，是她成长路上的宝贵财富。她还懂得珍惜高三时光，明白竞争对手不是身边同学，而是自己和千千万万的其他考生，心态积极向上。

教育的本质是点燃思想的火种，而刘文珊让我看到：当独立思考成为一种生命自觉时，青春便拥有了穿透时空的思想重量。这位既能在数学迷宫中寻得"密钥"，又愿为同行者照亮前路的姑娘，正用她的方式诠释着——真正的智慧不在于独占真理，而在于让思考本身成为生生不息的河流。

（何文杰）

家长心语

亲爱的孩子，当北大的录取通知书捧在手中，我们仿佛看到了你一路成长的轨迹。作为高校教师，我们深知教育不仅是知识的传递，更是思维的启迪与人格的塑造。

这些年，我们始终将"探索"二字贯穿于家庭教育中。家里的书房没有边界，从《时间简史》到《托马斯微积分》，从沈从文的《边城》到英文原版科幻小说《猫武士》，我们鼓励你自由翻阅、大胆提问。当你蹲在楼下小花园观察蚂蚁搬家一整个下午，当你为一道数学题苦思冥想到深夜，那些充满好奇与执着的瞬间，都是思维火花的绽放。我们希望你明白，知识的海洋无边无际，保持对世界的好奇与探索欲，远比记住标准答案更重要。

同时，我们注重培养你的自主性。学习计划由你自己制订，考试失利后我们一起分析原因，而非一味指责。我们相信，只有让你在试错中成长，才能真正学会对自己负责。就像在实验室里，每一次失败的实验都是通往真理的阶梯，人生路上的挫折同样是宝贵的财富。

更重要的是，我们始终以言传身教传递正直、善良与担当的价值观。在学术研究中坚守严谨与诚信，在生活中自立自信，健康向上，这些品质是我们希望你一生恪守的准则。北大是新的起点，这里会聚了无数优秀的学者与学子，愿你在追求卓越的道路上，既仰望星空，心怀理想，又脚踏实地，知行合一。

孩子，我们为你骄傲，但这份骄傲不仅源于你考入北大的成绩，更因为你已成长为一个有思想、有温度、有责任感的人。未来的路还很长，愿你在燕园的沃土上继续深耕，书写属于自己的精彩篇章。

（刘文珊家长）

一个敏感者的重塑手记

刘胤孚

成绩情况：高一成绩排名大体在 50—70 名，高一下学期期末时考入前 20 名，从二层实验班流动到一层实验班。高二成绩排名大体在 20—30 名。高三时成绩排名下跌至 70—80 名，于二模时快速回升；高考成绩 695 分，年级排名第 8。

成绩雷达图：

高考

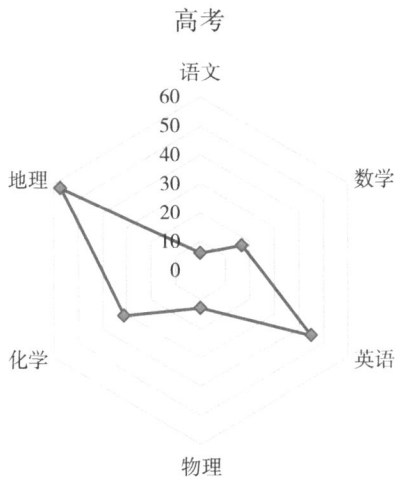

弱势科目：语文、数学

送给学弟学妹的一句话：希君生羽翼，一化北溟鱼。

最终录取院校：清华大学电子工程系

我的简介

我是首都师范大学附属中学 2024 届高三（2）班的刘胤孚。我的初中也在附中就读，是一个在附中土生土长的孩子。

我是一个普通的学生，谈不上优秀或是杰出。虽然我的最终成绩比较理想，但我在高三的大多数考试中都发挥得不好，并没有凌驾于这一成绩之上的绝对实力。虽然我的爱好比较广泛，钢琴、单簧管、声乐、篮球等文体项目我都有所涉猎，但除了与"成达爱乐"的伙伴们一同征战获得的奖项以外，我并没有什么所谓的建树。没有接触过任何学科竞赛，没有被评过"三好学生"，没有当过重要的班委或是学生组织的关键角色，可以说真的只是一个平凡的、狭义的"学生"。

我还是一个心思细腻敏感的男孩。在校园中的花径漫步是我的最爱，傍晚窗边红紫色的流状晚霞、清晨刺进教室的炽烈光芒会给我带来希望，若能在燥热的夏日见到一场暴雨，那混杂着雨水和泥土的气息亦能刺激几分我的神经。然而，我并不认为这是一个完全美好的品质。他人的只言片语会显著影响我的情绪，对于外界的情绪传染我也没法很好抵抗，因此我很少与老师和同学们主动交流。同学们的上进在我敏感性格的催化下滋生出强烈的焦虑和不安，这使我常常内耗，难以入眠。令我哭笑不得的是，偏偏我的学习模式就是焦虑导向型，没有这种焦虑我便无法前行，但有这种焦虑又令我陷入痛苦，这种矛盾会令我陷入新一层的焦虑……从这里读者或许能大概了解几分我的"拧巴"了。

幸运的是，我有很多位负责的老师，有不少亲近的朋友。在他们的陪伴下，我在高三完成了属于自己的蜕变。对我个人而言，我非常认同"没有经历过高考的人生是不完整的人生"这句话，因为它逼迫我成长了太多太多。希望我下面的一些有关学习的浅见以及个人经历的分享，能够让部分自感平凡的、焦虑的学弟学妹们获得一些信心。

我的经验

这一部分是有关我高考科目的学习经验的分享。我会谈一谈对语文和物理这两门学习心得颇丰的学科的感受，并给出我的学习策略。由于这一部分个性化较强，普适性较弱，因此希望各位有选择性地汲取养分，不必固化照搬。

语文

对于少部分人来说，语文试卷是泼洒才情的绝佳宣纸，但我并不是那少部分人。除了高考以外，我整个高三的语文成绩都基本集中在110分至120分这个区间内。每次面对语文试卷，心中都有强烈的不安。首先是怕默写忘了某一句或某一个字。如果有幸顺利完成默写，当忍不住瞟一眼语文作文题的时候，一片空白的大脑往往会摧毁考生的理性。晦涩的文言文、爱省略的古诗、灵活的名著等等，注定语文是一门需要极厚积累才能稳定发挥优秀的学科。

实话说，认真跟着学校的节奏去学习，语文成绩不会是阻拦你冲进"985"的那一门科目，但如果你有更雄伟的目标，那么自己提前做一些努力是很重要的。每天保持一定量的古文、文学常识和作文素材积累，并反复消化理解是获得好成绩的关键。当然，如果你不幸像我一样，到高三后半程才意识到语文的重要性，而身边的同学已有了相当丰富的做题经验，我这里还有一些"锦囊妙计"可以去补救。

作文的提升应该被放在最优先的位置（前提是各位默写、非连语用这些已经比较熟练了）。其实作文并不像各位想象的那样难进步，也并非随机性强到可能无从下笔。说到底，除却个别文采斐然的"大文豪"，普通学生只要平稳地顺下来就基本是一类文了。高分范文的必要条件、一类文章的充要条件，便是你的文章够不够顺、逻辑够不够清晰。段间的逻辑词、论点的鲜明突出、行文不偏不倚，先尝试做到这些，不必追求过于新奇的思考。这一点可以通过多见作文题写提纲来解决。写提纲比写全文更有针对性、效率更高，写完以后去给老师讲一讲自己的思路，经老师点拨后去调整，经过一段时间的训练后成效会相当明显。如果再想有所提升，效率最高的是提升语言质量。我曾将年级范文的各种精彩的词汇、名言积累起来，在写提纲时加入能勾连上的名言或生动的句子，相当于扩充了提纲的训练范围，这一举措同样有效。之所以说它效率高，是因为到最后我可以精炼出两页的精彩语句，它们因其普适性而被我广泛地运用到各个作文之中，这并不需要很多时间。至于思想性，它随机性较强，解读角度较多，唯有这一点我认为除了多阅读多思考而别无他法。

其次，阅读类的大题提升不可忽视。文言文、古诗、名著、大阅读的大题都是这一类题，它们在全卷的占比相当高，并且出题方式相当灵活。尽管如此，见过一定量的题目之后，其实大多数题目的答案构成是十分相似的，它们有一个主干的组成，再辅以些许具体情景中蕴含的旁支。我彼时的古诗大题作答不好，于是在高考前，我誊抄了50篇高三所见经典古诗的大题答案。我并没有再去做一遍，而是选择去抛弃自我的思维，在抄写的过程中体会出题人的导向，顺着它的思路走，这样或许会比讲评试卷时试图向老师证明自己思路的合理性更加有效。

最后，选择题的正确率是高分的保障。一个选择三分，这是很难从其他题目中获取的。我认为最有效的提升思路与前面类似，如果做错了，不要过分试图去证明自己，而是尝试去看答案解析，尝试去理解出题人的思维，这样一定是有效的。

语文总被我们当成一门"付出不一定有回报"的科目，其实这种理解并不合理。我们成绩的进步历程往往是阶梯形的，长时间的积累努力大部分是在梯面上，而真正的进步往往是在某一刻。语文只是梯面的时间跨度长一些，但这并不代表它无法攻克。而且，在考试中打好"第一场仗"对于心态的稳定有着基础性的意义，它更是为其他科目提供容错率的关键。因此，尝试去相信积累的力量，尝试去克服面对语文时的恐惧，当你面对新题时不再怯场，那么高考舞台的聚光灯也必将为各位的雄姿闪耀。

物理

北京物理高考的风格相当鲜明。它的计算量很小，基础题非常基础，绝大多数都是只要看清楚题就不会做错的题目。就目前高考趋势来看，区分度较大的题是选择最后一题、实验最后一题和倒数两道大题的某一两问。除此以外，若非超常规出题，其他题目的分数应当是牢牢攥在手里的。

如果基础题的准确率低，排除考场状态因素的影响，无非是对某一方面的知识掌握得不够透彻，或是做题太少不知道它会如何设置"陷阱"。这些都可以通过大量的刷题来解决，通过重复刷题、整理和复习的步骤，大多数问题都可以迎刃而解，如果实在有难以利用动态思维理解的模块，向老师或同学求助即可。出于对物理的兴趣，直至高考，我将近五年所有区的统考（包括期中、期末和一模、二模）和高考全部计时刷了两遍以上。当你能在审题之前就提前预知到出题人可能在哪里设障时，你对基础题的掌握就相当牢固了。

物理高分的核心是如何攻克"新题"。前面的基础题往往是套路的、模式化的、在往年题中能刷到的，但"新题"从来不是按套路出牌的。选择最后一题可能拿诺贝尔奖的高科技（阿秒激光）作为情境出题；实验题可能源自一个操作失误（平抛坐标系倾斜）或一个奇思妙想（单摆验证动量守恒）；最后两道题可能把许多模型结合，或直接给出一些新的公式在新情境里应用（哈勃定律）。想必在今后的考试中，各位会面对更加天马行空的科技、更加突破常规的公式以及诸多令人心中暗骂"这哪儿是给高中生做的"的新题。

面对这些"怪力乱神"的新题，老师们会强调静下心来审题读题的重要性，并且引导各位将新情境转化为老模型来解决。关于这点，我必须完全赞同。情境再新，可教材和考纲就摆在那里，况且出题人不是为了故意难倒你而出题，因此题干的一字一句都是对考生的提示。读题，不理解，再读一遍。清楚了几个点，再读一遍……往往，这几个你所能认出的点，就是所谓老模型的关键特性。当新敌的伪装被撕破，想要完美解决他便只剩下些细枝末节的问题，只需看清楚题干的要求便可迎刃而解。因此，做好这类题的基础是精准而全面地审题，难点是对模型、实验等基础知识的深层理解和转化思维。

当然，如果各位希望有更高维的突破，我有些更累人的建议。这些题之所以有区分度，是因为它们没完全把我们当成高中生，它的出题背景、思维深度很有可能已超出高中生的知识储备。因此，各位亦不必把自己禁锢成一个高中生，多去了解一些高阶的物理知识是很有用的。物理界的新突破、诺贝尔奖的新发明、新型装备的研发，它们的出现绝不仅仅只有媒体营销号的潮水式宣传，一定会有部分相对严谨的科学博主来科普。在刷视频的时候稍稍动脑思考一下，或许下次考卷上的情境你就不陌生，甚至一些题目的答案都已被你在看视频休息的时候内化。此外，一点点竞赛的物理思维和知识储备也很关键。如果有机会参与学校的一些强基课程，尽可能去参与，尽可能去理解，尽可能去吸收，哪怕感觉似懂非懂。这种长期思考的潜在促进未来会表现很明显，最起码我认为在物理这一学科的提升中参与提高课程是很有用的。当然，这显然是对精益求精者的建议，这些"广撒网"的方法并不算高效，甚至不一定有收益。平衡好自己的时间和精力最核心，而弥补弱势学科也更加重要。

印象深刻的一件事

我想聊一聊我的中学生涯。将自己的经历倾诉于他人，这是我的一己私愿，但我相信它是有启发性的、有激励性的。希望读者能从中获得些许前进的信心和决意。

初中时，我很脆弱。最初的我，集懒惰、叛逆和厌世于一身，毫无韧性和动力，能做得到的，只是看着被老师划为危险的成绩、忍着父母的责备，选择去逃避现实。我在那样的处境中很痛苦，但在我的应对措施中，一直都没有努力提高成绩的选项。现在回头看，大概是因为环境的压力摧毁了那个孩子的信心，他无法相信自己，自然也不会有努力的念头。

不幸而又幸运的是，我上初二的那个冬天，疫情来袭。从此，"蒙面时代"开始了，"自由时代"开始了。那时每天学校给我的任务只是简单的几节录播课和少得可怜的作业，家长戴着口罩在上班，我的"自由"可想而知。但是，即便把手机刷到烂，没有真实的人交谈仍一度令我抑郁。百无聊赖之下，我在同学的建议下开始了新的爱好——看动漫。

那简直是完美契合我性格的休闲方式。细腻的情感、震撼的画面、动人的剧情冲击着我，刺激着我重新捡起了曾经因考级而极度厌恶的钢琴，推动着我为了所谓的"无悔的青春"而坚持慢跑。它让我意识到，我可以拥有如主人公一般不一样的人生，只要我有信心，只要我肯努力。

于是，在这大半年的完全居家中，我通过动漫和健康的生活习惯为自己积蓄了巨大的势能。直至现在，那段回忆仍可以让我在压力极大时幸福两三瞬。到了初三，积蓄的势能转化为动能，让我的成绩一路高升。曾经那个躲在一旁不敢听同学讨论考试题目的"菜鸟"，竟真有一天能考班级第一。在得知自己被本部签下后，我似乎是人生第一次为自己而感到自豪。在这之后，我扫去了心中许多的阴霾，我的父母也不再给我压力。

这一次潮起并没有很快衰退。到了高中的二层实验班，我仍然保持着学习的势头，直至高一下学期，我考了年级前 20 名，成功升到了最优秀的班级。而到高二，我的成绩也一直稳定在年级前 30 名，最后在临近高三的暑假有幸参加了清华夏令营。

然而，我自己并没有因为成绩的优秀而感受到如过去一般的满足感。越是获得优秀的成绩，我就越害怕失去，因为对我而言，诸如轻松的家庭环境、老师和同学的赞美都是用成绩换来的。在无意识间，我对自己的评价体系走向了成绩至上的单向度囚笼，分数是我认可自己的唯一标准。我对成绩从期望变成了偏执，我的前进从内部驱动变成了焦虑引导，心中的那根弦绷得越来越紧。总是觉得自己不够努力，总是恐惧别人超过，于是我尽可能远离同学，因为我害怕与他们讨论成绩。我甚至通过长期贬低自己、刺激自己来逼迫自己前进，只求一个好的分数来维持现状。

怀着这样的心态，我进入了压力骤增的高三。即使是此刻的我，再次回想起高三的一天，也有些不堪重负。早晨的时候沉重的眼皮不愿抬起，毕竟冬天的时候连太阳公公都还没起床；踉踉跄跄地赶到教室，身边的同学已经开始做早读题，我只能叼着面包尝试启动大脑；熬过一上午的学习，踩着下课铃冲出教室，在十分钟内吃完午饭，拿着书本去阶梯教室自习；完成下午的课和大练习，又是短暂的晚餐，重复中午的步骤；夜晚放学回家后，还需做些复习、整理才可入睡。每天陪伴我的是试卷、成绩条和相互比着学的同学们。熟悉的感觉袭来，那是信心被重压环境彻底摧毁的迷惘。

可以预想的退步出现了，毕竟有进有退才是人生常态，不过这次大退步几乎要毁灭我。从高三上期中开始，我的成绩便掉落到班级中后游的位置，我清晰地记得当时我的数学成绩为班级倒数的错愕和疼痛；到了期末，在班级整体成绩都有上升的情况下，我仍在下降，甚至一度难以承受考试。这一滑坡持续了很久很久。同时，在这大半年时间里，我生了数次大病，但是紧绷的神经并没有让我停下来，输液时没有书桌，我就尽可能做一些英语阅读和语文积累；辗转反侧时，我就分模块在大脑里重现化学各章节的思维导图。我去问老师我的学习哪里有问题，他们的回复都很一致，我并无知识或能力上的问题，只是心理包袱太大了而已，放轻松就好。然而，我面对高三没有一次符合预期的成绩，仰视着高二时的我，实在无法接受这一说法，我只得继续给自己加压向前，因为我总认为，只要我接受了足够残酷的磨砺，没有什么能阻拦我绽放光芒。

不过，我又一次失败了，失败得彻彻底底。在堪称成绩最有参考价值的一模中，我的成绩只有620多分，我连长期稳定的地理都搞砸了。当成绩条摆在面前的时候，我只是茫然地看着。我第一次彻底熄火，浑浑噩噩地度过了几天，我好像又变回了过去那个总是痛苦的孩子。不过，这次刺痛我的不仅仅是外界的压力，还有我曾经凭自己努力获得的勋章。

于是，悄无声息的，在一个平凡的晚自习，一次平凡的答疑，属于我的转折点发生了。我带着考砸的地理卷子去找宋老师分析，她是我高一的班主任，也是在这所学校陪伴我五年的老师。她把我的卷子扣在桌子上，让我说说自己的感受。我支支吾吾，因为我知道许多题的错误都是极其基础的，甚至看起来很可笑，比如在给坐标轴标数时有一个数字少写了一位，而其他的几个数是对的。她反驳道，不是有关这张试卷，而是你自己现在的感受。当时的我几乎把一切不甘和痛苦都倾倒了出来，她就陪在我身边，静静地听着。在我沉默下来以后，她告诉我，我应该相信自己，相信自己是最棒的。她猛猛地夸了我十分钟，夸我帅气，夸我多才，夸我勤奋，夸我坚强。尽管很不好意思，但这些都是我那成绩导向的评价体系强迫我无视的特质。那时我意识到，我之所以如此逼迫自己，是因为我害怕失败，是因为我害怕再次成为那个弱者，远远地听着同学们讨论试题而不敢靠近，在家里接受父母的管教。我用给自己加压的办法惩罚自己的懒惰，逼自己朝另一个极端走去，沉重的包袱压制我的精神，使我在考试中心神不宁，常常方寸大乱。但是从根本上，我并没有太多成长，因为我仍然无法摆脱环境的影响，仍然没有认可并相信自己。

那天临走前，宋老师给了我一块糖果。我把它一直放在笔袋里，作为我重启的见证。后来的我没有再那么拼命了，我更多的是与朋友们畅聊，吃饭时也没有风卷残云。有时候晚自习烦了我会请假回家，自己去球场投会儿篮，抑或是对着音频在钢琴上鼓捣新谱子。我长期贫瘠的内心收获了甘霖，而我也收获了在考试中最锐利的武器——自信。我面对考题时不再是对于能否得分的恐慌，而是享受思考和作答的过程，因为我相信我的积累。即便有时在某题卡顿，我也并不会像过去那样瞻前顾后，因为我对自己的评价也不再局限于成绩。在轻松的心态下，我的二模成绩直接够到了清北线，我第一次真正认识到：原来考试拼的不只是努力，更是内心的强大；原来高三学的不只是知识，更是心性的磨炼。直至高考，我也延续着这种状态，有幸交出了我中学生涯最精彩的答卷。

如果学弟学妹们仍不知自己为何努力，不妨尝试去憧憬山顶的风景，幻想一下更精彩的人生；如果你们处于学习瓶颈，不妨尝试相信积累的力量，相信自信的力量；如果你们感到痛苦焦虑，不妨尝试停下脚步，增加心灵的韧性。越是执着于成绩，或许越会适得其反。收拾好再出发，一切都来得及。

关于母校

谈起附中，映入我脑海的大概是清晨时北洼路上拥挤的盛况、升旗时"正志笃行，成德达才"的口号声、傍晚时被揉碎在夕阳指缝间的云絮……

无数的地点，无数的场景，组成了我青春生活的每一帧，镌刻在名为回忆的胶卷上。

我深深地爱着附中，正如它深深地爱着我。陪伴我们到晚自习最后的不只有北洼路上昏黄的路灯，还有老师桌前的一盏盏台灯；我们泼洒的不只有试卷上的笔墨，亦有运动场上的汗水；我们成长的足迹不只局限于校园内部，更是遍布京城甚至四川、陕西、甘肃。

"教诲如春风，师恩似海深。"老师们的爱深沉而伟大。他们关心的从来都是学生本身，而非成绩。志得意满时，他们从来是为我们感到高兴；伤心失意时，他们永远为我们张开怀抱；成绩滑坡时，我们收到的从来是关心而非责备；疑惑不解时，他们总有过关斩将的锦囊妙计。记得班主任何老师总是向我们强调"相信相信的力量""独行快，众行远"，现在想来，我能做的只有感恩与怀念。师生情从来复杂，既似父子又似挚友，总让人忍不住热烈怀恋。

"自强、勤奋、求实、创新"，这是附中的校训，更融入了我的精神。因为我忘不了在博识课上所见证的历史气象，忘不了"一二·九远足"活动中所走过的漫漫长路，忘不了研学活动中所目睹的大好河山。丰富多彩的活动在开拓我视野的同时，也让我意识到了年轻人应当背负的责任。附中从来就注重德育，注重学生的多维度教育，立德树人是附中能培育出可堪大任的人才的基石。

"正志笃行，成德达才"，这是历代附中人的追求，我跟着念叨了六年。直到成人礼那天，走遍校园所有角落的我，将要彻底离开这片故地之时，最后回首看到校门立柱上的那四个字后，我才意识到：

"我应该会这么念叨一辈子吧。"

班主任点评

刘胤孚同学是我带过的极具个性且令人印象深刻的学生。他踏实认真，温和自律，身上有着一种独特的魅力。

在学习上，刘胤孚同学始终保持着对知识的敬畏与追求。他深知自己的不足，却从未因此而气馁，而是以一种坚韧不拔的精神，一步一个脚印地努力前行。他的成绩并非一帆风顺，高三时甚至遭遇过较大的挫折，但他从不抱怨，也不放弃。他用实际行动诠释着"相信积累的力量，相信自信的力量"，最终在高考中取得了优异的成绩，为自己的高中生涯画上了圆满的句号。

刘胤孚同学不仅在学业上表现出色，他的品德修养更是值得称赞。他心思细腻敏感，对生活充满热爱，校园中的花径、傍晚的晚霞、清晨的阳光都能给他带来希望与感动。然而，这种敏感也曾让他在面对外界压力时陷入焦虑与不安。但幸运的是，他最终在老师的引导和朋友的陪伴下完成了蜕变，学会了相信自己，学会了在压力中寻找平衡，这种成长比成绩本身更加珍贵。

在班级生活中，刘胤孚同学虽然不善言辞，却总是默默地为班级贡献着自己的力量。他热爱音乐，歌唱得很好，他的歌声如同他的性格一般，温和而有力量，总能在不经意间感染身边的同学。他用自己的方式诠释着对生活的热爱，也让我们看到了一个平凡学生身上的不平凡之处。

刘胤孚同学的成长历程让我深感欣慰。他用自己的经历告诉我们，每一个看似平凡的学生，只要愿意努力，都有机会绽放属于自己的光芒。他的未来充满无限可能，我相信，无论他走到哪里，都会带着附中的校训"自强、勤奋、求实、创新"，继续书写属于自己的精彩人生。

（何文杰）

家长心语｜静待花开——爱与陪伴共同成长

孩子考入清华后，我总是被问及家长是如何做到的。回顾过去的十八年，其实没有所谓的成功秘籍，真要说点儿什么，就是我们与孩子相互给予爱与陪伴、共同成长。

我们也是第一次为人父母，遇到孩子的叛逆、青春期，敏感、压力、畏考，也曾骂过、打过、束手无策。我们与孩子从小就达成共识，做好自己分内的事，学习是他的事，工作是我们的义务和责任，互不掺和"捣乱"。记得初二上学期期末考试前，孩子问我："妈妈，如果这次还考不好，您会不会打我？"我无奈地说，"打不动你了呀，只能拥抱你了"。成绩出来达到他的预期，我很认真地抱了抱他，感谢他用他的努力成就了我们彼此的信任与信心。

正如孩子自述中说的，他是一个既没有竞赛加持也没有荣誉光环的普通娃，一个填空或选择的失误就可能与清北失之交臂，这种压力在高三一模跌到谷底，孩子向我们求助，具体怎样做才能缓解压力、调整状态。我们咨询班主任何老师，他说孩子状态不好，做不到张弛有度，建议我们陪孩子放松。在学校时，何老师会时时关注孩子的状态，找他谈心，课间或午休会让他多出去运动。孩子在家时爸爸会陪他玩篮球、聊音乐，妈妈会给他准备各种可口的饭菜，还请常年带高三的朋友给他讲各科实战的方法和案例。任何一种付出都不会被辜负，孩子终于走出了阴霾，二模、三模，好状态一直保持到高考。何老师曾说，高三老师只有一半是做学生工作，另一半是要做家长的工作。真心感谢附中老师，他们既有耐心，更有爱心，而且还十分专业敬业。

相信很多家庭也是这样做的，只是我们比较幸运，在可心的学校，遇到可爱的老师（请允许我用"可"这个字，个人觉得它更能体现对学生的尊重、包容与成功的教导），当然也有尚可的父母，帮助孩子经历困境、走过低谷，最终战胜自我、蜕变成长。每个孩子都有独特的成长路径，家长无条件的爱与接纳，高质量陪伴他们走好脚下的每一段路程，他们终将会成为开花的树。

（刘胤孚家长）

相信时间的力量

吕鸿坤

　　成绩情况：高一、高二和高三上半学期相对稳定在年级前 10 名；高三下学期在 10—20 名左右；高考成绩 697 分，北京市 165 名。

　　成绩雷达图：

高三（上）期中

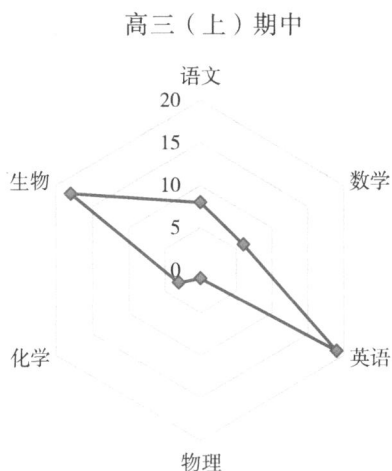

　　弱势科目：语文、化学、数学（高考发挥好）

　　送给学弟学妹的一句话：相信时间的力量。

　　最终录取院校：北京大学元培学院

我的简介

大家好！我是附中初中 2018 级、高中 2021 级 2 班吕鸿坤；2024 年北京高考 697 分（北京市 165 名），目前就读于北京大学元培学院。高中阶段学习成绩相对稳定，大部分考试位于年级前列；高中担任了班级的学习委员，参与历次班级元旦联欢和学习经验分享的筹备；课余时间喜欢打排球，参加了排球联赛，队伍获得季军。

我的经验

一、认真对待课内作业

回望我的高中三年，发现我最终能取得相对满意成绩的原因可能并非高三的集中复习和高强度刷题，而是高一、高二打下的扎实基础。在高一、高二，我基本只会完成老师布置的课内作业，不会额外刷题，但每天完成作业后剩余的时间并不多。大概原因可能有两个：

第一，对于当时的所有作业，我都不会选择使用取巧的方法快速完成，即不止于得出答案，而是希望弄懂作业中的每一道题。在我看来，对作业中题目细节刨根问底并不是浪费时间，而是一种获得对知识深刻理解的机会；而且，不使用取巧的方法，也是一种磨砺自己能力的机会——毕竟我们不可能永远做到一眼看出题目的最优解，那时，在每道题中积累的经验和能力就能派上用场。虽然不使用排除法等特殊技巧，比如分析选择题每个选项正确与错误的原因，对于某些只需要定性判断就能得出答案的题目不仅做定性，也做定量分析，这会导致完成作业的时间大幅增加，但是这能保证在仅完成作业的情景下获得足够的训练量。

第二，对于难题，我会尽可能做到独立完成，而不提前接受提示，即使是一个词、一句话的点拨。有很多时候我们可能因为某道题一时看不出思路，就去和同学讨论，或者去翻开答案，在我看来这可能不属于一个良好的习惯，尽管短期看来这可能是迅速完成问题的一个方案，但并不是长足之计，因为某些题目的难点本身就在于找到入手点。也许收获提示之后，我们很快就能得出题目答案，但是那道题就丧失了提供经验的机会。当然，我们也需要控制时间，不要在完成作业之前死磕一道题过长时间，避免出现之前我出现过的问题——在高二下学期因为写作业用时过长导致心态崩溃。

第三，针对错题，不能轻易放过。对于错题，我们尽可能做到当天整理，因为整理错题最重要的一个流程就是回忆整个做题过程（如果之后整理可能会忘），看哪一步出现了问题，或者是哪个思路存在卡点，哪个条件没有分析透彻，之后确定它属于哪类问题，是偶然问题还是常犯错误，偶然错误改正即可，常犯错误则需要总结整理。

之后，分析答案，确定为什么产生了这种思路，确定从哪个条件推理得出，从而判断我们是否因为对某个知识点不够熟悉，而导致思维受局限——毕竟在错题本上写无数遍"注意联想"，也没办法在做题时想到没有掌握的知识点。除此之外，还有一个比较抽象的点，即分析问题既不能过于抽象也不能过于具体，需要一定的泛化能力。之后，把它积累下来，并不一定需要专门抄错题，只需要积累从题目中得到的 insight 即可。这个需要参考自己的经验，尝试几次，即做总结的时候，既不能太过具体，只适用于当前题目，也不能太过宽泛，放之四海而皆准，这只会导致记录的 insight 成为一句空话，没法助力未来的解题。

第四，关于整理本。可能有不少同学会进行完整的错题整理，我的习惯可能有些不一样，我一般不具体摘录错题，而是记录错题出处，之后附上自己的总结，即前文所提的 insight。在高一、高二，我一直把整理本当作考前突击的重要工具，到后来愈发力不从心——因为知识内容愈发繁杂交错，想要在一个下午记住整理本的全部内容基本不可能。所以，整理本不仅需要时时增添内容，更需要我们时时复习，并把所整理的内容或方法论运用到未来的学习中去（如特定的解题方法、大题语言、审题流程等）。

第五，关于知识的关联和应用。这是我认为的"总结"的第二个要求，而在之前的整理本中，对题目的整理提炼是第一个要求。所谓知识的关联和应用，听来有点"虚"，像是人人都会说，但是很难做好的一项任务。本人也不敢妄言完全做到了知识关联和应用，甚至不敢妄谈"熟练"——毕竟连高考数学考试中平常基本都能做对的解析和导数题都折戟，但是我还想分享一些自己的看法。

所谓关联，说具体些，可以是用以往所学的知识对新知识进行解释或补充，如用盐类水解解释配置 $FeCl_3$ 溶液需要的强酸性环境，说抽象些，也可以是两个知识的抽象逻辑相似，如用平衡建立和移动类比两相似分子浓度变化时对其受体（结合不牢固，可以脱离）的竞争性结合。这种对知识建立关联的过程可以帮助我们在考场上较快地学会新知识，在现在题目倾向于给出新情景新知识，要求我们现场学习的情景下，这个能力是相当重要的。而且，有研究表明，新知识与旧知识关联时，学习新知识的效率更高。由此，对知识的关联可以让我们在获得对知识的更深理解的同时加深记忆。

二、合理规划假期时间

在高中，我们会获得 5 个长假供我们自由安排，从我们那一届的经验来看，假期作业至多用一半的假期时间就可以完成，而理论上剩余的假期时间就可以供我们自由安排。一般来说，高一暑假、寒假和高二寒假是相对自由的。高二暑假相对较短且作业可能较多；高三寒假作业也较多且有春节，自由支配时间也不多。

首先，要获得一半的空闲时间，我们需要在假期开始之前制订一个相对完善的计划，不需要具体到每天时间轴的安排，但是需要为每天安排合适的任务。我一般会在假期开始的时候安排前半个假期用以完成作业（一定劳逸结合！不要对自己有太高的期望，之前我的计划基本都无法全部完成），之后，再视情况开始安排假期中后期的时间。有一个计划至少可以保证时间不会被完全荒废，否则容易在"上学期压力太大，再玩一天"的自我安慰中荒废大半个假期。

在假期里，我认为可以考虑预习之后将要学习的内容，当时我的选择是预习生物和数学，预习不求学很多知识，也不需要课外补习以求在学期初领先，只需要大致学习一下下学期知识，对于各部分的难度有一定的了解即可，也可以参考自己的兴趣。例如，在高一的暑假我预习了生物的选择性必修一《稳态与调节》的前四章，个人认为对高二上学期的生物学习很有帮助。

总之，我认为前三个假期是相对自由的，后两个可能会有较大的压力。如果发现自己努力了一整个假期，也没有太多起色，可能也是完全正常的，就像很多老师说的那样，从埋下种子到开花需要时间。我建议不要对假期有太高的期望，按部就班即可（至少我自己对前四个假期的过高期望最后都以失望结束）。

三、保持良好的心态

可以说心态是大考很重要的影响因素，甚至在某些时候比真实水平更加重要。在高中学习期间，从来不缺平常学习成绩优异，但是在大考中失利的例子。所以，如果想要在大考中获得理想的成绩，扎实的学业和良好的心态缺一不可。

平常的心态可以总结为"专注"一词。我的高中班主任何老师说过"因为专注，所以出彩"，这里的专注可以适用于很多场合，学习时专注，心无旁骛；休息时就玩得开心，规划好时间，休息期间不要分心想学习；上课时专心听讲，不要在意其他人在做什么；考试时专注做题，不要在乎周围同学的做题速度，或者是自己不确定的题，更不要去给自己预设，认为自己上一次考试的结果会影响下一次的结果，上次考好不要有包袱，没考好也不要觉得自己水平不足，一定不会考好——我们在考的就是这一场试，与前面的考试结果无关。

最后可以给大家一剂强心针，就是高考的时候大多数同学都会神经兴奋，所以少睡一点没有太大关系。比如，我第一天考完后，数学的导数和解析几何大题都没有完全做出来（后来发现导数大题第三问函数直接错了），最后一题的第二问也没有写，当天晚上我心态非常不好，基本没有复习下一科，第二天早晨甚至五点钟就醒了，我克制不住自己，把解析和导数题重新算了一遍（大家不要学我的坏习惯），发现自己确实做错了，短暂地崩溃了一下。但是之后，我还是坚持每科考试之前要看对应学科的资料，不是为了获得什么知识，大抵就是求一个心安，也是为了进入对应学科的学习状态，看到对应科目考试题不会慌乱。因此，虽然考数学之后心态崩溃，但我之后的科目并没有受到太大的影响。

说这些"死里逃生"的经历，并不是让大家高考考完之后要复盘考完的科目，而是一定要考完一科忘一科，我们毕竟不能去赌自己的心态会不会受影响。

除此之外，我的高考可以说是唯一一次完全没有对答案的大考。之前一模、二模有的科目还会对答案，也是坏习惯，因为高考绝对不能对答案，如果平常习惯对答案，高考会比较没底。

还有一个就是千万不要放弃。以我自己的经历举例，我高考生物（最后一科）的遗传大题整整想了二十分钟。因为当时是最后一科，其实已经有点松劲了，而且最后十分钟的时候还有半道题没写，但是最后还是一直告诉自己不要放弃，冷静下来，不要被兴奋或者恐惧冲昏了头，最终在考试结束前七八分钟的时候想出了正确思路，迅速地把那道题写完。总之，沉着答题，冷静应考，在高考中，能发挥出平常实力就很不错了。

四、某些学科经验

1. 有点玄学的生物

从本届生物高考和历次模拟成绩来看，生物似乎是一门玄学。笔者在海淀区一模、二模中赋分均未高于 94 分，但是高考中赋分 100。所以，模拟和真正高考有很大区别（其实我们那一届出题风格的确有很大差别）。而我们能做什么？大抵就是两件事，扎实基础和研究高考题。本届高考考查的基础题很多，因此在练习时，不要只关注高难度的实验题和遗传题，也要准确记忆基础知识，对教材的细致研读和对关键概念的准确记忆尤为重要。与此同时，积累一些常见的答题思路和答题语言也是必要的。在2024 年生物高考中，提示不太明确的那道压轴题，或许靠平常积累分析遗传题的步骤就能突破，如今看来，或许是当时考前总结的——"若无线索，分析遗传题应当考虑控制性状的基因数量和位置"一句看似废话的 insight 拯救了我的生物考试。

2.有点细碎的化学

坦白来讲，我读高三一直有些害怕化学，因为工艺流程题和实验探究题一直做不对。如今想来，或许有些熟练度不足的原因，毕竟于我而言，有些问题的分析思路，需要在反复的练习中不断应用，才能在遇到新题时成为本能。如今看来，化学的有些知识点可以说是细碎，且不说基础知识，有些实验的思路对某些特定的人就是难以理解，比如生成气泡吹落表面覆盖物，我第一次遇到的时候没有想出来，积累之后也没注意，毕竟当时觉得这个思路难以理解且无法复用，但是它却成为2024年高考中化学实验探究题的题眼。因此，对化学这个学科，特别是实验探究和工艺流程题，如果没有很好的直觉或者很高的智商，不仅需要做足够的题，还需要不断把获得的思路融入新题中去（先看整理本，强迫自己用之前总结的方法，以求形成直觉），并且积累一些常见实验思路。

高三记忆深刻的一件事

已经记不起具体是哪一天，总之是一个周一。那天我莫名的烦躁，不想去学校，但最终还是去了，没有进班，而是直接进了班主任何老师的办公室，和他聊了两节课的时间。说是聊天，其实有点像我单方面的倾诉自己的压力和迷茫。现在看来，高三谁没有压力，谁又不迷茫，或许老师们天天都会面对这样的学生，但是当时何老师并没有表现出一丝一毫的不耐烦，也没有因为我有些出格的逃课行为而生气，而是认真听我倾诉，并且耐心给予回应。当时的具体细节也已经记不清楚，但是能回忆起的是，从那以后，我虽然会有压力，也会有迷茫不知所措的时候，但是都能认识到这是正常的，是合理的，从而能够尝试去接受自己的不完美，在压力下前行。并且，我的师长会一直支持我，这也给予了我莫大的信心。我的英语老师Helen也经常成为我的倾诉对象——Helen是一位非常有耐心，且善解人意的老师。

落笔时，我试图回忆当时的聊天内容，发现已然模糊不可察，但那种被支持感还一直记得。

关于学校

附中究竟带给我什么？

一是知识。附中的绝大多数老师都有很高的专业素养，在课堂和答疑过程中，基本能获得应试所必需的一切知识，但是也不止如此。至少于我自己而言，我在生物课堂上就收获了许多除课本之外的知识，那些知识或许没办法直接为考试助力，算不上艰深，但是能满足我当时对生物体的基本好奇，而这对当时的我极为珍贵。可以说我对几门理科的学习就是由基本的好奇心驱动的，而附中恰好满足了我的那份好奇。

二是支持。正如我在"高三记忆深刻的一件事"中所说，附中的师长对当时迷茫和无助的我给予了极大的包容，并给予了我当时所需的鼓励。

从2018年进入附中成为初一新生，到2024年高三毕业，可以说，在附中学习的六年是我记忆中弥足珍贵的一段经历，附中不仅教会我作为一名高中生应当学会的学业知识，也在潜移默化中让我学会去追求自己所热爱的事物。现在想来，我已经回忆不起多少学过的知识点，但那些和老师谈心的夜晚、和好友聊天的午后，会成为我一生中重要的回忆。在附中，我结识了许多好友，也认识了对我生命有重要影响的许多师长，他们的陪伴为我在附中的六年学习生活赋予爱的色彩。如今每次重回附中，会想到曾一同生活的同学，想到如今还能见面的好友，想到伴我走过漫漫长夜的师长，心头不仅会涌起一种成就感，更有一种幸福。

也祝大家能在学习之路上结识良师益友，感受到属于自己的幸福。祝大家得偿所愿。

班主任点评

吕鸿坤同学是一位品学兼优、全面发展的优秀学生。他在高中阶段展现出的卓越学习能力和良好的个人品质，令人印象深刻。

在学习上，吕鸿坤同学始终保持着优异的成绩，并且有着自己独特且高效的学习方法。他注重基础知识的积累，善于通过作业和日常练习深入理解知识，而不是简单地追求答案。他对待难题从不轻易放弃，坚持独立思考，力求在挑战中提升自己的解题能力。同时，他非常注重错题的整理和总结，善于从错误中提炼经验，形成自己的学习心得。这种对知识的深度挖掘和系统整理，让他在学习中游刃有余。他的学习方法不仅帮助他在高考中取得了优异的成绩，更为他未来的学习和发展奠定了坚实的基础。

吕鸿坤同学不仅学习能力强，还具有很强的工作能力。在担任班级学习委员期间，他积极参与班级活动的筹备和组织，如元旦联欢和学习经验分享会等，表现出色。他能够高效地完成各项任务，同时还能带动同学们积极参与，展现出良好的团队协作能力和领导才能。

在同学关系方面，吕鸿坤同学与人为善，乐于助人，深受同学们的喜爱。他总是以温和谦逊的态度对待每一个人，无论是学习上的问题还是生活中的困惑，他都会耐心地帮助同学。他的友善和真诚为班级营造了和谐融洽的氛围，也让同学们在学习和生活中感受到温暖和支持。

吕鸿坤同学的高中生活是充实而有意义的。他在附中这片沃土上，不仅收获了知识和能力，更收获了成长的勇气和智慧。他的经历告诉我们，良好的学习方法、强大的工作能力和优秀的个人品质是通往成功的必备要素。相信在未来的学习和生活中，吕鸿坤同学将继续以这种精神为指引，不断追求卓越，书写属于自己的精彩篇章。

（何文杰）

家长心语 | 用爱陪伴助力孩子成长之路

清华、北大作为中国最顶尖学府，承载了多少华夏学子的梦想和无数家庭的期盼。作为一名北大学子的家长，寄语我的孩子以及首师附的学弟学妹及其家长们——用爱陪伴为孩子铺就成长之路。

成长之路漫长，贴心培育孩子的身心健康与良好的心态是孩子成长的根基。成长路上学业成就的基石是身心健康，健康是人生最宝贵的财富，无论未来成就如何，只有拥有强健的体魄和积极的心态，才能走得更远。

成长之路艰险，勇于锻造孩子独立的品质与敢于担当责任的品格是孩子取得成功的有力保障。高中三年，是孩子从少年蜕变为青年；大学四年，是孩子真正成为独立的个体。只有具备独立的品质与敢于担当责任的品格，才能在面对挫折时从容应对，取得成功。要明白：父母甘愿为你做一切，却无法代替你生活。

成长之路未知，要耐心培养孩子不断学习的好习惯，高中和大学分数固然重要，但知识的海洋无穷尽，未来的路上充满未知，希望孩子们能像海绵一样汲取知识，不断学习，探索未知，把知识转化为智慧，应对成长路上的未知。做到活到老学到老，把学习当成终身的修行。

成长之路辉煌，要真心教导孩子懂得感恩。感恩学校的培养，感恩老师们的悉心教导，感恩同学的并肩同行，感恩父母的无私付出、亲朋的呵护和好友的陪伴，更感恩过去未来平凡日子里为你默默付出的人，在你未来成长的路上要时刻心存感恩，以成就自我。

成长的路上不要怕，我们会用爱时刻陪伴。家是你永远的港湾，但不必频频回首。我们永远做你的后盾，也希望你能独立面对风雨，勇敢飞翔。愿你在成长的道路上，以绅士的风度、智者的胸怀书写属于自己的篇章！

（吕鸿坤家长）

脚踏实地，仰望星空

彭睿欣

成绩情况：高一、高二成绩在30—60名左右浮动；高三成绩大体20多名；高考成绩683分，年级排名36，市排名625。

成绩雷达图：

高三（上）期末

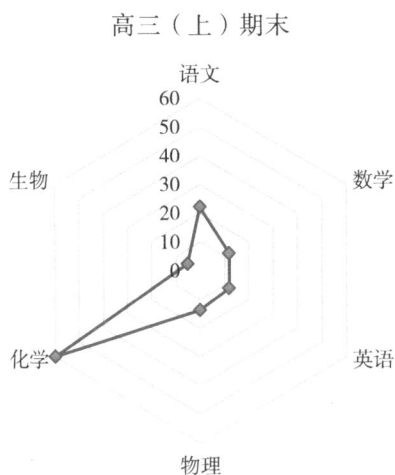

弱势科目：数学、化学

送给学弟学妹的一句话：但行好事，莫问前程。

最终录取院校：北京大学医学部

我的简介

我是首都师范大学附属中学 2024 届高三（2）班的彭睿欣。选科物理、化学、生物，高考后进入北京大学医学部。我从来不是天赋型选手，因此可能更注重踏实地下"笨功夫"。

我的经验

一、学习方法

一是及时整理。学习一段时间后，各学科内容积累到一定程度时，我会删繁就简，在活页纸上整理知识点、易错点和解题技巧，在考试前重点看整理的内容，可以提升复习效率和针对性。我也会整理练习题和试卷中的错题，重点在于理清自己的错因并在思路上予以纠正，以及理解、掌握正确的方法。我认为错题本的重要意义在于把别人的方法自己写出来，这个过程可以大大加深理解，即使以后没有时间再看改过的错题也能有所收获、进步。例如，在很长一段时间中我由于计算薄弱、方法烦琐，解析几何大题总是算不出来，我就花大量时间用老师同学们讲的各种方法重做遇到的每一题，在这样的过程中提升了解题能力。

二是不留疑惑。我在学习中理解比较慢，上课经常有跟不上的地方。这种时刻切忌囫囵吞枣。积极答疑是非常有效的法宝。找各科老师答疑，既可以解决具体的学习问题，更能在沟通中提升对学科的兴趣。我经常找生物老师王雯斌答疑，不论我的"答疑骚扰"多么不合时宜，对问题的想法多么清澈愚蠢，王老师总是耐心地给我反馈，让我对生物总是保有一份"问题会解决的"信心，也更愿意去思考生物问题。答疑也是找到进步方向的绝佳机会。找英语 Helen 老师答疑批改作文、争论 CD 篇题目，让我认清了自己不善于梳理结构的薄弱点，在之后的学习中加强了构建逻辑的训练，减少了一些不明不白的丢分。此外，我也会通过下课及时翻笔记、疫情的时候反复看课堂回放、与同学讨论（疫情和假期期间成立学习小组保证这种交流碰撞）等方式，尽我所能解决疑惑，提升自己。

二、关于弱科

这可以算作一个惨痛的教训。从高考的结果来看我的弱科是化学。但高考之前我从来没有特别重视这个问题，原因是每次考试化学成绩并不低，让我自以为化学能力不错。进入高三，在数学——我的传统弱科、语文和英语等不稳定科目以及看似一直较有优势的化学中，我更是选择把学习化学的时间精力匀给其他科目，化学整理偷懒了，答疑也减少了，本就没有训练起来的思维更被忽视了。回首整个高中三年，我发觉自己高一、高二化学的虚高来自较为盲目的刷题，因而在学习阶段就没有建立好化学思维；高三月考、模考时化学还能吃老本，但已经显露端倪，表现在中等题思路模糊、难题毫无思路，但我并没有及时予以重视、做出改变，导致最终的悲剧。因此，我感悟到在学习中要有超越考试的格局，了解自己的真实情况，踏踏实实地解决问题。

高三记忆深刻的一件事

进入高三，班主任何文杰老师为了给同学们减压，特意联系了体育老师，隔周腾出来一节周一下午的自习课带我们班去篮球馆上"放松课"。课程的内容主要是趣味体育活动，如跳操、接力传球等等，下课前会有一小段时间自由活动。一开始，我们对这样的形式不太理解，认为课上的活动有些幼稚，不如待在教室里卷或者去操场上"撒野"。慢慢才感觉出来，那种全班同学一起进行简单而放松的体育活动，让我们仿佛回到孩提时代，既释放了高三紧张学习的压力，又加强了同学们之间的感情。那些友善而温暖的肢体接触，那些聚在一起的欢笑，传递了最简单最纯粹的快乐。高三有那么多紧锣密鼓的时刻，何老师却让我们明白即便如此，我们依然可以慢下来一会儿，调整好自己再出发。这种"超绝松弛感"也让我们班的同学在高三时依然氛围活跃，每天充满正能量。

关于学校

我从初三开始在首师附度过了四年时光。这所学校的包容让我学到永远不要害怕试错。初三以来学校给我们提供了自由选择学习数理化生竞赛的机会，我尝试了物理竞赛，虽然并没有学出什么成就，但这一过程极大地拓宽了我的视野，让我了解到许多高中范围之外的物理知识，体会到物理学科的典雅与美丽，也见识了我们物理老师兼竞赛老师于万堂学无止境的钻研精神和高超的物理造诣。此外，在运动会上我曾尝试800米跑，尽管疲惫至极，却也没有跑进前八名，但这次经历让我看到了自己"知其不可而为之"的勇气与韧性，从而更加敢于尝试体育相关的项目。高二开始学校还改革了体育课模式，提供专业多元的篮球、排球、羽毛球等选修课程供我们学习，高三又让我们自由活动释放压力。高二我选择了一直感兴趣但没有接触契机的排球，课下不过瘾继续训练扣球的美好回忆、在老师和同学们的共同努力下举办首届"叩响青春"排球赛的高燃情形历历在目，构成了我高中最亮丽的篇章。感谢附中提供的种种机会，让我一点一点变得丰富，变得精彩。

附中的老师都非常认真负责，不仅我们的授课教师事无巨细地为我们解答学习上的困惑、纾解心理上的疑难，如果授课教师不在，办公室里素不相识的其他老师也会向你伸出援手，这一点特别令人感动。高三时数学老师黄凤圣每天中午坚持到班里发解析导数练习。各科老师在大考小考后逐一找同学谈话，关心我们的学习状况和计划，提出切中肯綮的指导意见，一模之后还成立了老师带领同学小组的模式，老师们的种种努力让同学们不论考得多砸，都能迅速痛定思痛，继续改进。老师是我们学习上最坚强的后盾。

附中教育我、充实我，让我能够实现自己的梦想，成为自己想成为的人，在路上也认识了一群志同道合、守望相助的朋友。在附中的求学经历值得我一生珍惜。

班主任点评

彭睿欣同学，作为你的班主任，我看着你一路踏实奋进，成长为如今这般优秀模样，满心欣慰。你始终怀揣着对自我的高要求，这份自律实属难得。犹记得运动会上，腿有伤的你毅然决然地站在800米赛道上，拼尽全力冲向终点，那股不认输的劲儿，如同暗夜火炬，点燃了全场氛围，也彰显出你顽强的精神力量。

学习上，你有着清晰的规划与出色的执行力。及时整理知识、错题，把琐碎知识条理化，让复习事半功倍；积极答疑，不放过一丝疑惑，这份钻研精神是你进步的阶梯。面对化学弱科，高考失利固然可惜，但你从中汲取的教训，定会成为未来前行的指引。

生活中，你乐观豁达，与同学相处融洽。高三压力如山，你却能在放松课上尽情欢笑，带动班级氛围松弛有度，让大家重拾活力再战难题。首师附的沃土滋养了你，竞赛、体育等活动你都踊跃参与，不断挖掘自身潜力，丰富精神世界。

彭睿欣用行动诠释了何为奋斗青春，未来无论风雨，相信你能凭借这份扎实、这份执着，奔赴山海，实现抱负，我期待着你更多精彩的故事。

（何文杰）

家长心语

时光荏苒，转眼间孩子已从母校首都师大附中毕业，迈入了北京大学医学部这一人生新起点。回首这段求学岁月，我们深深体会到，这所百年名校"自觉、勤奋、求实、创新"的校训，不仅镌刻在校园的石碑上，更深深浸润在每一位教师的教育实践中。作为家长，我们不仅见证了孩子从懵懂少年到自信青年的蜕变，更在这段陪伴中收获了深刻的人生感悟。首都师大附中不仅传授知识，更塑造品格，为孩子未来的成长奠定了坚实的基石。这段旅程，既是孩子的成长史，也是我们家庭的珍贵记忆。

首都师大附中的老师们以专业与爱心诠释着教育的真谛，用实际行动为学生撑起一片成长的天空。记得孩子初三刚进入附中时，面对全新的集体、不同的学习进度和生活环境，一时难以适应，成绩从原来的年级拔尖滑落到班级中下游，心理上也承受了不小的压力。就在我们倍感焦虑时，班主任何老师主动与我们建立了紧密的家校联系。他不仅密切关注孩子的学习状态，还细心观察她的心理变化，及时与我们沟通，共同制定帮助孩子适应新环境的策略。在何老师的耐心引导和鼓励下，孩子逐渐找到了适合自己的学习方法，心态也变得更加积极，成绩稳步提升，重新找回了学习的信心。这段经历让我们深刻感受到，首都师大附中的老师不仅是知识的传授者，更是学生成长路上的引路人和守护者。

陪伴孩子成长的过程，也是我们家长不断学习和自我提升的历程。每次参加学校的家长会，我们都非常珍惜与任课老师交流的机会。老师们对每个孩子的学习情况、性格特点都了如指掌，总能从专业的角度为我们提供许多切实可行的建议。正是在他们的指导下，我们逐渐学会了如何与青春期的孩子有效沟通，懂得了尊重孩子的个性发展，也明白了教育不仅仅是关注成绩，更是培养孩子的综合能力。在见证孩子一步步进步的过程中，我们深刻体会到，教育需要耐心与智慧，更需要方法与策略。

感恩首都师大附中，这里不仅是孩子成长的摇篮，也是我们家长学习的课堂。在这里，我们看到了教育的温度，感受到了育人的力量。相信从这里走出的学子，必将带着母校的教诲，在更广阔的天地中绽放光彩。作为家长，我们将永远铭记这段美好的时光，并将这份感恩化作继续前行的动力，与孩子一起成长，共同进步。

（彭睿欣家长）

一首从附中写到燕园的诗

邵天皓

成绩情况：高一年级排名20—30名，高二年级排名60—90名左右，高三年级排名20—40名左右，高考成绩680分。

成绩雷达图：

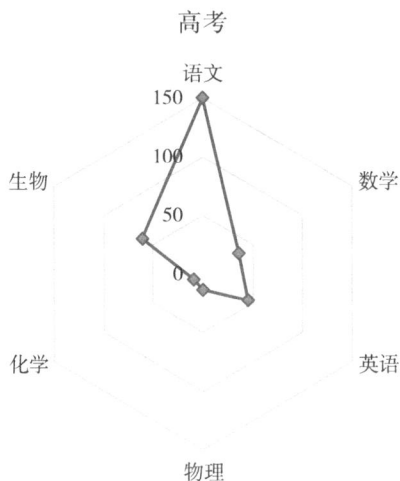

弱势科目：语文、化学

送给学弟学妹的一句话：向内探求

最终录取院校：北京大学工学院

我的简介

我是首都师范大学附属中学 2024 届高三（2）班的邵天皓，通过力学类强基计划被北京大学录取。高考选科为物化生。我兴趣爱好广泛，喜欢探索钻研。但有时较为懒惰，常以高效率学习为借口不去学习，执行不好自己做的计划。

我的经验

一、选科建议

关于选科，其实我认为不同选科之间的差异并没有那么大（在物化捆绑的基础上），选科不存在好坏之分。我的选科为物化生，实际上，我的另外三门文科成绩在初中和刚上高一的时候并不差，九科水平基本相对均衡。之所以最终选择了生物，是因为不想像另外三门一样背诵过多的知识点。

我认为在选科方面有两点较为重要。其一是要选最适合自己的科目。一方面要对自己未来大学想要学什么有一个初步认知，毕竟选择物化组合与选择纯文选科在大学可选专业上相差很大。另一方面不要被他人的看法所干扰，比如物化组合在选择第三门学科时，或许有人会说物化生都是大佬在选，选其他的更容易拿高分，也有人会说不要选历史政治云云。但不同选科并没有明显的优劣，只要找到正确的学习方法并持之以恒地学习，最终都能收获好的结果。重要之处在于要想好哪一门课你最有学习的热情，探索自己的兴趣所在，只要不是明显学不明白的学科（这在高一能容易看出），以这种内驱力形成的高效学习最终会带来好的结果。

其二是在确定了选科之后，不要随意更改自己的选科，尤其是高二之后，更改选科要慎之又慎。在高一时我们已经把不适合自己的学科排除了，最终所选的科目并非完全不能学好，切忌因一时的成绩波动而换选科。学习是一个持续性的过程，高一、高二、高三是将学科的体系与逻辑一步一步构建起来的过程，半途更改选科，学习的连贯性随之丧失，我认为不如抓准一科，毕竟学习贵在坚持与专注。以我个人为例，我的生物成绩在高二非常糟糕，在多次考试中屡获全班倒数。但我没有质疑自己当初的选择，而是踏实研究生物学习方法，付出加倍的努力，最终在高三模考中赋分也能达到97、100分。总而言之，从高考后的视角来看，选科的影响并没有那么大，做出选择后无须过多纠结。

二、弱科突破

在弱科补强上我自认为比较有发言权，高中的学习中我完成过两次较为明显的弱科突破。第一次是高二到高三时生物的突破。高二时，我的生物在历次大考中都在班级倒数附近徘徊，每次小测默写也是属于要被老师单独约谈背诵的程度。这与我高一时的预期大相径庭，于是我开始寻找问题所在。后来逐渐发现，我的知识体系是有空缺的。这体现在每一次讲卷子时我仿佛都是在听新课一样。比如在讲解选择题时，总会有一个知识是我不知道的。这样的知识漏洞又十分分散，如同满是蚁穴的堤坝，导致我无法形成完整的解题思路，从而在卷面上体现出一个很低的分数。这使我疑惑：生物课我的确认真听了，高一也没有落下明显的基础问题，考前也有认真准备复习，为什么会出现"漏洞百出"的状况呢？在生物课上，我得到了答案。我发现，生物课本上的知识不足以应对考试，因此老师在讲课和讲卷子时总是会补充知识点并进行大量延伸。然而，这些非课本知识点不仅多，而且杂，彼此之间仿佛没有什么关联，使人难以记住，更何况老师在讲授新课时补充的知识点很多都不会用到，渐渐地也便遗忘。这使我难以抓住这些知识点中的重点和逻辑关联。于是我采用了"愚公移山"式的笨办法——把老师讲的任何一处知识点都记录下来，并于课后尝试记住。之所以说是笨办法，因为只要是课上老师讲的内容中有我不熟悉的，哪怕有些知识点以后不会再用到，我也都会记录并背下来，漏洞百出，故我只能以量变引起质变。终于在一次考试后我发现，以前那些无关联的知识点之间仿佛彼此开始有了呼应。我明白了，这是因为我之前事无巨细背诵的知识终于将学科逻辑链上那些缺失的部分打通了，以前解题时丢失的那一步都被补充了。这便是知识点堆砌的量变引发学科知识体系构建的质变的过程。我终于能够将知识编织为一张网，在这张网中，新的知识也得以快速融入并找到其位置。就这样，我生物的基础知识不再是问题。

在解决完生物的基础知识后，我希望能进一步提升成绩。之前班主任何文杰老师建议我多找老师沟通，多问问题。于是每次下课后，我都会找老师请教课上没理解的问题，也会在考试后与老师交流自己对题目的一些"奇葩"的想法。我认为哪怕是很奇怪的问题也值得一问，因为这些问题很可能就是我个人在构建逻辑时缺失的一环。并且我还发现，听其他同学问问题并相互讨论问题也有很大帮助，别人或许会想到我所忽略或没有重视的地方，能帮助我完善学科理解，这或许就是所谓思维碰撞出的火花吧。王老师常说要理解题目想让你答什么，要理解出题人的思路。我想这是让我们跟着题目的逻辑走，而非自说自话。终于在高三，我的生物成绩来到了班级前列。

第二次弱科突破是化学。一直以来我的化学成绩不是很理想，高三一轮复习后仍然有些摸不着头脑，不仅做题慢，而且准确率还低。何老师一直对我的化学学习十分关注，在他的建议下，我在高三寒假将何老师整理的高中化学基础知识整体梳理了一遍，力争在记住这些知识的同时将它们串联起来。这套基础知识资料多以问题的形式出现，利于我反复复习加深印象。其中还有很多易错点和重要点，全方位涵盖了高中化学的知识，这对于当时基础不扎实的我而言十分重要，它帮助我构建起了化学的知识体系。开学后，我加紧练习化学选择题，在保证正确率的同时逐渐提升做题速度，最终使选择较为稳定。但是大题仍是一个难点。何老师让我认识到每一道大题都是值得深入钻研的，每一个步骤都是出题人反复打磨过的，深入的研究能帮助我们掌握题目的结构。通过对题目的反复琢磨，我掌握了一些门路。渐渐地，面对新的大题我也开始能看懂其思路，而不是像从前那样两眼一抹黑。其实在三模过后我仍是不太放心，虽然做题准确率提升不少，但答题速度仍是一个大问题。高考前我反复复盘那些经典的工艺流程和探究题，最终在高考赋分97分，这是我从前都不敢想象的成绩。

我确实不敢说弱科突破有定法，但至少我在生物和化学的突破上存在一定共性：即先打牢基础知识，而后在此基础上构建学科逻辑与素养，理解题目结构。当然，同样的方法放在语文、英语上就不一定奏效。我认为弱科突破是因人而异的，第一步是要找到问题出在哪里，而且问题要越具体越好，学会刨根问底，即找到问题源头的问题。比如我的生物问题的源头就是课上老师讲的知识点没有记住。随后的工作便是对症下药，解决问题。

三、关于刷题

开宗明义，刷题是个技术活！刷题是要有规划有目的的，盲目刷题只会适得其反。以化学为例，何老师不建议我们高一、高二刷太多题，因为彼时我们的知识体系尚未完善，贸然做题只会变成看答案，无法理解题目背后的内涵。而那些经典的题目是需要第一次做才有更好效果的，若是过早做了这些题，看了答案，等到高三真正需要刷题时，再做这些题目就会不由自主地沿着答案的思路走，没法锻炼思维。如此一来便浪费了一道好题。再如语文，实际上高三一年刷题、掌握做题技巧就够了，初中及高一、高二应当注重语文素养的培养，这才是真正提升语文成绩天花板的方法。所以说过早刷题是不可取的。高三的刷题也是要抱着一定目的的，比如刷专题是为了专项突破，刷选择题旨在提升准确率和做题速度，刷整套试卷则是为了把握做题感觉和考试节奏。刷题前要先明晰自己的目的和现阶段的主要任务，才能不盲目刷题。

另外，我认为刷题不仅在于做题的过程，更在于做题背后的反思与复盘。对于单个题目，错题要将错误点记录下来，经典题目要总结题目思路与做题方法；对于整套卷子，可以复盘时间分配是否合理，是否应进行适当取舍。总结使刷题事倍功半，大大提升学习的效率。

四、一些随想

在此记录我的一些零散的想法。首先是信心！信心太重要了。信心让你在迷茫时不跌倒，在最终决战时不紧张。构建信心可以来源于过往的成功，可以来源于如今的努力，或许有时候人就是要多给自己洗洗脑。我们不仅要有信心，而且要有谦逊之心，不要小看任何一个科目，哪怕你很擅长，也不要小看那些细小的行动，Stay humble。谦逊使我们更细致、更冷静。

实际上我一直认为学习是一件很"个人"的事，每个人都应有一套最适合自己的学习方法和学习节奏。我们可以尝试多多独立思考，去探寻什么是最适合自己的。不要盲目跟从他人的做法，要敢于解剖自己，直面自己，分析自己。然后是内驱力。学习不是被人推着走的，"不待扬鞭自奋蹄"，内驱力使我们不断地向前。这或许要求我们要有一个目标，要认识自己到底想要什么，想做什么，希望拥有怎样的人生。这使我们发自内心地希望向前。实际上高中不仅仅是学习，更是我们不断塑造人生观、提升认知的过程。而这些也将反哺于学习，作为内驱力推动我们不断向前。

最后我想以班内常年高悬的一句话作为这一部分的结尾："因为专注，所以出彩"。

高中记忆

说起高中难忘的事，许多片段便涌入脑海，似乎很难挑选出最具代表性的那一个。那些片段好似一瓶瓶老酒，单个喝来，或苦涩、或香甜，但若只是放在一起，用鼻子去嗅，便只剩下阵阵醇香。

犹记得那时父亲跟我说，何老师（班主任）"总是"给他打电话，非常关心我的学习。当然这"总是"具体是多少次我便不得而知了。那是在高二的时候，或许是上了一段时间网课的缘故，我的成绩来到高中的谷底，总年级排名在90开外。想来是性格原因吧，相比于我周围的其他同学，我并不怎么主动和老师沟通学习困难。何老师是为数不多的和我探讨过学习状况的老师，当然班主任这个身份肯定是一个原因。但抛去这些，何老师仍是一个很认真负责，对同学十分关心的老师。从父亲的寥寥数语中，我感受到了何老师对每一位同学的重视与关注，这种关照是全方位的，学习、身体、心理健康、未来规划、甚至是某些同学的恋爱状况（当然，在这一方面，何老师持反对态度）。这些说起来似乎都是些理所应当的事，但我想把这些事情做到极致，便也称得上是教师中的典范了。

再说回我自己，高二的我虽然身处低谷，但何老师始终对我有信心，认为我有潜力去冲击更高更远，也不止一次对我父亲、对我提起过这一点。

这当然对我有着莫大的鼓舞，毕竟被人认同——或大或小——都是一件令人高兴的事。我想何老师对我的这种信心也不仅仅只是说来鼓励我，也是对他自己的引导以及对我的信任。幸运的是，我最终没有辜负这份信任。

父亲说他感觉我一直都很有信心，事实上即使在低谷中我也确实没有失去信心。现在想来，我的这份信心或许不单单来自我自己，也来自何老师和父母的信任。

这也许是一件小事，但何老师带给我以及整个班级的影响，正是融于学习和生活中点点滴滴的小事中，在那高三中午为伏案小憩的我们拉上的窗帘里，在我们因打球而迟到测试的指责中，在高考考场外的拥抱里……有这样一位老师伴我四年学子生涯，无比幸运。

高中生涯里，那些令我印象深刻的事还有很多很多——

就像那次篮球班级联赛，没有校队队员的班级克服重重困难，最终夺得了冠军，那一次，何老师也红了眼眶。我感到了团结的力量，青春的无限可能，那是成为我一生中克服困难的强大动力。

就像那次《茶馆》话剧表演，我们顶着烈日在世纪坛排练。演出那天抽中最后一个出场，话剧在寥寥的观众中落幕。我们拿着第一名的奖状走出成达厅，抬起头，在夜幕中与星星一起眨眼。

就像那次高三入境仪式，一起去爬长城，我们在"Aim high，give it all"的口号声中，踏上了高中的最后征程……

关于附中

自从小学六年级的一个寻常下午，懵懂的我被拉到北洼路面试，我便与这所学校结下了不解之缘。六年，六年的时光轻柔地披在了我的身上，我好像还能回忆起当年那稚嫩的身影。

附中是什么？如果硬要让我选择一个词的话，我会选"温情"。附中是一所充满温情的学校，别看她地理位置逼仄，占地面积狭小，但或许正是因为她的狭小和拥挤，才使得这里充满了家的温情。老师如长辈，同学如兄弟姐妹。学校不大，里面的一草一木都听到过我的声音。

　　附中的六年里，我遇到的都是认真负责、关爱学生的老师。他们不仅传授我们知识，还在学习生活的方方面面塑造着我们，使我们成为一个真正的人。我在高中时担任数学课代表一职，历经两任黄老师——黄洁云老师和黄凤圣老师。两位黄老师的教学风格迥异，前者自由随和，后者严谨不苟。他们不仅教学水平十分出色，其言行也在潜移默化中影响着我。黄洁云老师颇有些"知天命"的意境，在一次交谈中，黄老师让我认识到有些事情其实是自然而然、水到渠成的，帮助我放下了对高考的焦虑和紧张。黄凤圣老师对事物有着自己的坚持，相信自己的判断和认识，这也在我人生观的构建中起到了重要作用。还有英语老师徐静，非常喜欢和同学们一起聊天，她的温柔也让很多同学愿意跟她讲心里话，徐老师也因此缓解了众多高三学子的焦虑情绪。当然，还有风趣幽默、极具人格魅力的于万堂老师，有着诗人气质的卢吉增老师，一嘴京腔的王文斌老师，我们的班主任何老师，身为体育老师但却有着学术风范的李韬老师……这些既各具特点又和蔼可亲的老师，构成了附中温情和附中教育的重要一环。

　　在附中，我得到的教育不仅仅有高中知识的学习。初三时我们成达班的学生都选择了一门竞赛学习。虽然我最终没有走上竞赛的道路，但这份独特的学习经历也让我收获颇丰。附中提倡全方位多元化发展，常常举办各种活动，如足篮球联赛、新年接力赛、红五月、达人秀、戏剧展演等，使我们得以在文体两方面都得到发展。附中也在初中开始开设博识课，高中有两次研学活动。我想这样的课程是有大作用的，它让我们看到了课本外的世界，拓宽了我们的眼界，这在为了高考而埋头苦学的高中阶段是十分难得的。附中的学生社团也极为丰富，涵盖各个领域，使我们得以自由探索自己的兴趣。

　　想来，也正是这样多种多样的活动，使附中的同学们组成了一个有凝聚力的团体。我想多年之后，我们不会忘记曾经为了同一个目标而共同奋斗的人与时光。我们在篮球班赛、新年接力赛上一起奋力奔跑，在红五月、戏剧展演时努力排练，更重要的，我们一起为高考奋斗过。何老师说过，以后很少能有这样一个为了同一个目标而共同奋斗的团体了。幸运的是，我在附中找到了这样的团体，这样一个"家"。

　　附中的人很多，故事很长，并非寥寥数页所能记录的。在此也只能拣其重点，略记一二，以感恩母校对我六年的栽培。在附中温情、附中教育下成长起来的我，也将继续拼搏，不负母校的期待，争取像附中百年口号中说的那样："成德""达才"！

班主任点评

邵天皓同学是我所带班级中极具代表性和令人欣慰的学生之一。他自律性强，学习态度端正，始终保持着对知识的渴望和对学习的敬畏之心。在课堂上，他总是双臂交叉放在桌面上，认真聆听老师的每一句话，这种专注和尊重不仅体现在学习上，更是一种对知识的热爱和对老师的敬重。

天皓同学不仅在学习上表现出色，更是一个有责任感和担当的学生。在运动会上，他总是毫不犹豫地参与各项比赛，无论是否有优势，也无论体力是否充沛，他都会全力以赴。他的这种精神不仅为班级争得了荣誉，更感染了身边的每一位同学，让大家明白什么是团队精神和集体荣誉感。他的行动诠释了"责任"二字的真正含义——不是被动地完成任务，而是主动地为集体贡献自己的力量。

天皓同学还是一位懂得感恩的学生。他常常念及班主任和任课老师的教导，这份感恩之心不仅体现在他的言行中，更融入了他的学习和生活中。他明白老师的付出，也懂得珍惜每一次学习的机会。这种感恩的心态让他在面对困难时更加坚韧，因为他知道背后有老师和同学的支持。

在高中阶段，天皓同学经历了成绩的起伏，但他从未放弃。他用自己的行动证明了什么是"弱科突破"，通过不懈的努力和坚持，他在生物和化学等学科上取得了显著的进步。他的成功并非偶然，而是源于他对学习的热爱、对目标的执着以及对自我的严格要求。

邵天皓同学的成长之路充满了坚持和努力，他的自律、责任、感恩和拼搏精神，让他在高中阶段收获了知识、友谊和成长。我相信，这些品质将伴随他走向更远的未来，无论身处何方，都能成为他人生的基石。

（何文杰）

家长心语 | 守护成长，静待花开

看着孩子收到北大录取通知书的那一刻，心里既高兴又平静。这些年，我们没想过非要孩子考上什么名校，只是希望他能健康快乐地成长。作为父母，我们能做的就是在背后默默支持，让他安心去追逐自己的梦想。现在他能考上北大，是他自己努力的结果，我们为他感到骄傲，但也知道这只是他人生的一个新起点，未来的路还很长，我们会继续陪着他，像以前一样，给他力量，也给他空间。

在教育孩子的过程中，我们始终秉持着尊重与信任的原则。比如关于课外班的选择，我们从不强制要求孩子参加任何课程，而是鼓励他根据自己的需求做出选择。我们会与他深入沟通，了解他在学习中的困惑与优势，帮助他分析哪些课外班能够真正弥补他的不足。在这个过程中，孩子逐渐学会了自我认知和自主决策，也明白了学习不是为了迎合他人的期望，而是为了成就更好的自己。

在孩子成长的道路上，考试成绩只是衡量学习成果的一个方面，而非全部。记得孩子上小学一年级时第一次的数学考试，只考了三十多分。我们并没有责备他，而是帮他分析问题所在，最后还出了一份类似的卷子让他做。由于他把所有错题都认真改正了，我们给予了他充分的表扬。因为我们知道作为家长要加倍地爱护孩子的自信心、自尊心，责备只会让孩子陷入自我怀疑，我们更应该以理解和鼓励的态度去面对，让他明白失败并不可怕，重要的是从中吸取教训，继续前行。而当孩子取得好成绩时，我们也不会过分夸赞，而是提醒他保持谦逊，戒骄戒躁，总结成功的经验。在孩子沉迷游戏的时候，我们会跟他讲人生能有几回搏，鞭策他不负青春。我们希望通过这样的方式，让孩子在挫折中学会坚韧，在成功中保持清醒，真正成为一个内心强大、不断进步的人。

我们想感谢孩子的母校——首都师大附中。这里的老师们不仅传授知识，更教会了孩子如何思考、如何做人。正是老师们的悉心教导，才能让孩子在求知路上走得更加稳健。特别感谢班主任何老师在他学习最困难的时候始终鼓励他。我们经常对他说的也是要相信学校，相信老师，相信相信的力量！

　　每个孩子都是一颗独特的种子，我们做父母的，不用着急，也不用和别人比。重要的是用心去了解自己的孩子，找到适合他的方式，陪着他慢慢成长。只要我们用心去观察，耐心去陪伴，孩子总会找到属于自己的路。教育不是要把孩子塑造成我们想要的样子，而是帮助他成为最好的自己。让我们放下焦虑，用平常心去陪伴孩子，相信他们会在自己的节奏里走出精彩的人生。希望每个孩子都能成长为有用之才，我们家长会精心呵护，静待花开。

（邵天皓家长）

令人振奋的三年

汤岳涵

成绩情况：高一、高二年级排名约25—50名，高三上学期稳定在30名左右，高三下学期来到前20名，高考成绩689分，年级第18名，北京市384名。

成绩雷达图：

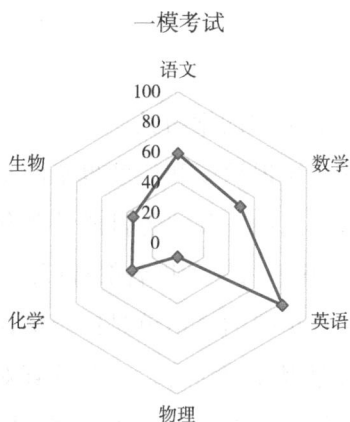

弱势科目：语文、数学

送给学弟学妹的一句话：有志者，事竟成，三千越甲可吞吴！

最终录取院校：清华大学计算机系

我的简介

本人名叫汤岳涵，是一个"非典型"的学霸，对一切有趣和新奇的事物充满兴趣。

我毕业于海淀区某普通学校的分校，并在中考中取得了全校第一名的成绩，区排名272，创下了个人最好纪录。然而，由于考虑到人大附中和清华附中离家较远，且担心那里竞争激烈，我选择了首都师大附中的成达班。

我很快发现，成达班作为精英班，早在初三就开始预习高中阶段的数理化知识。为了赶上进度，学校特意安排我在高一开学前的暑假参加了学校组织的培优班，连续14天补齐了所有进度。但由于安排过于紧凑，导致我在这段时间的学习中出现了很多漏洞，几乎是稀里糊涂地开启了高一的学习生活，然后，我感到困惑了……

成达（2）班高手如云，即便是那些自称"学得很差"的同学，在月考、期中考试中也能凭借先发优势和扎实的基础超越我。整个高一期间，我被挫败感所淹没，每天茫然地面对练习册上浩如烟海的练习题，艰难地一边学习新课，一边补习基础。直到期末考试，虽然提升并不明显，但至少已经跟上了"大部队"的脚步，可以在高一下学期开学时与同学们站在同一起跑线上。

高一下学期和高二上学期的学习几乎可以用"拉锯战"来形容。随着大家逐渐适应高中节奏，知识深度和广度也不断加深，数理化纷纷进入最难最抽象的部分。这段时间中，我的各科成绩胜负参半，年级排名也飘忽不定，从50名到20名，几乎每一种排名都有可能发生在我身上。现在回想起来，这个阶段我做的最正确的事情就是以听懂课为根本，以课堂学习为根本。哪怕是由于疫情原因在家学习，也要认真对待基础知识和作业，不明白的地方当天就要搞明白。这为我日后复习提供了极大便利。

然而高二下学期我却有一些萎靡，不像以往那样自信了。一方面是高考的压力逐步逼近；另一方面是"peer pressure"，身边总有同学还没学完新课，就早早地开始刷高考真题，开始自主一轮复习。我担心曾经不如自己的人正在超越自己，总觉得自己的水平在整个北京市根本拿不出手。同时，2023 年春天横空出世的 AI 大模型也让我重新思考自己的学习是否有意义，自己未来的发展应当走向何方。在迷茫中，我走完了高二下学期的短短四个月，进入高三的冲刺。

高三上学期和我想象中的很不一样，虽然有压力，但同学们大多乐观积极，努力学习之余也不忘搞怪娱乐。而且，得益于高一、高二打下的良好基础，我在高三复习课上感觉十分轻松，往往只需要填补少数几个漏洞即可。更令我振奋的是，高三的第一次区统考——海淀期中，我取得了区排名 350 的成绩，远超我对自己的预估。这无疑是一剂强心针，让我信心更加充足，也有了更多保持高度自律的动力。

个人感觉高三下学期和最后的高考就像一款巨大的多人联机游戏，每一次校排、区排的前进都能带给我成就感。每一次考试我都能有所进步，从进入区前 300 名，再到前 200 名，越战越勇。高三下学期，具体知识的掌握水平已经不是决定胜负的关键，最重要的是应试能力和心态调节能力。在一片积极的氛围下，我走进了高考考场，几乎每一门考试都没有出现意外情况，就像平常训练的时候一样，动笔、答题、交卷，无比自然且流畅。果不其然，最后的成绩也给我一个大大的惊喜。

纵观我的高中三年，虽然穿插有挫折、迷茫甚至萎靡，但是乐观、积极、坚定仍然是贯彻始终的主旋律。一方面，我可以做到高中三年全勤，可以做到晚自习零请假；另一方面，我也喜欢回家玩玩游戏，在晚自习开始前放放电影，张弛有度也是助力我高考顺利的重要法宝。也希望读到这里的你也能以最好的心态迎接高考挑战！

我的经验

一、选科建议

对于大多数同学而言，还是建议选择物化捆绑。这样在高考后填报志愿非常有优势，比同分段不选物化的同学选择空间大很多。至于剩下的一科可以根据个人兴趣选择，如果没有特别的兴趣建议选生物或者地理，这两门对于知识的广度要求并不高，主要考察课内知识的掌握程度和应试技巧（关键在于刷题够不够多，总结得到位不到位），大多数人通过努力能达到赋分 85 以上的水准，性价比高。

二、如何提高学习效率

1. 不能将学习局限于完成作业，要制订自己的提升计划。作业是布置给所有人的，如果想要提升，一定要自己给自己布置作业。课内的作业在保证质量下，越快完成越好，给自己的计划预留充足的时间。比如我高三一年，几乎每天都在 7 点半前完成所有课内作业，剩下的晚自习时间全部用来针对性提高个人弱项。

2. 老生常谈的电子产品。如果没有晚自习，建议把手机锁在柜子里，防止自己时不时地偷玩。如果在校上晚自习，建议非必要不把手机带到学校，如果要坐地铁，可使用交通卡，要购物带现金，从根本上杜绝 distraction 的问题。

3. 劳逸结合。不要将所有时间都扑在学习上，要学会取悦自己，给自己娱乐和思考人生的时间。高三的时候，只放一天假，我甚至会在周日一天假中什么也不学，就是骑着自行车到处转悠，转遍北京城，等到周一开课身心愉悦，反而学习效率更高。正如清华体育老师马约翰所言："七小时学习加一小时运动，大于八小时学习。"

三、文科学习理解误区

关于文科学习的常见误区是，许多人认为语文和英语成绩的提升与文学积累密切相关，认为这两门学科的成绩很难在短时间内提高。

然而，我个人认为，我们应该用理科的思维来理解语文和英语学习。毕竟，我们面对的是高考，最终目标是得分，而不是单纯地增加文学素养。

对于语文学习，主要关注三个方面：文言文、现代文阅读和作文。文言文是少数需要积累的部分，实际上只需记忆并熟练掌握常见的文言虚词含义和古今异义词，这样就能直接翻译文言文。现代文阅读主要掌握出题的规律，每次做完题后都要详细对比评分标准和踩分点，不断调整自己的答题方法和方向，从而培养题感，甚至看到题目时就能猜出出题人的考察意图。至于作文，要认清其本质——作文是一道语文题，一道50分的语文题，不是征文比赛，也不是小说创作。作文至少有30分是审题分，如果作文写得不好，一定要先思考审题，明确出题人希望你表达的观点，投其所好。在此基础上，可以了解一些时事热点和古今历史案例，丰富素材库，增强议论文的说服力。但千万记住，议论文的关键是找准出题人想要看到的论点，而不是追求标新立异，否则可能会弄巧成拙。

英语学习则相对简单，可以归纳为两个方向——单词记忆和刷题练习。每天必须坚持背单词，高考中可能会遇到一些生僻的单词，因此词汇量越多越好，在模拟题中遇到不会的生词就记下来，这是一个需要持续下功夫的过程。此外，一定要在限定时间内刷阅读题，培养在紧迫心态下的应试能力，这个练习的频率最好每天15—20分钟，就做一道阅读理解（C篇，D篇）或七选五（E篇），然后统计正确率和错误原因。只要保证单词量和答题速度，考试过程中就能游刃有余，成绩自然也会非常理想。

四、生物学习技巧（化学学习方法类似）

1.分析试卷时要对照评标积累答题思路。由于生物是按点给分，所以每次遇到新题型、新设问后最好把答题要点记录在积累本上，考试前翻阅，为自己积累答题角度。

2.用积累本积累基础知识。生物科目零碎的基础知识比较多，在遇到生疏知识后记在本上，定期往回翻记下来的知识点，能把基础打得更扎实。

3.考试时注意时间分配。有些生物卷子整体比较难，此时一定要做好时间管理。比如把基础空都写对，实在无法理解的问题先空着，实在不行就蒙一个，不能恋战，以至于影响整体的答题节奏。

4.考试时圈点标画重点信息。有些生物题干冗长，在回看时容易抓不住要点。不妨初次阅读时把关键关系、数据钩出来，方便回阅时找出思路。甚至可以在卷子上画上下游关系草图，只要自己能看懂就行。

高三记忆深刻的一件事

海淀高三期中考试的赋分表出来那天是个周四，我从校外新疆小馆吃完鱼香肉丝盖浇饭，刚一走进楼道就听见铺天盖地的"哎呀，卡线了"，"再多一分就上 91 档了"，"赋分表怎么才出来"。我急忙要了一张泄露出来的赋分表，算出自己的总分——659，区排名 355。我之前一直认为自己校排 35 名左右，在区里排名能进前 1000 就不错了，北航、北理等"985"更是不敢想。结果发现自己的水平甚至能摸到清北的边上，这给了我极大的自信，在之后的复习中就更有动力了。

关于学校

首都师范大学附属中学（首师附）的特点可以用一个词来概括——低调。低调并不意味着缺乏实力。这所刚刚庆祝完 110 周年生日的老校，尽管从校园面积、录取到清北的人数、校园硬件、竞赛实力等表面数据来看，似乎并不突出，但其优秀之处需要在校学生细细品味。首师附的优点实际上更多体现在氛围上，老师们真诚且善良，不是一味追求分数的唯成绩论；同学们友爱且有趣，琴棋书画、游泳踢球样样精通，从不以拼命追求成绩为荣，更不会出现为了追求排名提高而将同学视为"敌人"的情况。这些都是无法拿到台面上说的软实力。

当然，这绝不代表首师附没有硬实力。我的物理老师业务能力出众，上课从不用PPT，从来都是直接手写板书。他甚至经常即兴出题，然后迅速想出题目的解法；我的英语老师上课讲究方法论，鼓励同学们自己讲题，然后她在适当的地方进行补充，效果更好……可以说，老师们的能力素质绝不含糊，这也是我们取得好成绩的底气所在。

关于首师附，更多的是我在这里留下的美好回忆。我曾作为学生会宣传部部长，深度参与了这所学校的许多活动，甚至亲身见证了这所学校的发展——在2023年5月的扩校典礼上，我担任主持人并将校旗插入新校址的旗杆上，这使我的融入感达到了新的层次。此外，诸如担任校园开放日义务讲解员等活动也提供了为学校做贡献的机会。

这所学校，好似米酒，即使不如白酒般辛辣刺激，却甘甜浓醇，回味无穷。

班主任点评

汤岳涵同学是一位纯真可爱、充满活力且极具潜力的学生。他从外校以优异的中考成绩进入首师附中，展现了出色的学术能力和对知识的渴望。他对汽车的热爱不仅体现了他对事物的执着追求，更彰显了他对兴趣的专注和热情，这种热情也贯穿于他的学习和生活中。

在学习上，汤岳涵同学表现出色，成绩优异，高考成绩更是名列前茅。他的学习方法科学高效，善于制订个性化的学习计划，注重基础知识的积累和巩固，同时在复习中善于总结和归纳，不断提升自己的应试能力。他的学习态度认真严谨，无论是课堂上的专注听讲，还是课后的自主学习，都展现出他对知识的敬畏和对学习的热爱。他的进步和成长，离不开他对学习的执着和对目标的坚定追求。

作为班级的团支书，汤岳涵同学积极组织团日活动，展现了高度的责任感和领导才能。他在活动中不仅注重活动的内容和形式，还关注同学们的参与感和体验感，努力营造出积极向上的氛围。他的组织能力和协调能力在团日活动中得到了充分体现，赢得了老师和同学们的广泛赞誉。通过这些活动，他不仅增强了同学们的团队意识，也提升了班级的凝聚力。

（何文杰）

家长心语

一、教育理念的胜利

孩子能考入清华，于我而言，是教育理念的胜利，而非单纯的应试胜利。我始终坚信，教育不应局限于取得高分数，而要注重通识教育，培养学习能力。

二、培养自主学习能力

在孩子的成长过程中，我格外注重培养他的好奇心，帮助他建立对世界的好奇心与探索欲。从文学到科学，从历史到艺术，再到军事、工程、前沿技术等，我尽量为他提供多维度的知识资源，帮助他扩大认知范围。我与孩子保持了频繁的交流沟通，我们逐步建立起长时间讨论的习惯，讨论的内容大多远离学校教育课本知识的范围，当他对某个话题产生兴趣时，可能会自行查阅资料获得更广泛、更深刻的认知。这样的过程不仅拓宽了孩子的视野，更让他学会了自主学习解决问题。

三、帮助孩子建立自信

我深知自信对于孩子成长的重要性。我努力为孩子创造正反馈的环境，当孩子遇到困难时，我会安抚他放平心态，坚定信心，帮助他寻找问题的症结；当孩子取得进步时，无论进步大小，我都会给予充分肯定，让他变得更好。通过正向激励，让孩子在一次次的小成功中积累自信，相信自己有能力克服困难，实现目标。

四、应对应试教育的挑战

面对应试教育的压力，我陪伴孩子学习使用一些基础的工具和方法论。比如使用 OKR，在每次开学前制定目标和计划，在学期结束后总结成果与不足；使用思维导图，梳理课本所学，形成知识体系；使用麦肯锡金字塔结构去写各种应用文章。

我在基础能力建设上也对孩子做了具体的帮助。我格外重视阅读与写作，每次语文和英语考试结束后，我会和孩子讨论阅读理解、大小作文上存在的问题、重点改进方向。在孩子小学毕业后、初中暑假，都专门为孩子报阅读与写作私教课。为了专项提升阅读能力，初中期间，我曾经陪孩子一起做了100篇中文散文阅读理解、100篇英文阅读理解。我也带领孩子一起看过关于儒家、道家的系列视频课程。

　　孩子能进入清华，是综合了基本知识积累、学习能力、自信心三个方面的结果。未来，他将面临更多挑战，但我相信，凭借我们共同秉持的教育理念，他定能在这条道路上走得更远，飞得更高。

（汤岳涵家长）

放平心态，与压力共舞

王婉清扬

成绩情况：高一、高二年级大体排前 20 名，高三成绩波动较大，大体排第 20—50 名。高考成绩 693 分，北京市第 251 名。

成绩雷达图：

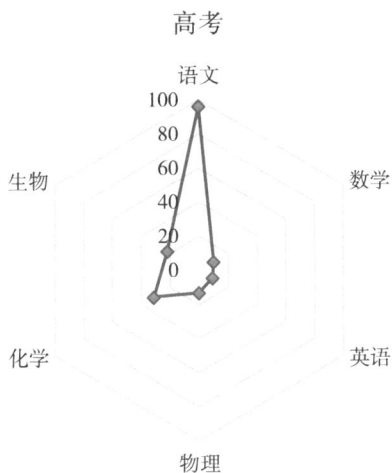

弱势科目：语文、化学

送给学弟学妹的一句话：少年不惧岁月长，彼方尚有荣光在。

最终录取院校：清华大学经管学院

我的简介

大家好！我是首师附中初中 2021 届，高中 2024 届高三（2）班王婉清扬，我的选科是物理、化学、生物，2024 年北京高考 693 分（北京市 251 名），目前就读于清华大学经管学院。高一、高二期间我的成绩较为稳定，处于年级前 20 名左右；进入高三后，由于心态等因素的影响，我的成绩出现了较大波动，但在老师和家长的陪伴和鼓励下，我逐步找回了状态，并在最终的高考中取得了让自己满意的成绩。正因如此，在后文中我也会就"心态调整"的方法做出更详细的分享。

我的经验

一、科目学习经验

1. 语文

其实，语文学习并不是我所擅长的，但在记叙文写作上我还是取得了不错的成绩。所以在这一部分主要想和大家分享一下我在记叙文写作方面积累的经验和心得。

我想一篇高中记叙文从内到外可以依次分为灵魂、骨架和血肉三方面：灵魂是你想表达的主题，骨架是故事的脉络，血肉则是你的文字。

先说"灵魂"。一篇好的记叙文一定是具有现实针对性的，是为了解决某个问题而生的。所以在看到题目时，首先应当找到你想回答的问题，然后思考你的答案。当你清楚了问题和答案时，这篇文章的主题也就确定了。当然，想要在时间紧迫的考场上抓住好的主题并不容易，这就需要我们在考场外的日常生活中多观察、多思考。试想，如果你已经储备了一箩筐的想法，那么到了考场上，你要做的就仅仅是挑选一个最契合考题的想法了。

再说"骨架"和"血肉"。确定了文章的主题后，下一步就是编织一个故事来展现主题。这个故事也许不是你的亲身经历，但我们需要让情节和人物都真实、典型。如何做到这一点呢？一方面，要注重积累：书籍、电影等都可以成为你了解其他生活方式的途径，这是输入；另一方面，典型的环境描写、精炼的人物侧写都会成为文章的加分项，而这些往往需要在日常的写作任务中训练，也即输出。只有通过考场外不断地输入输出，我们才能熟练掌握塑造人物、编织故事的技巧，形成自己的写作风格，进而在考场上面对没有涉及过的主题时才能游刃有余。

值得一提的是，高中记叙文的一个鲜明特点即是字数有限。于是在写作时我们很容易出现讲述不清的问题：作为作者，我们了解整个故事情节；但从读者角度而言，读完整篇文章似乎仍感觉云里雾里，抓不住重点。这就要求我们在下笔前合理构思，先想明白文章结构安排再动笔，以免出现"虎头蛇尾"的问题。

总的来说，有的同学觉得记叙文比议论文难写，因为一篇好的记叙文似乎总是考场上的"灵光一现"。但就我个人的经验而言，"灵光一现"并非完全出自偶然，而是源于日常生活中的积累与思考。因此，希望大家不要因害怕在考场上"江郎才尽"，对记叙文写作产生担忧、恐惧的情绪，而要充分调用已有的积累，按照题目的要求雕琢好自己的故事。

2. 英语

在语言学习的过程中，词汇积累和表达方式的掌握无疑构成了语言学习的基石。然而，根据我个人的学习经历，我发现仅仅拥有大量的词汇并不足以确保我们在各种考试中获得高分。一个普遍存在的问题是，尽管我们能够读懂文章的内容，却往往无法准确把握作者的意图以及出题者的思路，常常导致我们在考试中丢分。这种情况凸显了文科学习中的一个关键点，即"保持手感"。通过日复一日的练习，我们能够对出题者的意图有更加清晰和准确的理解，同时也能掌握每种题型的考察重点，这样在实际考试中我们就能迅速找到解题的突破口。

与此同时，除了选择题之外，英语考试的另一个重要组成部分就是写作。写作不仅考察词汇积累和语法的准确性，更是对审题能力的一种考验。为了提高写作能力，我们需要广泛阅读并不断练习。从分析范文的结构开始，逐步过渡到根据给定的题目自己编写提纲，通过这样的步骤，我们可以逐步提高审题的准确性。这有助于打下坚实的作文基础，使我们在考试中能够迅速构思并撰写出条理清晰、观点明确的作文。只有准确地把握了题目的要求，我们才能通过锦上添花的语言表达，使分数得到进一步提升。

3. 数学、物理

在我看来，数学和物理在学习方法上有着相似之处：它们都拥有数量有限但应用范围极为广泛的知识点。而在这两门学科中，所谓的难题通常是由这些基础知识点的综合运用或变体构成的。基于这样的认识，我认为数学和物理的学习可以分为两个主要部分，即掌握这些学科的核心知识点，以及积累每个知识点可能的延伸和应用。

核心知识点无疑是老师授课时反复强调的重点，但我认为，比单纯接受老师传授的内容更为重要的是，我们要形成自己对这些知识点背后逻辑的理解，并在此基础上构建自己的知识框架。这样的学习方法让我们达到能够依据内容标题，就能独立地写出相关知识点及其内在联系的水平。这样一来，当我们面对具体的题目时，就能够迅速而准确地识别出题目的考察点，从而迅速找到解决问题的思路。

同时，数学和物理的学习过程也要求我们"积累题型"。这个过程虽然需要通过大量练习题来实现，但绝不是漫无无目的地刷题。每完成一道题目后，我们不应该仅仅停留在对题型的死记硬背上，而应该深入地思考题目中哪些信息提示了我们这道题目所考查的知识点。通过这样的思考，当我们再次遇到类似但不完全相同的题目时，也能够做出相应的联想，从而帮助我们更好地解决问题。

4. 化学、生物

化学、生物的共同特点在于这两门学科都较为注重细节。这不仅要求我们特别关注题目中信息的运用，还要求我们在作答时要规范答题语言，力求做到简洁、明确且严谨。因此，对于这两门课程内容的学习，我的方法是以课本为基础，通过习题拓展解题思路，借助高考题规范答题表述。为此，具体而言，在阅读课本时要格外注意那些易被忽视的小字、旁栏，这些信息极有可能出现在大题的基础知识中；在做题时，不仅要关注自己未曾想到的思路，更要仔细阅读、分析答案的简洁表述，确保自己明白了答案之间的关联与逻辑；最后，要注重关注高考原题及标准答案，深入思考答案是如何形成的，从而规范自己的答题语言、体会高考题的出题思路。

二、心态调整

拥有良好的心态对于应对考试的重要性是显而易见的，因此我在这里想和大家着重分享我解决和克服考试中具体心态问题的方法。

首先是在日常的学习中，由于没有考试的压力，容易养成拖延的习惯：课上的问题不及时解决，作业中出现的疑问没有主动询问老师并记录整理……如此一来，很多一闪而过的问题可能随着时间的推移而被淡忘，于是漏洞就形成了。对此，我的解决办法是准备一个随身携带的本，在听课过程中或完成作业遇到问题时及时记录在本上以免遗忘，然后利用课余时间逐一解决，这样不仅填补了知识漏洞，也培养了自我解决问题的能力。

临近考试时，我常常会因为觉得自己复习不完而感到烦躁焦虑。这种情绪不仅降低了我的复习效率，也对我的考试心态产生了不利影响。为了改善这种情况，一方面，我尝试进行自我疏导以改变自己对于复习的看法：告诉自己知识是无限的，再全面的复习也不可能涵盖全部内容；与其悲观地将复习看成"女娲补天"，不如将其视为查漏补缺、能多看一点就是赚到。另一方面，我开始制订更为合理和切实可行的复习计划，不盲目地追求面面俱到，而是有意识地"抓大放小"，专注于重点和难点。如此一来，当我不再把复习的战线拉得无限长，而是将其分割成有限的任务时，这种焦虑自然也就平息了。

其次，在考试中遇到难题时，很自然的反应就是慌乱，甚至我会懊悔自己为什么复习的时候没有注意某个知识点。但随着大考经历的逐渐丰富，我认识到这种乍一看没有思路的难题是考试中不可避免的，同时也不是一定不可能攻克的。所以，当再次在考场上遇到这种题时，我会尽量让自己摒除杂念，重新阅读题目，尤其注意是否有关键点的遗漏，尝试从不同角度分析问题，理清思路，逐步拆解难题。

考试结束后，尤其是面对自己感觉考得不理想的科目时，很容易产生逃避的心理，从而在改错、分析试卷时并不认真，总想着下次考好。实际上，每次考试的卷子都是我们近期学习状况最真实的反馈，是帮助我们弥合不足、提升能力的重要工具。具体而言，我们不仅要改正错题，查漏补缺，更要深入分析错误原因，是知识点掌握不熟练，还是解题思路出现了偏差？甚至马虎的背后也可能反映出时间安排不合理、考试技巧缺乏等问题。只有认真反思每次考试，才能不断进步，进而在未来的考试中更加游刃有余。

从某种意义上来说，高中三年的辛勤付出和不懈努力都是为了在高考这一锤定音的关键时刻能够取得理想的成绩。同时这也意味着，在高考到来之际，紧张和焦虑的情绪是在所难免的。正因如此，我想我们更应当在方方面面提前做好准备，积极应对高考，以确保在这人生的重要关头发挥出最佳水平。

首先，调整作息是高考准备中必不可少的一环。与时间紧凑、节奏较快的高三考试相比，高考的四天考试时间安排相当宽松，两门考试之间的间隔时间也会较长。这就需要我们提前调整作息，尤其要合理安排午休时间，以确保在下午的考试期间能够保持良好的精神状态和清醒的头脑。当然，正所谓"说起来容易做起来难"，更可能出现的情况是，我们由于紧张导致实际睡眠质量并不理想。这种时候一定要摒弃焦虑，相信自己平时的努力，尽量摆脱其他因素的影响，保持平和的心态。与此同时，较为宽松的时间安排给我个人带来的影响就是在间隔时很难集中精力认真复习下一科。于是当我在一模、二模发现这个问题后，我便开始有意识地摘抄记录我认为最重要的内容、答题技巧等，提前为高考的间隔时间安排好复习内容，在最终考试时很大程度上缓解了我复习不下去的紧张情绪。

其次，考试过程中一定要放平心态，遇到卡壳的题不要惊慌失措，更不要因为想着"这可是高考，一分都不能放弃"，就在一道题目上浪费过多时间，而是要尽量向平时模拟考试时的状态和习惯靠拢，把高考当成一次普通的考试。时刻保持冷静，合理分配时间，对于难题可以先跳过，待其他题目完成后，再回头来解决，这样可以避免因纠结于某一题而影响整体的答题效率。要始终告诉自己，高考的胜利不在于做对每一道题，而在于做对每一道本该会做的题。

最后，尤其是在高考中，最重要的一点是不要对答案。正所谓"考完一门丢一门"，丢掉过去的负担，才能更好地集中精力应对下一场考试。反之，一味地沉湎于已经结束的考试只会徒增压力，一旦发现错题很可能影响下一门的考试心态，可谓得不偿失。尽管这在普通考试中可能很难做到，但还是建议大家尽量在平时的考试中逐渐养成不对答案的习惯，为高考奠定基础。这样，当高考真正来临时，我们就能更加从容不迫，专注于当前的考试，而不是被之前考试的结果所困扰。

关于学校

在我看来，一所好的学校既要为学生提供丰富的知识，更要让学生充分感受到人文关怀。我想首师附在这两方面都做到了极致。

作为一名在附中学习生活了六年的附中人，我深切地体会到学校为我们提供的知识远远比课本要求的多得多。如附中曾开设基础学科竞赛课程，物理竞赛课程的学习不仅激发了我对物理学习的兴趣，也在无形中培养了我的物理思维，对课内学习产生了很大帮助。除此之外，我遇到的附中老师都具有很高的专业素养和教学热情，他们会耐心地回答我的所有问题，即使问题非常简单，或是超出课程要求。正是因为有他们的陪伴，即使是高三最紧张、最辛苦的时刻，我也能体会到学习的乐趣，坚定不移地走自己的路。

就我个人而言，化学是高中期间最让我头疼的科目。由于我最初的选科是物理、生物、地理，所以在整个初三和高一上半学期中，我的化学学习几乎是一片空白。也就是在确定选科的关键时刻，我的班主任兼化学老师多次找我谈心，深入分析了高招物化捆绑的大趋势以及学科之间的联系，并充分肯定我的学习能力，一直鼓励我、指导我，帮我填补一年半时间的化学知识的空白，让我最终在高考化学上取得了满意的成绩。

此外，高三期间我的数学、英语成绩都出现了较为明显的波动，对我的备考心态也产生了一定影响。在这种困境中，英语老师每次大考后的一对一分析指导，数学老师针对性地带我补习薄弱环节……这些细致入微的关怀都为我带来了切实的帮助，也是我在高考中数学、英语都取得 140+ 的好成绩的基础。

当我回顾在首都师范大学附属中学度过的六年时光，我深刻地意识到，我需要感谢的不仅是母校传授给我的那些宝贵知识，更重要的是，我要感谢那些一直陪伴在我身边的同学，以及那些始终给予我支持和鼓励的老师们。我深信，这份温暖而宝贵的记忆将会永远伴随着我，成为我人生旅途中不断前行的动力源泉，滋养我的心灵，激励我在未来的道路上不断追求卓越。

班主任点评

王婉清扬同学始终秉持"全面发展，精益求精"的学习态度。在选科阶段，她充分听取班主任建议，主动调整方向，以"物化生"组合积极应对高考改革趋势，最终在化学学科上实现"零基础"逆袭，印证了其理性决策与强大执行力。她对各科学习均有独到见解：语文注重日常积累与主题提炼，英语强调"手感"与审题训练，数学和物理追求知识框架与题型拆解，化学和生物重视细节与规范表达。这种既重基础又善拓展的学习策略，使她在高中阶段稳居年级前列，并在高考中实现各科均衡突破。

心态调整：理性从容，迎难而上。面对高三成绩波动，王婉清扬同学展现了超乎同龄人的心理韧性。她善于通过记录问题、制订计划、调整认知等方式化解焦虑，尤其在考后反思中，她深入剖析错因、主动查漏补缺，将每次考试视为进步的阶梯。更难能可贵的是，她始终以平和心态应对挑战，高考期间科学规划作息、专注当下科目，最终将压力转化为动力，实现了考场上的稳定发挥。

师生互动：虚心求教，感恩成长。作为班主任，我深切感受到王婉清扬同学对师长的信任与尊重。无论是选科决策时的坦诚沟通，还是化学学科薄弱期的主动求助，她始终以开放心态接纳建议，并以行动践行师长指导。她对母校的深厚情感亦令人动容——从竞赛课程中培养学科兴趣，到困境中感念老师的个性化辅导，她将附中的人文关怀内化为成长的养分，并以优异成绩回馈师恩。

王婉清扬同学的成长轨迹，印证了"天道酬勤"与"良师益友"相辅相成的力量。愿她在清华园继续发扬附中人"追求卓越"的精神，以理性与热忱探索未知，以感恩与担当回馈社会，在更广阔的舞台上书写人生华章！

（何文杰）

家长心语

赠人玫瑰，手有余香。愿与大家一起分享一些子女教育和成长方面的心得体会。

一、明确责任分工，让孩子知道学习是自己的事

从孩子上学第一天起，我就告诉她学习是自己的事，遇到问题或困难爸爸妈妈可以提供帮助，但你不能要求我们无时无刻地陪伴左右。爸爸加班的时候没要求你一起熬夜，妈妈做家务的时候也没要求你必须伴在身旁，所以你自己学习上的事情也要自己搞定。我们三个各司其职，管理好自己分内的事情，无事各自安好，有事一起解决。所以孩子从小就养成了独立自主学习的习惯。

二、在课外班问题上，充分尊重孩子的意见

我发现在许多家长的认知里，都觉得清北的孩子一定是大量课外班的产物，但据我所了解到的情况却恰恰相反。

高中三年特别是高三，成绩起伏是非常正常的，但家长看到孩子成绩下降往往比孩子还焦虑，不管孩子意愿马上安排课外班。作为过来人，我理解家长的焦虑，但也想以过来人的身份劝诫家长一句：在课外班的问题上，如果孩子不愿意，千万不要勉强，否则大概率是白白耽误时间。就算要上课外班，家长也要做好后督工作，不能把孩子与问题一起丢给课外班老师而不管不问，否则也很难达到预期效果。

三、让孩子学会放下和接受，培养其强大内核与稳定情绪

在过去十二年的求学生涯中，孩子在学习上遇到过各种各样的问题，这些问题一句话总结就是付出后的事与愿违！我们从小教育孩子一份付出一份收获，但却忽略了，不是所有的付出都会立即兑现，这个时候就需要我们家长以成人的智慧去引导孩子，让其知道这个世界既然有意外的惊喜，也必定会有付出后的事与愿违！从而锻炼孩子的心性，培养孩子强大的内核与稳定的情绪！

高中三年特别是高三，几乎每个孩子都是在乐观、悲观、崩溃中往复循环，这个时候强大的心理素质能够帮助孩子快速自愈并进入到下一轮的冲刺中。

就比如我家孩子进入高三后成绩下滑明显，到一模时跌到了高中三年来的谷底，这个时候我们意识到孩子可能要与清北擦肩而过了……从高一稳稳的年级TOP10到一模时的六七十名，说不遗憾是不可能的。但我深知孩子已经拼尽全力了，这个时候再把清北作为目标院校，除了给她增加压力之外无一益处。所以一模后我与孩子开诚布公地谈了一次，最后我们一致决定接受现状，放下TOP2，把我们的高考目标降一到两个档次。正是有了之前学习生活中一次次的接受与放下的经历，所以纵然是高考这等大事，孩子也能从容面对并戏谑道："降两档的学校也没什么不好，到了那儿我就是学霸。"乐观的心态与强大的心理素养让孩子很快从一模失利的阴霾中走了出来，最终高考迎来了意外惊喜。

最后，我要感谢首师附所有领导、老师在孩子成长的关键阶段给予孩子的教育与引领。成德达才、正志笃行！愿我们的母校越来越好，培养出更多优秀人才！

探求题目本质，心系世界变迁

王韵博

成绩情况：高二开始年级排名基本稳定在 10 名上下；高三四次大考的区排名分别为 98、60、286、128，高考成绩 687 分，北京市 448 名。

成绩雷达图：

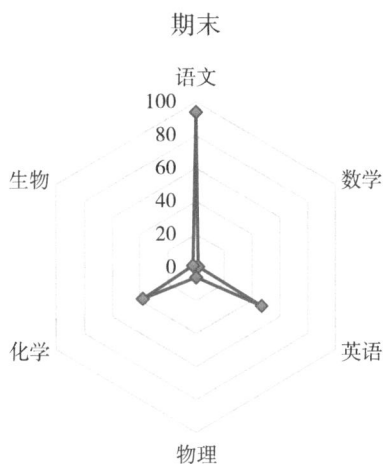

弱势科目：语文

送给学弟学妹的一句话：心存天下，脚踏实地

最终录取院校：北京大学工学院

我的简介

我是首都师范大学附属中学 2024 届高三（2）班的王韵博，选科是物化生，高考成绩 687 分（北京市 448 名），通过强基计划进入北京大学，目前就读于工学院生物医学工程专业。

和这本书中的其他人不同，我并非土生土长的北京人，而是高二前的暑假才从河南郑州转学到这里，这也导致我的学习方法与习惯有一定的"河南特色"：专注、投入时间长、较擅长挖掘题目的套路，但应对创新性题目的能力略有不足。这些习惯使我的历次大考成绩基本稳定在年级 10 名上下，也大抵导致我无法更上一层楼。因此我想，我的经验可以给大家一些新的思路，但绝不适宜照搬照抄。

我的经验

一、从河南与北京题目的差异，谈谈怎么从创新的外壳中看到套路

先聊聊我对于河南和北京风格的差异的感受吧。相对来讲，河南的题套路化较强，计算量较大，对做题的熟练度和计算的快速准确要求很高，而北京的题的难点则更多在创新性和信息量上，要求同学们在短时间内读懂题意，理清题目的思路。当然，创新性的题目也不可能完全脱离课堂所学。事实上，如果你能看透题目的本质，理解其思想和逻辑，它们也和那些经典的"套路题"无异。

接下来，我就以化学为例，谈谈创新题背后的"套路"。

为了让我的论述更有说服力，还是先亮一下我的成绩吧：我的高考化学赋分 100，海淀二模裸分 99（海淀区第一），从高二以来，赋分基本都在 97 及以上。

为什么我能有这样的成绩呢？我觉得主要有两点：

1. 极扎实的基础知识

基础知识其实是被不少同学忽略的点。有些同学在复盘自己的试卷时，都会轻易放掉基础部分的错误，甚至在心里把那些分加上；认真一些的同学，可能也只是把自己错的那一点抄到错题本上，却没有做到对应章节的重新回顾。这样很可能会在以后的考试中发现题目出了一个很类似的点，但自己却怎么也想不起来。不仅如此，后面的大题——尤其是实验探究中的产物检测等类型的题目，也会用到某些物质的性质和反应。做题时间有限，而难题需要很多时间思考分析，因此基础题部分就需要做到快速出答案。而这就需要对那些知识点极其熟练。

既然基础知识如此重要，那么要做到什么程度才算牢固呢？我的经验是，在高一、高二学习的时候，对课本知识做到多次重复学习，既可以过一段时间就看一遍笔记，又可以在老师讲完之后，用倍速"速通"一下 B 站上的化学课（比如一化儿的），而在高三复习时，对于忘记了或出错了的部分，不要仅仅哪里错了看哪里，而是要把对应的章节的知识都做一遍查漏补缺。

2. 能看懂大题的套路

正确理解大题的思路也同样重要。以实验探究题为例，一种很常见的思路是：给出一系列实验（或图表等），并给出物质的信息。这里面，有些组会比较好解释，其他的则可能出现反常。接下来，就会针对反常现象进行进一步实验，并对此进行一系列设问。

在此，我认为有两件事情是必须要做到的。

首先，是审清题目的方向，最常见的两种就是速率和平衡。特别是在解释原因的题目中，一定要看清题干中给出的隐含着平衡和速率的信息，比如"相同时间内的转化率"与"平衡转化率"等。

其次，在确定好大方向后，就需要找到合适的角度，比如平衡中的温度、压强、浓度，速率中的催化剂、接触面积、形成原电池等，再比如是从复分解角度考虑水解、沉淀，还是考虑物质的氧还性质。这里很值得一提的是，有些题对于反常现象，没有很多的额外信息，这里就需要借助控制变量的思想，找出实验组与对照组之间的变量差异，并分析哪个物质存在之前没有用到的性质或角度。比如一道有关氢氧化镍和氢氧化铜沉淀的题，用 KSP 解释就与实验现象相反，这时就可以考虑铜离子的其他性质，比如氧化性。

这里我的一个经验是，大家可以在熟悉各物质的性质的基础上，适当做一些额外的题目，感受这种思路在题目中是如何运用的，并对没有想到的地方认真复盘，或是找老师或同学帮忙分析。

二、如何抑制惰性——换个环境，找个"搭子"

相信大家都有这样的经历——平时上学的时候，能够保持相对较高的学习效率，但一到周末或是假期，可能在家拿起手机刷个抖音，几个小时就过去了。制订的学习计划是一点都完成不了的，作业是"一支笔、一个晚上、一个奇迹"突击完成的，学习效果更是不敢恭维的。其实，这种事情在我身上也时有发生，我也曾很多次懊悔不已，想着下次绝对不碰手机了，甚至直接卸载抖音。结果呢，经常是一个不小心，就点进应用市场，然后又是熟悉的情节。

那后来这个问题是怎么得到缓解的呢？是有一次，我在后悔的时候，突然想到，为什么我在学校的效率会比家里高很多呢？——很简单，学校里身边都是正在学习的同学，有他们在，我不敢不学啊！那什么地方旁边都是学习的人呢？这还不简单，图书馆啊！正好国家图书馆离我家不远，我就赶紧骑车过去试了试。这一试不得了，我发现在图书馆自习有很多意想不到的优点：

1. 去图书馆的路上，可以规划一下一整天的学习内容，而在家里很可能稀里糊涂地抓起来一本就写，导致学着学着不知道该干什么，就玩起手机了。

2. 由于国家图书馆在周末和节假日经常爆满，想要有位置必须一开门就赶过去，这样就起到了倒逼我早点起床的效果，而为了早起，我不得不早点睡觉，这样放假期间也能维持还算正常的作息。

3. 我身边经常会看到一些穿着红白校服的同学（懂得都懂），他们经常会连续学 4—5 个小时，让我完全不敢"摆烂"。

4.图书馆旁边就是公园，学累了之后的散步放松，可以有效缓解长时间学习后的效率下降。

……

由此，我渐渐养成了在图书馆学习的习惯。在这里，我也强烈地向大家推荐这个方法。

然而，只靠自己终究是闭门造车，很多时候向他人提问的效率远高于自己摸索。

所以，找到几个学习"搭子"非常重要。这里所说的找到"搭子"，并不一定意味着要在一起学习，而是找到可以互相理解对方思路，同时在擅长学科上有所互补的人。

就拿我来说吧，我的学习"搭子"是一个对知识的掌握极其扎实且系统的同学，因此他做题的思路非常清晰，很多时候只要他给我讲一道题的思路，我就能搞懂一系列题。而且我们俩都很注重对解题思路的理解，每次我问他"这道题你是怎么想的"的时候，他都能很清晰地表达出来。但有时我问其他（甚至比他更聪明的）同学时，他们却很少能把思路讲得让我理解。

所以在找学习"搭子"方面，并不是成绩越高越好，也不是越聪明越好，而是和自己越适配越好。至于怎么能知道和自己合不合适，问两道题试试就能得到答案了。

三、学习之外还应该做的事——了解世界、了解自我

先从大家都会经历的事情——报志愿聊起吧。我发现，很多同学对自己想要学什么几乎完全不清楚，最后填报的多是当下热门的专业，抑或是出于冲名校的考虑，选择一个基本不了解的专业。不瞒大家说，我报志愿的时候也是这种情况。但事后反思，我为了高考中的1分花费的精力可能远远超过我在了解不同专业上所投入的精力，但专业一选就是4年甚至7年、10年，想要再改难于登天，如果选错了，这代价可是远远大于高考中的几分啊！因此现在，我和学弟学妹们交流时，总会建议他们多去深入了解专业与对应行业，积极探索自己的兴趣，而不至于和我当时报志愿时一样迷茫。

当然，你可能会说：我一个中学生，了解父母所在的行业还可以做到，其他专业的信息我该从哪里获得呢？我又怎么知道我是否对那个专业感兴趣呢？

这是一个很好的问题，我想，很多人对专业缺乏了解也大抵是因为这个。不过，还是有一些方法能实现大致了解的。

首先是求助于你的学长学姐。如果学校有那种学长学姐返校宣讲的活动当然最好，如果没有的话，也可以求助于你的老师，让他们把学长学姐的微信推荐给你。如果能找到大三、大四的学长学姐就更好了，因为他们大概率已经完成了本科大部分专业课的学习，并且经历了保研或者实习，对学校的课程设置、学科的研究方向和行业现状都有了一定的了解，他们的介绍可以帮助你了解这个学校的这个专业，对你择校和选专业都有较大的帮助。

这里提问的方式也很有讲究。你既可以请他对方概述一下对方所在的学校、专业和行业，问问其未来研究方向、职业规划等，也可以请他讲讲一门印象深刻的专业课的学习体验，甚至可以问问能否用他的账号看看"校园墙 or 树洞"等校内交流平台（上面一般有学校内的第一手信息）。

除此之外，对于专业内容的亲身体验也很有必要。现在网上有很多"通识课"，就是介绍专业知识中的核心概念而省略具体细节。比如 B 站上 3blue1brown 的深度学习课程（包括最近很火的大语言模型的底层原理的课程），以及"得到"APP 上很多老师开的通识课，比如薛兆丰的经济学课、吴军的谷歌方法论（介绍很多有关计算机的基础知识）等。这些课程一般都比较浅显易懂，学起来比较轻松，如果你学起来感到如获至宝，那么这个专业或许是你可以考虑的选择。

以上主要是对自己兴趣的探寻，即"了解自我"，但无论是报志愿，还是今后的其他选择，了解世界的发展方向也极为重要。当然，预测未来是不可能的，但我们应该知道世界上发生了哪些大事，出现了哪些问题，这些问题可能带来哪些影响等等。比如，人口老龄化对于医疗行业，全球气候变暖对于新能源行业的影响，AI 落地工业界，创造生产力面临的问题等等，这些或许你我都给不出答案，但我们至少可以了解，那些专家大牛是怎么看待这些问题的，这既是对专业选择的参考，也能提升我们的思维深度和广度。

在了解世界与了解自我的过程中，还有一个非常重要的习惯——调查。

越是重大决策，越要进行充分调查，这似乎是众所周知的常识，但其实并没有那么简单。

因为越是重大决策，需要调查的事情通常就越多，一般来说就越难以找到入手点。

就比如报志愿，要考虑行业前景、个人兴趣、学校政策、地理位置等诸多因素，而前两个更是不易了解清楚。因此有些人就会选择"从众"，即在热门专业中根据感觉挑一个听起来自己可能更擅长的。

而这里说的调查，恰恰就是要摒弃这种习惯，去调查被普遍认为"优质"专业选择背后的逻辑。

为什么要这样呢？因为很多观念的更新是有迟滞性的，而我们从做出选择到收获结果也是有迟滞性的，因此很多当前看来好的事物，等到我们真正收获时，可能就变了模样。

而调查其背后逻辑，有助于帮助我们判断这种"好"是否可持续。

比如，前几年热门的土木专业，它的兴起很大程度上是因为我国的基建和城市化带来的房地产行业的发展，但城市化规模是有上限的，投入在房地产行业的资金也是有上限的，因此在城市化达到一定的水平后，就不太可能出现长期的高增长了。

与之相反，随着人均寿命的增加，人口老龄化几乎是不可避免的，这就会导致医疗行业的规模扩大，投入增加。因此医疗行业可以说前景相对光明。

当然，行业的发展并不一定意味着所有从业者都会从中获利，细分领域的选择也同样重要，当然这就是另一个话题了。

综上，通过报志愿一事，我们可以看出调查这一方法论的重要性，而它的背后，是对世界和自我的认识，这种认识的获得，又离不开调查这一方法。

四、选科建议

这里我主要想聊聊是否选生物的问题。

如果不是对生物极其感兴趣或擅长，或是史地政都不太擅长的话，选生物的好处就剩下两个：

1.填报生物医学类专业（可能是未来比较热门的专业）时有一定优势（但据我了解，医学专业不选生物也是可以报的）。

2.生物作为偏理的科目，在平时模考时比较容易考出稳定的成绩（但高考则不一定，这个下面我会提到）。

而选生物的劣势也同样明显：

1.选生物的高手如云，这个大家从身边统计学应该就可以看出。

2.投入时间长（这个虽然因人而异，但生物对于大部分人都是一个需要投入较多精力才能学好的科目）。

3.最关键的一点，高考生物的出题风格不是任何一个区的模拟题能模拟出来的，特别是对于海淀区的同学来说，区模拟题和高考题的风格差别巨大，高三四次模拟考试对高考的参考意义和备考价值非常小。以我为例，我四次模拟考试的成绩分别是100分、100分、97分、97分，而高考只有91分。所以生物高考由于只有几套往年题可以参考，备考几乎没有抓手，难度较大。

因此，在选考生物上一定要非常谨慎，最好调查一下往年学校的生物成绩再做定夺。

让我印象深刻的一件事

对我而言，高中期间印象最深刻的事之一，是参加北京大学的暑期学堂。在高二下学期，清华和北大会根据往年录取的人数，向部分高中分配若干名额，而高中则通常会根据报名同学的成绩，选出一些同学去清华或北大参加为期4—5天的活动。活动期间，会住在学校，并在暑期学堂班主任（通常是一位本科生）的带领下，参观学校、体验食堂、听不同院系的介绍讲座、进行综合素质测评（不同学科的考试）以及看一场由学堂的中学生和北大社团的同学带来的文艺晚会等。在这里，我品尝到了美味的食物，了解了北大的历史和精神，坚定了考入北大的决心，也结识了几位优秀的学长学姐，初步了解了北大的院系和专业设置。我想，如果大家能来参加暑期学堂，也一定会倾心于北大美丽的景色和兼容并包的气息，深深喜欢上这里的。

我的学校——首都师范大学附属中学

这是一所小而精致的学校，一所低调的"六小强"。对于我这样一位转校生来说，最让我感触深刻的就是这里的氛围——老师、同学不但没有排挤我，还会努力地带我融入新环境。在我刚转进来的第一天，没有人认识我的时候，我身边的同学就主动和我聊天，介绍班里的同学和学校的老师，甚至还拉着我玩了"剧本杀"——被邀请时我真的既欣喜若狂又非常感动，欣喜的是通过这次"剧本杀"，我可以和他们快速熟悉起来，从而更好地融入新班级，让我感动的是，在我的印象里，"剧本杀"一般都是非常熟的朋友才能在一起玩的，而他们居然愿意带我这样一个"陌生人"一起玩，请原谅我无法用匮乏的语言描述出我的巨大触动。此外，我们的老师也都非常认真负责。每次我拿着卷子来到办公室，老师们都会不辞辛苦地帮我分析，有时同学一多，甚至会放弃自己的午休时间。在高三，从开学到听力和口语考试前，几个月的时间里，全年级英语老师每个中午都会带着班里的同学练习朗读，几乎没有午休时间。这样的案例数不胜数。在课余活动上，我们学校有各类社团、"振兴杯"篮球赛和足球赛、"达人秀"演出等。这些对于我这样一个来自河南的学生来说，简直是不敢想象的。虽然我只在这里学习了两年，但这片校园寄托了我太多太多美好的回忆，以至于毕业后每次回母校，都会有万千留恋。留恋这里可爱的老师、相熟的同学和那段忙碌而充满欢声笑语的回忆。

班主任点评

在学习上，王韵博同学有自己独到的方法和见解。他能够敏锐地洞察知识的内在逻辑，从创新的题目外壳中看到本质的"套路"，这种能力让他在化学等学科中取得了极为出色的成绩，高考化学更是赋分满分。他的学习方法并非简单的刷题，而是注重基础知识的反复巩固和对题目的深度剖析，这种扎实的学习态度和高效的学习方法值得每一位同学学习。同时，他善于总结经验，通过与同学和老师的交流不断提升自己的解题思路，展现出极强的学习能力和自我提升意识。

在人际交往方面，王韵博同学表现得极为出色。刚到新学校时，他不仅没有表现出任何的不适应，反而迅速与同学们打成一片。在学校的"振兴杯"足球赛中，他凭借出色的球技成为最佳射手，这一成就不仅展现了他在体育方面的才能，更体现了他敏锐的洞察力和把握机会的能力。他能够迅速融入团队，与队友默契配合，这种团队精神和社交能力使他在班级中迅速获得了同学们的认可和喜爱。

王韵博同学不仅在学习和体育方面表现出色，他还积极参与学校的各类活动，展现出全面发展的优秀品质。他善于观察世界，注重自我认知的提升，这种对自我和世界的深刻理解使他在面对重大选择时能够做出更为明智的决策。他的这种综合素质和优秀品质，使他在高中阶段不仅取得了优异的成绩，更培养了他面对未来挑战的能力。

王韵博同学的高中生活是充实而有意义的。他在首师大附中这片沃土上，不仅收获了知识和能力，更收获了成长的勇气和智慧。他的经历告诉我们，适应能力和人际交往能力是通往成功的必备要素，而扎实的学习方法和敏锐的洞察力则是实现目标的重要保障。相信在未来的学习和生活中，王韵博同学将继续以这种精神为指引，不断追求卓越，书写属于自己的精彩篇章。

（何文杰）

家长心语丨发上等愿，向宽处行

得知孩子被北大录取的那一刻，激动与欣慰交织于心。很感谢首都师大附中的良好学风和氛围，非常感谢班主任何老师的关心照顾。

作为家长来说，我们属于比较"偷懒的"。在他刚上小学的时候，我们请教过身边不少人，得到的一个经验是要让孩子为他自己学习，觉得很有道理，所以在学业上整体是放养状态，主要靠他自己，家长参与度很低，做得更多的是帮助孩子构建自驱力，推动他进入一个为自己学习的循环。

首先，明确学习是自己的事。从孩子入学起，就不断向他传递一个理念：学习是为自己，不是为父母，也不是为老师，无论是为了将来自由的选择还是不选择的自由，见更大的世面，做更大的贡献，都只有靠自己的学习才能实现。从不强迫他学习，也不监督作业，而是持续引导他明白学习对个人成长的重要性。初中后孩子真正意识到学习的意义，也获得了正向反馈，逐渐产生了内驱力，进入了一个良性循环。

其次，努力帮他开阔眼界，争取让孩子找到一些大的目标。经常会讲一些当下科技的发展，聊聊儒家的修齐治平，左宗棠的"发上等愿，向宽处行"，当代也有施一公说的"大家要有大的志向，担负起中国的未来。如果你们毕业后，仅仅为自己的柴米油盐担心，仅仅关注自己的房子、车子，那是很不应该的，至少我会很伤心，很失望。"这些东西有些虚，以我们的见识也还谈不上真正的帮他践行，更多的是希望能在他成长过程中起到一个远方灯塔牵引的作用，帮助他去寻找、树立自己的人生目标和阶段目标。

最后，努力帮他找寻自己的兴趣。兴趣是最好的老师，是个人成长和发展的最大动力。从他上小学开始，就尽可能多地介绍一些课外的科技、人文历史知识，带他听了很多逻辑思维、冬吴相对论、吴军的谷歌方法论之类的节目，推动他有了很大的国内外阅读量，这算是对他好奇心和求知欲的一个持续牵引，推动他加快对自己兴趣爱好的探索。

教育是一场漫长的修行，在陪伴孩子成长的过程中，我深刻体会到，给予清晰的责任认知、远大的目标指引和对兴趣的支持，能让孩子在成长道路上走得更稳、更远。感谢一路以来老师的悉心教导和同学的帮助，也希望孩子在未来的道路上继续保持这份热爱与坚持，在北大这片沃土上绽放更加绚烂的光彩。

（王韵博家长）

我的附中故事

徐希媛

成绩情况：高一、高二年级大体排名第5—30名，高三下学期在第20名左右，高考成绩690分，北京市第354名。

成绩雷达图：

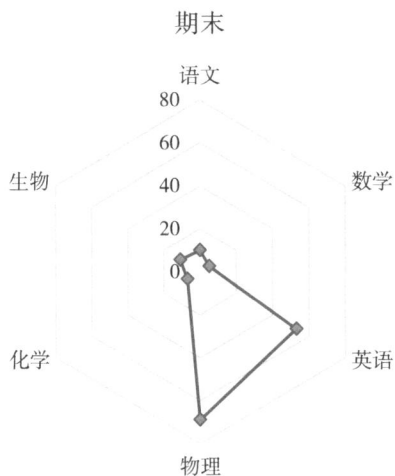

弱势科目：语文、物理

送给学弟学妹的一句话：少犹豫少内耗，多做事多思考。

最终录取院校：北京大学医学部

我的简介

我从初中开始就在首都师大附中就读；高中在成达学部 2024 届 2 班就读。由于我个人的兴趣和班型设计的条件，三年中先后担任过两个社团的社长，并多次参与组织大型社团活动。"丰富"是我个人很喜欢的一个词，我的中学六年也可以用"丰富"来概括。

小学时在班级的领先成绩使我在刚刚进入初中时沾沾自喜，然而第一次期中考试全科垫底的成绩一下将我打回原形。从那以后我就开始认真对待学习和每一次考试，成绩也自然而然地有所提升。但这也给我带来了较大的心理压力，现在回忆起来，每次考试之前我都会特别焦虑，考后出成绩的时候情绪起伏也会非常大。好在附中的生活并不完全是学习，站在成达厅舞台上的时候，我会认识到自己还有另一面，达人秀、英语歌曲大赛、红五月……那些展示自己的机会极大地增加了我的自信心，将我从现在回想起来并不繁重的学习带来的过度焦虑紧张中解脱出来。

初一的暑假，我被校舞蹈团的老师选中，和舞蹈团的同学们一起参加新中国成立七十周年庆祝大会群众游行少先队方阵的排练与演出。那是一段昼夜颠倒的日子，很辛苦，一遍遍重复的排练也有些枯燥，但当我和坦克装甲车处在一个小巷里、当我站在方阵排头，走在长安街上向天安门挥手的时候，这一切都变得意义非凡又值得回味。因为这段经历和初一相对出色的表现，我收获了首都师大附中的校级最高奖项——成德达才校长奖。

初三时我就读于成达班，因为班型缘故，我的生活变得更加丰富了。大练习时间里，星期一、三、五的学科竞赛，星期二的美育和星期四的小语种让我感到每天都过得非常充实。直到我写下这些文字的现在，化学竞赛的知识还在给我的学习带来帮助，陶艺课极大地提升了我的动手能力，而德语课则成为我和朋友之间不时提起的话题，一种陌生的有别于英语和中文的语言发音被我试着细细咀嚼，虽然时间很有限，只学了 Guten Tag 之类的皮毛，但它让我看到这世界的另一种可能。还有《红楼梦》舞台剧展演和英语课本剧展演，让从小就喜欢舞台的我得到很多站上舞台的机会。初三时我担任了动漫社的社长，初中三年，我一直负责定期运营社团公众号，这让我开始慢慢学着独立做自己更加长远的时间规划，而不只是完成手头的任务。

进入高中，在学习方面，我沿用了初三学高中数学和物理时探索出的学习方法，并取得了不错的成效。选科时我曾短暂地在生物和地理中犹豫，但努力了大半学期仍处于班级中游的地理成绩和只是按部就班就考到年级前列的生物成绩给了我答案。那时候我也没有多想哪个学科是学校的赋分优势科目，就按自己的兴趣和感觉选了生物，事后证明这个选择多半是正确的，因为越学越觉得，兴趣的确是非常好的老师。

高中的学习任务相比初中繁重不少，但初三的充实让我对此适应得还不错，而学习压力并没有磨灭我对于追求生活丰富性的热情。从高一开始，我担任了灼华汉服社的社长。灼华汉服社是附中的特色社团，指导老师有时候戏称我们是附中的"门面"之一，从开学典礼敲钟到中招宣传都少不了我们的参与。高一、高二两年的达人秀，我都承担了社团节目的总组织、总编导和主演工作，虽然作品仍很稚嫩，但从创意构思、剧本撰写，到组织排练，再到聚光灯下的舞台，这种对于创作能力、组织能力和心理素质的锻炼和它带来的成就感与幸福感是无与伦比的。汉服、昆曲、传统礼仪……我所热爱的传统文化能够因为我的努力而进一步融入同学们的校园生活，这让我感到非常满足。高二开学的时候，我身着汉服，在央视的直播镜头下敲响"赤心报国钟"，宣告学年的开始。是附中又一次给了我站在镜头前的机会。在社团活动中，我还认识了很多不同班级、不同年级的朋友，拓展了我的社交范围。

进入高三，丰富的生活交响乐中学习的主旋律渐强，习惯了多声部共进的我一下有些不适应。在最开始的一个月里，我试着把所有时间都投入学习，课上学、课间讨论、午休学、大练习做题、晚自习学……很快我发现这样的学习强度并不适合我，而只会让我变得既痛苦又低效。后来我就没有再参加晚自习，单休生活的星期天，就算区里有课也要在家放松一天，生活慢慢重回正轨。附中包容着我们的多元，我这样的学习节奏也并没有被要求一定要和大部队统一，老师们充分相信我们，尊重每一个人的自主安排。

在这样的节奏里，我的高三除了产出了一个还不错的高考成绩，还产出了一本小说，更产出了一个更加成熟的我。我更加清晰地知道自己要什么，更加冷静地避免被盲目的大流裹挟着前进，也更加淡定地面对生活的风雨。在高考出分的第二天，我就已经决定了来北医（八年制）继续求学，虽然目前的学习也存在不少困难，但我从未后悔过自己的选择。

我的经验

最终我的高考语文成绩并不是很理想，我就不多谈语文学习经验了。不过出分的时候身边有很多人都说是因为我的记叙文吃亏了，我该选议论文的。但我觉得我的选择没有错，哪怕最后的确是因为作文吃亏，记叙文写作给我带来的愉悦与轻松也是议论文无法比拟的。高三每次大考之后，老师都会在课上细细地讲大部分人选择的"四平八稳"的议论文，我们班的作文平均分也在同学们背的一段段素材里稳步提升，而我们班另一个写记叙文的同学这时候在看文言文、看古诗、看阅读，或者自习。我们没有浪费时间，而是把给作文的时间放在了别的地方。我们两个经常是记叙文范文的作者，大小模考通常有不错的作文分数，对于高考语文的写作部分心理负担很小。选择记叙文给我带来的时间与心理收益是无法估计的。分数出来后我的语文比平时低了小10分，这10分我愿赌服输。但我觉得如果我选了议论文，这10分还会低在其他科目上。我的语文经验总结下来就是，不要只盯着一个部分的分数，高考是一场全局考试，要综合考虑、做好取舍。

我的数学一直不是特别出色，但最后的成绩还不错，这应该主要归功于黄老师的狠抓基础。高考数学选择、填空题分值很大，解析导数最后结果不对可能也就扣个两三分，但一道选择题4分，一道填空题5分。前面基础题的部分一定要放慢速度仔细审题、仔细计算，其实慢下来也就差几十秒、一分钟，这时间在后面遇到不会的解析或者导数卡一下就没了，但在前面就能保证稳拿四五分，所以一定要放在前面，不要图快。我以前一直是思维跳跃的类型，大多计算是"一翻白眼"，一场考试下来草稿纸比脸干净，但黄老师再三叮嘱我们用好草稿纸，一步一步打好草稿。在放慢速度与勤加练习之后，我的计算准确度有了很大提升，基础题不错，解析、导数和创新题按部就班地把会做的步骤全写出来，达到"会做的都做对"，分数自然就上去了。整张卷子真正困难的其实最多也就四问，其他的基本盘稳住了，再加上一点好运加持，好成绩是水到渠成的。

英语分听力、口语和笔试，我的听力、口语是 49 分，一考 49 分，二考考前开始频繁流鼻血，就没考成，身边有不少人听力、口语没有满分，可最终总成绩也很好。说起来当然是分分必争，但也不用过分在意，毕竟相比数学选择、填空题，这一分的分数差实在是没什么区别。笔试部分我非常感谢 Helen 组织的学生自主讲题，起初我还嫌思维导图形式主义又拖时间，画的多了就发现耗时是因为不熟练，熟练之后能很迅速地抓到重点词句。这种抓重点的能力在高效高正确率地做 CD 篇阅读题时是非常有用的，我们全班的英语成绩也因此有了很大的提升。英语的考试时间在下午，但我个人的建议是不要一觉睡到中午，如果作息混乱，答题容易神志不清。

物理于老师给了我们班极大的自由度，整个五月都没再上课，而是组织同学们自主总结易错点，后来就直接改成自习。印象最深的内容就是"力学搭台，电学唱戏"，电学和力学牢不可分，而力学又往往挂着运动学模型，整个知识体系缺一不可。热光原的点很散，需要一遍一遍地自我梳理，很多考试题其实都在课后习题部分就藏着基础模型。我最终的物理成绩也不是特别突出，不敢说什么经验，能想到的第一点是看课本，自己总结知识点框架，第二点和数学一样，一定要写清步骤，列清算式，并标注好单位。海淀区上半学期的不定项选择实在影响人的心态，但确实很有提升效果，一模之后我曾经为单选题的善良而热泪盈眶。

化学，我又爱又恨的化学。我从初三开始担任班级化学课代表。初二暑假我提前学了一遍初三化学内容，初三又在学科竞赛课程中选择了化学竞赛，再加上我的脑子能够相对容易地记住一些偏理科的知识内容，在整个高中无机部分的第一遍学习都非常轻松。那时候我觉得化学真有趣啊！人可能总是会对自己稍微认真就能学会的知识产生兴趣。然而进入有机化学，缺乏空间想象力的我对于成环可谓一窍不通，酯缩、酯交换也让我非常痛苦，但我还是觉得自己化学不错，局部暂时的困难并不能影响全局的成功。我非常感谢这种优势积累产生的自信，它支撑着我无数次静下心来钻研有机合成题，但它有时也给我带来压力与痛苦——明明是自己擅长的学科，为什么耗费了这么多时间，却只是比班级平均成绩高一点点？我会因此有些逃避化学。进入高三之后的探究题难度明显加大，我按何老师的教导通读了全篇，了解思路之后再开始做题，能填出大部分空，可我并不因此而感到高兴，因为探究题时常会让我想到那句"有的人考一百分是因为试卷只有一百分，有的人考九十八分是因为能力只有九十八分"，我发现自己是那个九十八分，虽然看起来还是很不错的分数，但其实能力很有限。然后我就觉得学化学挺痛苦的，也不太想学了。所幸后来在几次考试接连扑在班级平均成绩线上一点点之后，没什么人觉得化学是我的优势科目了，我自己也觉得化学不是我的优势科目了，心理压力反而减小了，开始像学数理一样学化学，成绩反而有所提升。具体的学习经验我能想到的不多，但我觉得这样一个心路历程本身就是一种经验吧，我们都应该认识到这一点："优势学科并不一定一直都会是优势学科，出现问题的时候，心态一定要放平，不要逃避。"

生物是最偏文的理科，我很喜欢生物。我对它的兴趣与它和我能够"记住"理科知识的脑子的匹配让我一直都学得相对轻松。上了高三之后我们做了很多不同区、不同年份的模考题，这门最靠近前沿的学科出题总是很新很活，答案有时也出乎意料，王老师上课最常说的一句话就是"这个解释起来就比较麻烦了"。在这样的情况下，我们的生物课总是上得充满欢声笑语，上得不像是在上课。我觉得生物的确挺玄的，总结不出来什么特别具体的学习方法，不过基础知识一定要牢牢掌握。高中的课本我最喜欢生物书，这套书不仅配图好看，知识也有趣清晰，放在手边没事就翻翻，特别是最后几个月，把书看得滚瓜烂熟了就觉得基础知识题相当容易。至于实验思路题，做了那么多区县模拟，自己总结出的"套路"永远是最有效的。

还有很重要的一点是全科通用的，高一、高二的时候没事别做模拟题，会做可能还行，但思维高度没有整合到高三的程度，遇到不会的题既痛苦又浪费题。数学和物理得刷题，但更多的是要把题做透，把一道题做出三道题的效果，这样会事半功倍。

印象深刻的一件事

高三的时候，年级给我们开设了数学和物理的"强基"班，这两科在年级前列的同学可以参加，课上老师会讲高考的压轴题，或者是难度比高考略高的题目，课程安排在大练习的自习时间，一次课两个小时。我们班绝大部分同学都会去上课，我也去上过一次，混了两个小时。

印象深刻的事就是从那以后我就决定不去了。这听起来是一个很小的决定，但是我当时为了这件事纠结"内耗"了特别久。我的数学和物理并没有什么优势，去上课接触一些更高阶的看问题的方法，再回头做题肯定是有帮助的。后来做题的时候遇到不会的去请教同学，也经常会在解答之前听到对方说"这个题'强基'课上讲过"。课程是"可以"参加的，我名次够但是不去上课，虽然说起来是我的自由，但身边的人其实也不全能理解。主要是自己很难自洽，觉得上课很累，非常不想去，又担心错过很重要的方法、思路。"机会总是留给有准备的人"，这句话我从小到大听了太多次了，听得我特别害怕因为自己什么都没准备好就错过某一个机会。但那天本来就很疲惫，上完课之后大脑几乎无法进行思考，突然就运行出来一个想法，有的机会本来就不是我需要的。

我的数学物理虽不出色，但是也并不是我的"短板"，就如前文所言，因为"丰富"，因为"多元"，我一直都发展得很均衡。本身自己也没有一定要考一个特别高的目标，更不会去参加相关专业的"强基"选拔考试，"强基"课能够带给我的收益其实很有限。这又回到我之前说的，分分必争当然没错，但总要有做取舍的时候。

所以我突然一下子释然了，就不去上课了，后来周日的几次点拨也没怎么去。这种不去做多余的事已经成为我的个人风格，上次有个什么活动，我说我不去，同学说就知道你肯定不去。我个人是觉得给自己多留一点时间空间挺好的，能更从容地调整自己，面对本职的时候能更专注更有活力。当然，也不是说除本职之外的所有事一概不去做，只是把利弊权衡清楚了，觉得没必要，就不在上面浪费时间。我写这件事是因为它太能代表我了，我觉得这种观念上的成长是我在高三最大的收获。坚守自己的确不容易，总会有不理解的声音，也会因此失去一些看起来很诱人的东西，可一旦清晰了自己想要什么，就觉得内心会变得更平和、更丰盈一些。

关于附中

2024 年是首师附中 110 周年校庆，我写过一篇附中故事的散文，就把原文放在这里了。附中在我的成长中给了我一个很大的舞台，还为我注入了在舞台上起舞的力量，又在台下不断为我鼓掌喝彩，在我舞累了、舞不下去的时候用她的怀抱抚慰我，我的舞姿有她的指导，我的身上有她的聚光灯留下的温度，她最终见证着我跳上更大的舞台，跳进更广阔的天地。

构思文章的时候，我坐在从大学回家的车上，一抬头看到我的小学。今年雨水多，秋天以突如其来的寒冷击中我，但车里很暖和，让我很踏实。附中也像这样一辆车，连接着我的小学和大学，在兵荒马乱的青春期替我遮风挡雨，送我一个安心的旅途。

我想了很久到底要记录什么故事，刚过去的一年实在让我记忆过于深刻，像厚重的油彩覆盖在有些褪色的画布上，让我没办法再往以前思考。所以我决定作为献礼附中 110 周年的这批天空蓝的其中一员，记录我在附中刚刚结束的高三。

我的高三好像是非典型高三，毕竟不像很多人那样"脱层皮"。不上晚自习，偶尔请个假，在图书馆借阅各种闲书，经常上课开小差。我很幸运能在附中度过这段虽然表面上没那么辛苦，但内心确实迷茫焦虑的时间，因为它包容、温暖、"一生一策"地理解着我、允许我用自己的节奏成长。我会和朋友吃过饭后一起在操场散步，从游戏聊到加缪，从动漫聊到米兰·昆德拉，当然最多的还是聊未来。高三的我对于未来是很憧憬的，憧憬高考之后格外漫长——但其实很快就被挥霍殆尽的暑假，憧憬多姿多彩——但其实忙得脚不沾地的大学。我们会聊十年之后，二十年之后，三十年之后……你在哪儿？我在哪儿？附中？附中大概还在这里。附中成为憧憬里的锚点，连接着未来和现在，让未来变得切实，让当下变得充满期待。

我想很少有人会喜欢上学。开学的时候打开朋友圈，可谓哀嚎遍野。但很神奇的，毕业之后，大家却又纷纷怀念中学。那么纯粹、那么温馨有爱的小小一方天地，承载着多少欢笑与汗水、期许与愿望。就算是一次次令人疲惫不堪的模考，在带着滤镜的回忆里也显得没那么可怕。即使它有时候会突然提起你，然后下一刻把你远远抛出去，但这信心世界的谷底却永远有一张老师们亲手编织的柔软的网，稳稳地托住你。附中总给我触底反弹的力量，我就在这样的反复之中悄悄成长。这种关怀的力量是汇进身体和精神的，是超过就读时限的，是附中给她的学子送去的一笔永久的财富。

六年前我第一次踏入浅粉色的校园时没有想到自己居然能与这里产生这么深的羁绊，看"我生于此"时也没有想到几年之后那个看着路口红绿灯默数几十秒一抬脚就变成绿灯的人竟然也会是我自己。跟着老师二十年前的脚步在岭南饭店打了牙祭，和同学在周六的中午结伴涌入北洼路麦当劳，一个三百米的操场，四栋教学楼，一圈商铺，一个十字路口，一个自以为已经成熟的十二岁"小大人"，就在这里成长为一个深知自己还很青涩懵懂的十八岁成年人。我在附中的故事好像结束了，但阳光橙与天空蓝的印记已经打入我的骨血，附中将永远成为我的精神港湾，用她不失谦逊平和的名校底蕴伴我在未来的日子里继续成长。

班主任点评

徐希媛同学是一位兼具卓越学术能力与全面发展的优秀学子。她的中学生涯以"丰富"为底色，不仅在学业上稳扎稳打，更通过多元的社团活动与个人探索，展现了独特的成长轨迹与领袖气质。

学业扎实，方法高效。作为成达班的学子，徐希媛始终秉持"基础为王"的学习理念。面对数学与物理学科的挑战，她通过反复夯实基础、规范答题步骤，实现了从"思维跳跃"到"稳中求进"的蜕变。尤其可贵的是，她深谙"全局观"的重要性，在高考中冷静取舍，如坚持选择记叙文写作以保持心态平衡，充分体现了其理性决策的能力。她的学习历程证明，清晰的自我认知与科学的时间管理，是高效学习的核心密码。

社团领袖，传承文化。作为灼华汉服社社长，徐希媛将热爱转化为行动力。从策划达人秀节目到身着汉服敲响"赤心报国钟"，她以创意与责任感为传统文化注入青春活力。社团管理更锻炼了她的统筹能力——公众号运营、活动组织、跨年级协作，无一不彰显其独立规划与团队协作的双重素养。这些经历不仅丰富了校园文化，更塑造了她从容自信的台风与开阔的社交视野。

心态坚韧，个性鲜明。徐希媛的成长中不乏挑战：初中成绩波动时的自我重塑、有机化学的挫败与释然、"强基"课的取舍抉择……她始终以"清醒的坚持"应对压力，既不盲从"内卷"浪潮，亦不回避学科"短板"。高三阶段，她主动调整节奏，拒绝无效消耗，在保持学业质量的同时完成小说创作，展现出超越同龄人的心理韧性与生活智慧。这种"向内扎根，向外绽放"的姿态，正是附中"一生一策"育人理念的最佳诠释。

徐希媛同学如同一株向阳生长的树苗，既深扎知识的土壤，又舒展兴趣的枝叶。她的故事印证了"教育是点燃火焰而非填满容器"的真谛。作为班主任，我期待她在北大医学部的征程中，继续以理性与热忱书写人生的丰富篇章，让传统文化的芬芳与科学探索的光芒交相辉映。

（何文杰）

家长心语 | 相信孩子，祝福孩子
——写在孩子高中毕业之后

和绝大多数的家长一样，我和徐希媛爸爸都不是毕业于北京大学或清华大学的。我们也从来没有想过要以考上北大/清华为目标来培养孩子。而和天下所有的家长一样，我们都希望尽自己所能，为孩子铺好通往幸福人生的道路。

性格使然，我是一个焦虑和有些控制欲的母亲。从女儿小时候的衣食住行，到上了中学之后的学习和成长，我都曾经自信我的人生经验和阅历能为她遮风挡雨，让她少走弯路，少吃苦头。然而，随着孩子逐渐进入青春期，小时候乖巧开朗的她变得喜怒无常，不知道因为一点点什么小事就会火冒三丈，在家里冲我们大哭大闹，从而引发我的暴怒和对她的责备，进一步加剧事态的严重性。经历了几次这样的大战之后，我们全家都身心俱疲，烦恼不已。

特别庆幸的是，徐希媛在学校遇到了很多好老师，特别是她从初三到高三的班主任（也是她们班的化学老师）何文杰老师。何老师是北京市市级"化学学科特级教师"和"优秀班主任"，有着极为丰富的教学与育人经验，风趣幽默，沉稳包容，细致耐心。除了每学期会亲自做电话家访之外，他还时刻关注着班上每个学生的学习和情绪状态，并及时给予针对性的指导。在观察到徐希媛的听课状态和情绪波动后，何老师给我打来电话，了解原因。我清楚地记得，在认真和耐心地听了我的"大倒苦水"之后，电话那头的何老师笑着说，"希媛妈妈，那我知道了。你放轻松。这个年纪的孩子，这样都很正常。希媛是个很有上进心、很自律的孩子。她有她自己的节奏。咱们要相信孩子。"

"相信孩子"，这句话击中了我。扪心自问，虽然我常常说相信她，但我的行动却并不如此。我常常批评她又玩手机，怎么还不做该做的事（看书学习），而且还会自以为是地命令她应该如何如何，等等。所以后来我和徐希媛进行了一次双方都心平气和的诚恳交流。果然，她说，"妈妈，我知道你说的、做的都是为了我好，但是你觉得好的不一定适合我！我有我自己的计划和安排。你要相信我！"从那以后，我开始学着放手让她安排自己的一切。我不再碎碎念，不再催促她，也不再试图拿我的阅历去影响她。关于她的一切（甚至高考后的志愿填报），都由她自己决定，我们就只是她的"后勤保障部"和"情绪垃圾桶"。

黎巴嫩诗人纪伯伦曾写道，孩子们的灵魂属于明天，属于家长们做梦也无法到达的明天。在电影《哪吒2》的最后，龙王敖光也对儿子敖丙说，"现在看来，父辈的经验毕竟是过往，未必全对，你的路还需你去闯。"回顾女儿在首都师大附中六年的中学生活，我想，相信孩子，祝福孩子，也许就是我们家长一定能做和可以做好的。

（徐希媛家长）

经纬之间，答案在路上

尹晗越

成绩情况：高一、高二年级大体排名第 30—80 名，高三第 40—60 名，高考成绩 690 分，北京市第 328—354 名。

成绩雷达图：

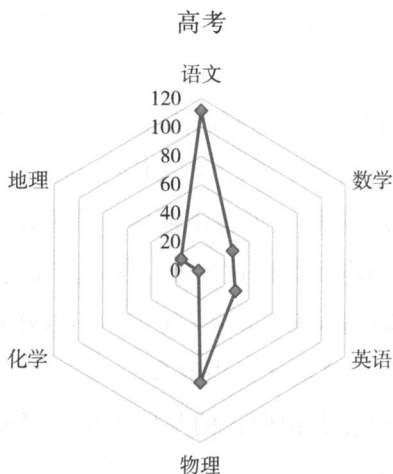

弱势科目：物理、化学

送给学弟学妹的一句话：每个人终会走出一条属于自己的路。

最终录取院校：清华大学经管学院

我的简介

我是尹晗越，2021届阳光橙；2024届天空蓝。目前就读于清华大学经管学院，专业为经济金融与管理类。高考分数690分，选科物化地。无竞赛、"强基"经验，纯高考选手。

我的经验

一、学习方法

高三一年说长很长，说短也很短。我认为最重要的是，相信自己，减少用他人的经验怀疑自己的学习方法和能力的时间。所谓好学生的成功经历，都只是自己走过的路，可供参考，但无法复制。

所谓学习方法，在高中三年都会听很多讲座，也相信到了高三每个人会形成自己对每一学科的特定的学习习惯。

以我为例，语文与英语两科基本不记笔记。（1）写作类（大小作文，阅读表达）分为素材和句式两个方面整理，素材细分不同领域（如科技、文化、社会热点），内容以学校提供材料为主（补充：对于程度比较好的学生，在高三将发的所有学习材料吃透已经是不小的任务量，请视自己需要进行取舍与课外补充）；（2）素材积累建议越早开始越好，一定要形成自己的素材库并分类，建议使用电子版以便删改；（3）客观题可自行整理答题技巧，但我在该方面花费的时间并不多；（4）练字，不以好看但以清晰易识别为标准，同时要在练字和提速之间作适当取舍。

关于地理，近些年在背记模板的基础上更多考察灵活应用，相似题型答案可能完全不同。因此，首先，模板还是要背，并且牢记；其次，要因题而异具体分析，更多的不是记住答案，而是记住由什么题干推出了答案，为什么要这么写的逻辑过程；第三，注意精准表述，对于主观题，判断答案切忌自己认为相似所以正确。我也曾订购过《中国国家地理》杂志，可拓展知识面和激发地理兴趣，但是不建议高三再阅读（时间不够，性价比较低）。

关于数理化，其实是我自己比较挣扎的三门学科，在此不详述。还是在掌握基础知识后多见题型，并归纳总结。重要的不是刷题，而是做完每一道题后的总结整理。还要提的一点是，关于弱势学科一定不要丧失信心。在高三选科非必要不更改的情况下，相信自己可以学会，是一切的基础。一个小方法是把弱势学科提到每天任务的第一项完成，往往能提供比较充足的时间并消磨一点抵触情绪。

还想分享的一点是考后归纳总结不要局限于错误的题目上，要综合回顾整场考试的全部影响因素，甚至早饭没吃好，刘海挡眼睛了都可以（提示你下次吃好早饭，考前几天不要剪头发）。

同时，慎重将原因归纳为失误。如数字抄错了、丢了符号、字写错了，等等。所谓粗心的错误，所谓"不该丢的分"，每个人每场考试都会有，但是有时候不要把粗心当成失误的借口，在考场上第一直觉没有反应过来，就是能力不行的体现。

然后是一些非常个人的习惯，分享仅供参考。高三也试过番茄钟等各种模式，最终学习时手机是直接锁机＋开白名单（可用微信但不能用浏览器）。作为一个 mbti 中 90% 的 J 人，考前会制订非常详细的计划表，排出未来四天的具体安排（具体到 ×× 页—×× 页笔记，用时）。本人高三未参加晚自习，但自认为自律性较强，容易受干扰的同学上晚自习也是不错的选择。

保持平静的心态是最后一点，详见后文，希望与各位共勉。

二、选科建议

选科通常不建议在高二、高三再做更改。

1. 对于成绩或兴趣有明显偏好的同学，当然建议遵从内心，不用过于考虑选科的专业限制问题。身边的清华同学中也有几位史政生等不太常见选科组合的朋友，最后也发挥得很好。

2. 对于各科成绩差不多，且没有明显个人偏好的同学（比如我），先考虑选科对未来选专业的限制问题，网上对于前几年各专业组选科限制有详细的数据，并且每年都会有变动，请仔细关注当届的招生政策。例如，我们是物化捆绑的第一届，考完后，身边有只选物理没选化学的朋友在选专业时的被动局面就比较明显，受限情况甚至几乎等同于纯文或不限组。因此本届在 20 种选科组合里集中于物化 +x 和纯文的 5 种。

3. 对未来专业还没有细致考虑时，一个容易被忽视的因素是学校在各科的师资力量。可以和自己学校的老师或学长学姐多询问，查询往年各科的高考赋分情况。很少有文理水平相当的学校，大部分还是会侧重于其中一方。也要了解学校在实验班划分、师资力量匹配方面对于不同选科的不同政策，综合考量。

4. 个人对该科目未来的预期。这与目前的学习兴趣并不相同。我当时确定了物化组合，但生物和地理成绩相当（甚至有时候生物成绩还会更好一点，有时候也觉得如果完全不考虑选专业因素而只考虑兴趣，我的 6 选 3 中生物和地理都在）。当时也考量了各种因素，也考虑到纯理组合更为传统，知识的关联性更强。但最后选择地理的原因很简单，因为我自认为不是特别偏理的类型，对于选生物有自信，但对于选物化生组合并没有自信。且看往届数据学校在地理上的赋分相对更好，因此选了文科中偏理的地理。

最后是一点关于选科的题外话。这三年，会有很多人告诉你们，要尽早明晰目标大学、专业方向。当然有目标是很好的事，身边也有从几年前就确定了志向梦想，一直以此为目标努力的朋友，最后大都得偿所愿。如果有时间，要开始思考自己对于人生和未来的规划。但我想跟那些目前很迷茫的学弟学妹们说，大部分人对未来从事的专业方向都是模糊的。有目标很好，没有目标也可以，但不要因为没有目标而焦虑。还是那句话，他人的经验只供参考，你会走出属于自己的路。（来自一个整个三年直到 2024 年 6 月 10 日都没有目标大学，没有预期专业，甚至没有预期过自己市排名能有多少的人的经验）

三、学习"避坑"指南

回过头来看，不知道自己在高中走的路中，哪些算弯路。每一步都算数，有些"坑"要自己去踩，在爬出来的过程中也会有收获。因此不在此部分赘述，祝各位都不"踩坑"，也都有跌倒后从头再来的勇气。

高三印象深刻的一件事

高三一年，从 2023 年 8 月 14 日开学测考试，到 2024 年 6 月 10 日正式结束，事情很多。尤其是下半学期，常常有被推着走的感觉，转眼一模，一个月后二模，再到三模，就上考场了。时隔半年再回想，不想说释怀，因为毕竟我的高三也没那么痛苦。

再回忆时印象更深刻的，往往不是做不出来的题，起起伏伏的成绩单到底是第几名。而是在开学测考试那几天，临时写了个书法条幅，在高三入境仪式时大家爬长城签名。每周六的补课，溜出学校去吃附近的麦当劳。高三不只有试卷和成绩单，还有跑操和体测，和逃跑操去下"五子棋"。有试卷和友谊，在课间和朋友们跑到顶楼，在满是愿望和期许的墙上写下自己的一笔。有安静的、所有人能同一时间趴下的午休，有晚自习前窗外最好看的晚霞，和一起看晚霞的战友们、挚友们。

不要让自己只限于眼前的成绩。这句话说起来很简单，但确实在这一年做起来很难。希望学弟学妹们，在这一年不要为努力而羞耻，也不要忙到只剩努力。

好像话题扯得有点远，一定要说高三印象最深刻的一件事的话，首师附有一个传统，叫"高三加油"仪式。高考前几天会利用升旗仪式的时间作动员，全校其他年级为高三加油。可能确实因为在这所学校待了六年，初一第一次喊时，刚经历了兵荒马乱的小升初，懵懵懂懂。中间也有疫情，大家分词录制加油视频，也有在操场上看着条幅从教学楼顶展下，看着气球放飞在天上。真的到了自己作为高三毕业生，听学弟学妹们从四面八方喊加油的那一刻，会回想起很多东西。想着六年前还没有三食堂，教学楼和操场还不是这个颜色，旁边的楼从无到有越盖越高，终于快要完工了。我们也反反复复，曲曲折折，突然就走过了六年，走到现在。

那一刻是复习那段时间中头一次很清晰的感觉，我高三了，我要高考了，我准备好了。

说到心态调整，我再多说两句。请大家明晰，高考考察的不仅是你当下的知识水平，还有能力。这个能力包括你的细心程度，如何应对突发挑战，备考心态等等。甚至到了考前最后 24 个小时和整个考试期间，心态的影响有时会大于知识水平。

比如你要在考前适当地让自己兴奋起来，太紧张和太放松都不是良好的状态。而无论经过多少次模拟，高考都会是你理论上最紧张的一次考试。要在之前的无数次考试中学会怎么调动和调整自己的心态。我的个人习惯是进考场会趴着休息一会儿，闭上眼睛感受自己的呼吸，其实情绪紧张起来后不太能睡着，但是比起坐着等待会稍微缓解些紧张焦虑。且极其不建议在此时再复习知识点，因为能想起来的发卷后仍然能想起来，想不起来的也无法再查看，只能增加焦虑。还记得高考第一天第一科考语文前，下了很大的雨（好像每一年高考总会赶上一场雨），在某个考点前有个考生很大声地在朗诵："竹杖芒鞋轻胜马，谁怕，一蓑烟雨任平生。"这是他的调整方式。

其次就是要有应对突发挑战的准备。比如我在模考时，也遇到过周围同学发出的声响大到影响我集中注意力的情况。比如在过去无数次考试中都遵循"考一科忘一科"的原则，不对答案，与同学聊天时大家说不对答案也都会很默契地停止。但事实是到真正高考时，我考完语文后，在第二科数学的候考室里，就听到了四五道语文选择题的答案。

最后是整个一年的学习过程中要适时调整心态，比如最后阶段，我有时会将红笔改错换成蓝笔，因为满篇的蓝字比红字看着稍微愉快一点。

所以，关于心态如何建设、如何应对、如何调整，也是高三很重要的一环，而且比起知识，会在未来的人生中留下更深的影响。

关于学校

不知道为什么，北京的中学似乎都喜欢自称附中。我在清华入学体检时，被医生发现是北京人，她还问我是不是附中的。我愣了一下才说，是首都师大附中，不是清华附。

关于学校，再评价一下，首先是学校的教学体系，自认为经过这六年完整的培养模式，还是较为清晰、质量较高的。从入学分班，到初一、初二一次次考试筛选，到初三提供初高衔接和竞赛课程，到高一、高二分选科分层教学，到高三年级组对各时间节点的把握，根据学生成绩分析调整教学目标。我想跟学弟学妹们说，请充分信任学校。以在读生的身份而言，你们和学校是荣辱与共的。

其次，关于老师。我在首师附这六年遇到的每一位老师都很认真负责。所以，请放心地 reach out for help。

最后，是学校与学习之外的其他课程和设施。学校的社团、讲座和自主选修课（小语种等）还是非常给力的，老师们也都很专业。每年会开展很多活动，初一、初二的博识课、高一、高二的研学、初三的毕业旅行及几乎每年都有的春之声冬之韵、语文英语自编自导自演自道具自舞美自灯光的舞台剧、运动会心理季，还有近年来新出现的美食节、数学节等等，活动频率并不低。硬件设施配备了一个学校应有的基本设施，且每年也在不断改进。

每个人在学生时代都或多或少"骂过"或"抱怨过"自己的中学。我们也曾在走过银杏树下的时候，说食堂哪个哪个饭不好吃，该是"六小强"里校园面积最小的学校了（当然现在扩建了，虽然我们这届没有享受新校园的机会了，但学弟学妹们，环境会越来越好），前面已经说了很多这六年我与附中创造的回忆。总结一句话就是：

如果回到六年前，我不后悔选择这里。

班主任点评

尹晗越同学看似文弱，实则内心坚韧，如蒲柳之姿，根深蒂固。在高三的征途中，她始终以温和平静的姿态面对挑战，却有令人惊叹的大能量。她曾用隶书写下"风雨兼程"四字，笔力遒劲，仿佛诉说着她对高三的态度——无畏风雨，坚定前行，这也成为激励同学们的精神力量。

在学习上，她有自己独特的节奏和方法，不盲目跟随他人，而是坚信自己的步伐，这种沉稳和自信，让她在知识的海洋中稳步前行。面对数理化的挑战，她虽有挣扎，却从未言弃，用坚持和努力书写着属于自己的辉煌。

她对学校和老师充满信任，积极参与校园活动，用行动诠释着对校园生活的热爱。在高三的忙碌中，她依然保持对生活的热爱和对未来的憧憬，这种积极向上的态度感染着身边的每一个人。

尹晗越同学用实际行动证明了什么是坚韧不拔，什么是积极向上。愿你在未来的道路上，继续带着这份平静与坚韧，风雨兼程，勇往直前，书写属于自己的精彩篇章。

（何文杰）

家长心语 | 尊重与陪伴

时光荏苒，转眼间孩子已从首都师大附中迈入清华大学，开启了从青少年到成年的人生新篇章。作为父母，我们感到无比骄傲与欣慰。回首在首都师大附中的六年时光，我们深知，今天的成绩离不开孩子多年来的坚持与努力，也离不开老师们的辛勤培育与悉心教导，更离不开一群志同道合、积极向上的同学们的陪伴与激励。

在首都师大附中的日子里，孩子们不仅收获了扎实的知识，更培养了良好的学习习惯、独立思考的能力和团队合作的精神。这些宝贵的品质将成为一生的财富，在未来的人生道路上走得更稳、更远。

回顾孩子的中学阶段，我们作为家长在学业上的参与其实非常有限。一方面，现代知识体系已远超我们的认知范围；另一方面，学校有科学的教学计划和节奏，过多的干预反而会影响学习效果。总结起来，我们认为，家长尤其是高中阶段家长最应关注的就是两个词：尊重与陪伴。

1. 尊重孩子的独立性，培养自驱力

高中阶段的孩子正处于青春期，他们渴望独立，希望自己做决定。作为家长，我们要学会放手，尊重他们的想法与选择，只在必要时给予适当的引导。从小我们就告诉孩子"自己的事情自己做"，而在高中阶段，这种自律性尤为重要。让孩子学会为自己负责，管理好自己的时间，避免沉迷于手机或游戏，这是他们未来成长的关键。

2. 营造温馨和睦的家庭环境，做好后勤保障

我们努力保持家的干净整洁，营造安静和谐的氛围，让孩子在忙碌的学习之余能有一个放松身心的空间。我们还研究厨艺，精心准备营养丰富的早晚餐，确保孩子营养均衡，去应对学习的挑战。与此同时，我们注重沟通，愿意做一个"朋友式"的家长，多倾听、少说教，让孩子感受到家的温暖与支持。

3. 做一个情绪稳定的支持者，静待花开

每个孩子都有自己的成长节奏。作为家长，我们努力保持情绪稳定，不焦虑、不急躁，始终相信孩子的潜力。我们深知，成长需要时间和空间，而孩子终将在属于自己的节奏中绽放光彩。

4. 用爱与耐心陪伴孩子走过高中时光

高中三年是孩子成长的重要阶段，也是家长不断学习与调整的过程。让我们用爱与耐心陪伴孩子，和他们一起走过这段充满挑战却充满希望的时光。

最后，愿所有的孩子都能在高中三年中收获成长，实现自己的梦想！愿每一位家长都能在陪伴中找到与孩子共同成长的幸福与满足！

（尹晗越家长）

Aim high，Give it all

余东格

成绩情况：高一、高二年级排名在第20—60名；高三上学期为15名左右，高三下学期下降至第30—60名，高考成绩688分，年级第19名，北京市第384名。

成绩雷达图：

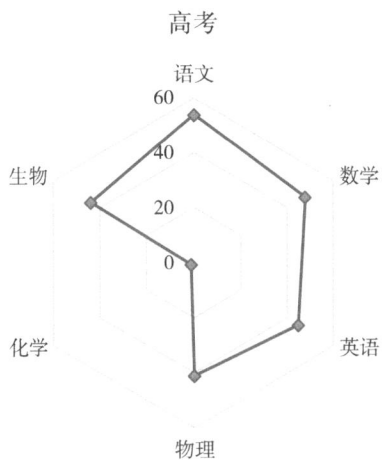

弱势科目：语文、生物

送给学弟学妹的一句话：独行快，众行远

最终录取院校：北京大学经济学院

我的简介

我是 2024 届成达部 2 班的余东格，选科组合为物理、化学和生物，高考取得了 688 分的成绩，现就读于北京大学经济学院。

或许在很多同学眼中，能考入清北的都是那种成绩稳居前列、被称为"稳清北"的超级"大佬"，但其实在成达部 2 班，我就是一个不折不扣的"中等生"。高三期间的四次大考，我的成绩在年级 10—60 名之间大幅波动，甚至呈现逐步下降的态势。正因如此，我特别想把自己的经历和心得分享给那些同样成绩不稳定、忽上忽下的"中等生"们，我想告诉你们：一定要相信自己！因为你们同样拥有冲击"清北"的独特优势，不要轻易放弃自己的梦想！

高考心得

首先，我想先从标题"Aim high, Give it all"这句话谈起。它有着一段饶有趣味的来历，源自我们高三时攀登长城的"入境活动"。当时，英语老师给大家布置了一个小任务：每个人挑选一句最能激励自己的话，在长城顶上，向着未来的自己大声呼喊！"志存高远、拼尽全力"，这句话仿佛是从我的心底流淌而出的。在高三这个至关重要的人生岔路口，我渴望挑战自我，为了心中的梦想全力以赴、毫无保留。

这便是我要分享给大家的第一个秘籍——信念。当你疲惫不堪地趴在课桌上，当你面对并不理想的平时成绩，当周围没有人相信你能够成功时，唯有你内心深处对自己的信念，才能够支撑你无畏他人的眼光，赋予你一直前进的勇气。要知道，在这场人生的角逐中，胜负尚未尘埃落定，你我都有可能成为那匹脱颖而出的"黑马"。

其次，我想谈谈环境，包括学习环境、社交环境，甚至是你所处的"小团体"。高考结束后，我惊讶地发现，以我为中心的"3×3 方阵"里，竟然有七人上岸"清北"！！我们这一届的状元也正是我的同桌。这或许只是个巧合，但不可否认，身边这八位同学对我的学习产生了巨大的激励作用。我们常常比着学、赶着学，同时又毫无保留地分享交流学习收获，在相互答疑中深化对题目的理解，补充新解法，拓展新思路。

最让我印象深刻的是每次语文考试后与同桌之间的作文讨论，你对题目概念、关系是怎么解释的，我的立意点在哪里，他的分论点有什么新颖的角度，辩证是不是足够深刻……甚至在一些玩笑与吐槽中，我们的逻辑思维和个人见解都得到了提升，这些也都体现在下一次的写作中。所以，在众多微环境里，将 peer pressure 转化为自身动力，营造良好的学习氛围，这一点至关重要！

第三，说说"运动"这件事儿。俗话说，"健康的身体是革命的本钱"，这句话在高三时对我来说有了更深的体会。高三这一年，时间紧迫，每分每秒都在全力冲刺，这对同学们的精神和身体都是巨大的挑战。我见过有的同学因病在家休养，一个月都无法回校上课；也见过有些同学小病不断，完整的学习时间被切成碎片。从老师关切的目光和生病同学的无奈中，我深深意识到健康的重要性。

我在班里一直是运动健将，多次在运动会上获奖，还带领班级在"振兴杯"篮球赛中夺冠，高一到高二的每天下午我都会和同学们在球场上尽情挥洒汗水。那时，操场西侧还没有建新楼，打完球后，我们一起欣赏夕阳西下和绚丽的晚霞，内心从激情澎湃到慢慢恢复平静，疲惫和烦恼也都烟消云散了。那是我高中时光里最美好、最纯粹的记忆。这些运动经历为我的学习打下了坚实的身体基础，整个高三我都精力充沛，从未被疾病困扰。正因如此，我才能在完整的学习时间里全力以赴追逐梦想。

所以，我给大家的建议是：高一、高二时，就要有意识地培养自己的运动习惯。即使到了高三，学业压力大，也要抽出时间锻炼身体。别把每天下午的跑操当成负担，哪怕下楼呼吸几口新鲜空气、跳跳绳也很有好处。就像我们班主任何老师常说的："这几分钟可省不得，用这点时间也学不了多少知识，没必要把自己关在屋里自我感动。"

有些同学可能觉得运动和学习是矛盾的，其实并非如此。热爱运动不能成为学习不好的借口，二者完全可以相互促进。合理安排运动时间，不仅能强身健体，还是缓解情绪、释放压力的秘籍。它能让我们的身体充满活力，保持平和的心态，从而提高学习效率。

学习经验分享

以上谈及了诸多除学习之外的却与学习密切相关的心得，接下来则是我在学习方面的经验分享。

一、选科建议

北京高考采用"3+3"选科模式，考生除三门主科之外，还需从6门副科里任选三门。我是一名理科生，所以对于纯文科组合（历史、地理、政治）就不多做讨论了。目前，北京高校招生标准中，部分专业要求必须同时选考物理和化学。这就意味着，理科生基本都得选物理和化学，退一步说，至少也要选物理。否则，填报志愿时就只能选择不限选科要求的专业组，基本与所有理工科专业失之交臂。既然物理和化学基本是必选项，那么关键就在于如何选择最后一门副科。接下来，我为大家提供几个选科时可供参考的因素，方便大家综合考虑后做出决定。

第一，参考自己在其余科目（生物、地理、历史、政治）中的相对名次。可以依据中考成绩以及高一全年的学习成绩来判断，高一的学习成绩在一定程度上能够反映后续的学习成效。

第二，结合自己对其余科目的兴趣，以及对大学某些专业的兴趣。以我为例，我当时对生物兴趣浓厚，期望大学能进入脑科学相关专业，所以最后一门选了生物。对于那些希望在大学深入研究生命科学、心理学等学科的同学，可以考虑选择生物；对国际关系、政府管理、法律感兴趣的同学，不妨考虑政治和历史；而对地球与空间科学、环境等专业感兴趣的同学，则可以考虑地理。

第三，关注选科本身的难度。虽然我对历史、地理、政治的难度了解有限，但想特别提醒打算选生物的同学，务必慎重考虑。一方面，生物知识量极为庞大，高考又在大量知识的基础上设置创新情境，考试难度不容小飒。另一方面，选择生物的考生中不乏众多"清北"水平的学霸，在赋分制下，相当于与全市最顶尖的学生竞争。

第四，现在很少有专业要求必选生物（一般是物化捆绑），对于有意向报考生物相关专业的同学而言，高考结束后的暑假，甚至进入大学之后突击补充知识，毕竟选择生物先影响的是高考成绩，没有理想的高考分数，后续的专业选择以及冲击优质院校都会成为泡影。

最后，无论最终选定哪几门科目作为高考的副科，都必然需要同学们全力以赴。值得一提的是，首都师大附中在高二时会为同学们提供转换选科的机会，这无疑是一次宝贵的二次选择机会。所以，大家不必过于担忧选科的问题，可以根据自身的实际情况，审慎做出最适合自己的选择。

二、科学训练

对于高考来说，科学化的训练是我最想着重强调的。所谓科学化训练，就是运用科学的方法，最大程度降低高考发挥时的失误概率。在接下来的经验分享中，我会全方位渗透这一理念。

首先，高考想要取胜，第一要义便是均衡发展，绝不能偏科。

班主任何老师常常用木桶来比喻我们最终的考试结果，倘若有一块木板很短，整个木桶就会漏水，这就是大家熟知的"木桶效应"。在高三的前几次模拟考试中，海淀的卷子可能难度较大，分数普遍偏低，但同学们仍有可能获得不错的区排名。这就容易让一些偏科的同学产生错觉，误以为弱势学科可以被优势学科弥补。然而，现实十分残酷，高考时，你的优势学科可能并不会比"清北"录取的学生正常发挥时高出许多，可偏科却可能导致十几分的差距。所以，你必须先在弱势科目上狠下功夫，至少提升到平均水平，之后再考虑如何进一步提高优势学科的成绩。

纵观历年"清北"的录取分数线，基本都在 683 分以上，这就意味着分数的容错率极低。对于主科，客观题的扣分要严格控制；对于副科，则必须超越其他同学，争取更高的排名。以我自己为例，高三一模时，我的生物赋分仅 79 分，直接将其他五门学科的优势削弱。于是，我后来着重弥补生物学科的知识漏洞，进而实现均衡进步。解决了补漏问题后，在剩下的备考时间里，采取的策略是六科均衡分配精力，全力冲刺。所谓均衡，并不是指均等，而是在后续时间里，不能因为对某一科过度自信就放弃相关练习，六科都要持续保持练习，维持手感，这样在考场上才不会感到生疏和慌乱。

其次，建议多在语文和英语这两科上投入精力。

对于理科生而言，文科科目才是真正拉开顶尖学生差距的关键战场。由于理科思维难以直接迁移到语文和英语的学习中，这就容易导致在这两科上出现偏科现象。尤其是语文和英语的写作等主观题部分，对理科思维构成了较大挑战。好在语文议论文并不追求华丽的辞藻，而是着重强调论证逻辑。所以，如何将语文作文"公式化""套路化"也是一种能力。比如，文章可划分为开头、解释句、分论点（包含例子和总结）、辩证和总结等部分。当然，仅仅了解这样的结构划分只是作文的基础，更重要的是把握段与段之间、句与句之间的逻辑关系。这里只是给大家提供一个思路，即总结出一套适合自己、以不变应万变的方法，让理科的理性思维与文科的主观性思维相互交织、相互补充，而非相互排斥。

最后，在学习方法方面，我最想强调的是总结与刷题的合理安排。

这两者并不冲突，只是在学习时间中所占的比例有所不同。有些同学刷题时间占比较大，属于刷题型，通过大量刷题来摸索解题感觉，提高熟练度。如果全科都采用这种方法，也完全可行，并且在高考中同样能取得高分。比如我们班的"刷题大王"汤汤，现在就在清华大学计算机系就读。同时，某些科目确实必须进行刷题，像物理的压轴题（强烈推荐首师附于万堂老师自编的压轴题整理），还有数学的导数、解析几何以及最后的压轴大题。

不过，我更想分享一下我常用的总结法。这种方法是在有限的题目（主要是真题）中，探寻出题老师的考查方向，甚至是出题套路。从高三上学期的期中考试开始，我就采用了这个方法。具体做法是，找出该次大考每一科近三年的真题，对比三年来的每一个题型、考点，以及自己错题的考查类型。之后你可能会惊喜地发现，物理的前五道题常有机械波的考点，第八题或第九题通常考查动量，压轴题一般侧重于对模型的理解（具体题号可能记得不太准确，大家可以自行验证）；英语一定会有关于作者意图、段落主旨判断的题目，这几个题的选项中总会出现"summarize""conclusion""idea""analyze"等词汇；语文诗歌赏析必定涉及环境、人物、描写，古文类型基本分为议论文、人物传记以及相应的题型等等。把这些相似点记录下来，对考点进行分类归纳，总结同类题目的出题规律和解题规律，然后再有针对性地刷一些与错题相关的练习题。若能做到这一步，基本上就掌握模考和高考的出题规律了。

三、考试范式

考试范式能帮助考生获得较为稳定的考场表现。每个人都有自己独特的一套考试范式，并无绝对的优劣之分，关键在于找到最适合自己、让自己感觉最舒适的范式，并将其固定下来。

对于每一科考试，考前一天、考前一小时、发卷开考前五分钟分别该做什么，考试的作答顺序、做题审题流程，以及考试结束前五分钟要做什么，都要做到心中有数，并且在多次考试中保持稳定规范。

还是以英语考试为例，考前一小时，我通常会复习一下积累的作文素材，不同类型信件的常见写作套路，以及阅读题的常见题型等；发卷后的五分钟，我会简要浏览作文题目并阅读 C 篇；开考后，我一般先从阅读部分做起，做完 C 篇后，再按照正常顺序从完形填空开始作答，这样做是为了将难度较大的 C、D 篇阅读分隔开，让大脑有一个缓冲调整的时间。在考试的最后五分钟，我会检查作文的语法和拼写错误，以及最重要的——填涂卡问题。强烈建议同学们不要节省这两分钟，一定要对照答案和题号检查填涂情况，包括选择题和填空题——这可是一个一模、二模英语都涂错卡的考生的深刻教训。

当然，我举这个例子并非让大家照搬我的复习或做题顺序，不同科目也自然有不同的范式和习惯。真正理解考试范式的内涵，找到一套稳定且让自己舒适的备考和考试模式，让考试流程经过训练后规范下来，才是关键所在。

心态分享

最后，我想专门聊聊"中等生"所具备的独特优势。

其一，心理优势显著。

上大学之后，我通过与高中时期的学霸们交流，惊讶地发现他们高三时承受的心理压力远超我的想象，有些人甚至焦虑到影响正常生活。由于他们一直以来成绩稳定且优异，早在高三就被贴上了"稳上清北"的标签。如今回头看，这标签固然是一种鞭策与肯定，却也带来了巨大的心理压力。他们不仅要满足自身的高期望，还要达到家长和老师的殷切期待，成绩稍有波动，就可能给这些优秀同学带来沉重打击。

而"中等生"的情况截然不同。我们同样被老师寄予厚望，却不在压力的核心地带。考得好会收获鼓励；考得一般也被视为正常发挥。如此一来，我们的心理负担便减轻了许多，无须过分在意外界对自己的评价，能够心无旁骛地专注于学习。

其二，成绩的波动性实则暗藏优势。

或许有同学会疑惑，成绩波动难道不是学习不扎实的体现吗，怎么会成为优势呢？在我看来，成绩波动是再正常不过的现象。前一次考试没考好，反而为下一次大考的备考提供了更丰富的错误样本，让我们能更精准地查漏补缺。同时，心态上也会更加紧张和踏实，多种因素综合作用，通常能使下一次考试成绩有所提升。反之，上一次考试发挥出色后，一方面，暴露出来的错误较少，难以明确具体的复习方向；另一方面，心态上难免会沾沾自喜、滋生浮躁情绪，这往往导致下一次考试发挥欠佳。而且，成绩的低谷通常出现在月考这类小型考试中，大考时我们反倒能发挥得较为出色。

实际上，成绩波动带来的失误是一份珍贵的礼物。这些在低谷时期犯下的错误，为我们总结问题、持续提升自我奠定了良好基础，让我们在复习时有大量的错题可供整理，时刻提醒自己避免再犯。同学们，高考是一场决定命运的关键考核，正确看待成绩波动，不必给自己施加过大压力。

只要经过科学的训练与充分的备考，你们必定能够在高考中发挥出应有的水平，取得优异成绩！

高三最难忘的一件事

当写到这部分时，我下意识地打开了手机相册，本想从那些定格的画面里找寻高三的回忆。然而，映入眼帘的是密密麻麻的五百多张照片，全是题目、课件和成绩条。仔细回想，"规律"确实是高三这一年的关键词。每一天的生活简单而规律，几乎没有什么波澜，平淡的日子让这段时光在记忆里变得有些模糊，很难确切地指出某件事令人印象深刻。如果非要选一件，那大概是高三上学期期中考试后参加的区前五百名培训会。

高二的时候，我的成绩一直不温不火，常在年级四十名左右徘徊。但高三上学期的第一次大考，我竟意外地闯进了区前二百名。现在想来，如果没有这次成绩上的突破，"清北"对于我而言，或许真的遥不可及。当我踏入培训会场时，内心满是荣幸与激动。看着前排身着红色校服和紫色校服的同学，我的心里既羡慕，又满是钦佩。那一刻，我感觉与"清北"级别的学霸们的距离一下子拉近了，现场那种强大的气场深深感染了我，心中涌起一股强烈的雄心与豪气，我也渴望冲击那座最高学府！

如今回忆起来，那次培训会其实并没有太多实质性的内容。毕竟，就算是全区最厉害的老师，也很难在短短两个小时内把一门学科讲得多么透彻。而且，那两天的培训还占用了我周末的休息时间，导致我后续月考的节奏被彻底打乱。所以，对于没能参加的同学来说，参不参加这次培训会真的无关紧要，并不会因此而错过什么关键知识。但对于有幸参会的同学而言，这无疑是一次对信心的极大鼓舞。正所谓近朱者赤，置身于众多学霸之中，自然而然会产生一种"谁与争锋"的气势。这种冲劲就像"一鼓作气"，让我在高三的巨大压力下，依然奋力朝着更高的目标冲刺。

之前我提到，同学们需要有信念，要相信自己。尤其是对于所谓的"普通生"来说，如何树立冲击"清北"的信念至关重要。如果没有现实的契机让自己触摸到"清北"的门槛，很容易就会把考"清北"当成不切实际的幻想，从而无法坚定这份信念。而那次大考的胜利，让我真切地感受到自己触碰到了那片曾经遥不可及的天空，第一次萌生了冲击"清北"的想法。此后，哪怕成绩有所下滑，我也始终以"清北"的标准要求自己，坚信自己具备这样的实力。在平淡而规律的高三生活中，我不惧失败，勇往直前。

致谢

最后来谈谈我们的学校、我们的家——首都师大附中，一所极为低调的海淀"六小强"，它如一颗隐匿在喧嚣中的明珠，内敛而不张扬，很少成为外界目光聚焦的热点，那些未经证实的"魔鬼学校"的传言仿佛为它蒙上了一层神秘而又冷峻的面纱。当我在这片校园里度过了整整六个春秋，亲身经历并感受着这里的一切后，我所体会到的是无处不在、无微不至的爱。从课堂上老师耐心的谆谆教导，到生活中同学间真挚的互帮互助，每一个瞬间都满溢着温暖，成为我青春记忆中最珍贵的宝藏。

相较于其他"小强"，附中校园面积虽不算大，却布局精巧，设施齐全，处处充满生机。图书馆里静谧安宁，弥漫着浓厚的求知氛围；篮球馆内，青春活力在同学们跳跃的身影间尽情释放；地下非遗博物馆，则是大家探寻历史文化的奇妙空间。楼梯间回荡着轻松的欢声笑语，实验室中闪烁着好奇与探索的光芒。食堂的饭菜陪伴我六年，那熟悉的味道从未让我感到厌烦；操场的跑道承载了无数次奔跑与嬉戏，即便欢闹六年，我依然眷恋不已。

校园活动丰富多彩，好似一场场盛大的青春狂欢。"十佳歌手"的舞台上，同学们用美妙歌声传递梦想；达人秀的聚光灯下，大家尽情展现独特才艺。振兴杯篮球赛、足球赛，让同学们在赛场上奋力拼搏、挥洒汗水，感受热血沸腾的青春激情。还有学生节、社团日等多样活动，为我们的校园生活增添了绚丽色彩。

真正触动我的，是首都师大附中深入人心的班级概念和强大的班级凝聚力。我的班主任何老师常讲："独行快，众行远。"在二班这个温暖的大家庭里，我们携手并肩，一同在知识的海洋里破浪前行，在成长的道路上留下坚实足迹。我们共同塑造了积极向上的价值观，相互支持，彼此成就。上了大学后，看似摆脱了班级的约束，我却莫名地感到局促不安，这才意识到，曾经在附中，在规则与纪律下的自由与快乐，才是最纯粹、最珍贵的。

当然，更不能不提附中的老师们，他们是学校的灵魂，用温暖与关怀，为我们的青春岁月编织了最美的回忆。高三那年，每天晚饭后，便是我最期待的"串门"时间。我会逐个走进六位任课老师的办公室，没有什么特别的目的，只是单纯地想和他们聊聊天，分享班级里的趣事，倾诉学习的压力，畅谈对未来的憧憬，抑或是吐槽那些令人头疼的难题。这些看似平常的交流，却如同一股清泉，在不经意间悄然驱散了我心头的阴霾，让我能以更轻松的状态投入到紧张的学习中。

如今，即便上了大学，我也时常抽空回到母校，在熟悉的校园小径上漫步，寻找曾经的自己。我怀念这里的一草一木，怀念每一位可爱的老师和同学，这里承载着我的青春，是我永远的心灵归处。

感谢我的母校，感谢我所有的老师们！这段记忆，我将永远珍藏。

班主任点评

全面发展，德才兼备：东格是名副其实的"全能型"学生。作为班篮球队主力，他带领班级在"振兴杯"篮球赛中勇夺冠军，运动场上挥洒的汗水铸就了他强健的体魄与永不言败的斗志。课余时间，他积极参与校园活动，无论是"十佳歌手"舞台上的歌声，还是书法社的墨香雅韵，都展现了他对生活的热爱与多才多艺的一面。更难能可贵的是，他始终以责任之心凝聚班级，用乐观向上的态度感染身边同学，成为班级不可或缺的"灵魂人物"。

勤思善悟，科学制胜：在学业上，东格展现了超乎常人的理性思维与科学规划能力。面对成绩波动，他既不妄自菲薄，也不盲目焦虑，而是以"中等生"的清醒与谦逊，将每一次失利转化为进步的契机。他独创的"总结法"直击高考命题规律，对语文作文的"公式化"拆解、英语阅读的题型归纳，无不体现其独立思考与高效学习的能力。更令人赞叹的是，他深谙

"木桶效应"之道，在弱势学科上狠下苦功，最终实现六科均衡突破，用行动诠释了"科学训练"的真谛。

心怀信念，砥砺前行：东格的成长之路并非一帆风顺，但他始终以"Aim high，Give it all"的信念为灯塔。高三初期成绩的起伏、外界对"中等生"的质疑，都未曾动摇他冲击"清北"的决心。他善于将压力转化为动力，在"3×3学霸方阵"中与同伴比学赶超，在运动与学习的平衡中保持心态平和。那份"近朱者赤"的冲劲，那份"一鼓作气"的豪情，最终让他在高考战场上一鸣惊人，成为班级中逆袭清北的"黑马"。

青春榜样，未来可期：余东格用行动证明，真正的优秀绝非偶然，而是信念、智慧与坚持的结晶。他不仅以卓越成绩为附中争光，更以谦逊踏实的品格、温暖无私的胸怀，为青春写下最动人的注脚。愿他在燕园继续挥洒才华，以赤子之心奔赴山海，成就更加辉煌的人生！

（何文杰）

家长心语

当东格收到走进清北系列图书的约稿函时，我们满心疑虑。他向来不擅长"码字"，这约稿于他而言无疑是个挑战。可当那7000多字的文章呈现在我们面前时，感动瞬间盈满心间。文章虽无华丽辞藻，可每一处细节却透着用心。透过文字，中学时光在他的成长路上镌刻的痕迹清晰可见。

回首过往，我们没有什么"鸡娃"秘籍，唯有信任、陪伴和适度引导。我们从未奢求他能走进"清北"等顶尖学府，考个北京的"985"高校便是我们的期望。最终，东格圆梦北大，是他坚韧不拔、追逐梦想的最好回报。作为家长，我们既是陪伴者，也是见证者，这段经历让我们深深领悟到教育的力量，以及孩子成长的无限潜能。

一、学习之道：独立思考至上

我们始终坚信，独立思考的价值远胜于分数。我们信任学校，相信让孩子顺应学校的节奏，便是最理想的教育方式。我们从不追求"内卷"，也从不陪读或督促他日夜苦学,而是将重心放在培养他的学习习惯与方法上,在关键时刻给予恰当的引导。我们深知,成绩的波动并不能完全衡量一个人的能力,自主学习与独立思考的能力才是他未来最宝贵的财富。

我们能做的,唯有"倾听"与"鼓励"。在我们家有个独特的小传统:考得好没什么特殊庆祝方式;可一旦考砸了,一家人反而会出门享受一顿大餐,用美食慰藉那颗受伤的心灵。我们用实际行动向他传递:成绩固然重要,但面对挫折时的态度和改进的行动更为关键。

如今回首,东格未曾因成绩起伏而迷失自我,反而在挫折中不断反思,愈战愈勇。他用结果证明,那个班级排名靠后的男孩从未放弃努力。在追梦的路上,他的步伐愈发坚定。这让我们深刻感受到:孩子的潜力无限,只要心中有信念,脚下有行动,他们定能走出一条属于自己的成功之路。

二、运动赋能:助力学习人生

东格从五岁开始便踏上游泳之路,早早加入俱乐部长训队,每次训练强度高达 5000 米,经常累得回家倒头大睡。直到如今,他仍会梦到被教练紧盯着训练的场景。我们也常聊起小时候的经历,心中满是对他在训练与学习双重辛苦下的心疼,但也正是那段时光,为他铸就了健康的体魄,更在无形中磨砺出了坚韧的意志,成为学业上的有力助推器。在高三紧张的学习中,他经常主动放弃睡懒觉,周末六点多就去游个早场,而此时的游泳已成为一种放松身心、舒缓压力的方式,让他在疲惫的学习中重新充满活力。

在高考这场人生大考中,他凭借出色的身体素质保持精力充沛,以良好的心理素质从容应对。运动不仅赋予了他健康的身体,更赋予了他面对挑战时的无畏与从容。

三、感恩母校:铭记师恩与同窗

二班的凝聚力如同强大的磁场,伙伴们既相互竞争又相互扶持,让学习不再枯燥,而是充满乐趣与挑战;老师们充分尊重孩子们的个性,从不让孩子们局限于固定模式。他们不仅传授知识,更以耐心与关怀,给予孩子们心灵的慰藉。

东格不仅在学校收获了学业进步和真挚友情，更让他学会了如何面对挑战、如何坚持不懈、如何与他人合作。感恩母校、每一位老师和同学，是你们陪伴东格度过了这段充实而美好的青春岁月，成就了如今的他。

四、同行相伴：见证成长

过去六年的求学之路，我们共同见证了四季的轮回，从夜色深沉时的万籁俱寂，到天光破晓后的熠熠生辉。无论何时相见，东格总是带着灿烂的笑容，仿佛阳光洒满心间。学校里的新鲜事、与同学的逗趣日常、考试后的得意或失落，他都会一股脑儿地与我们倾诉。看似琐碎的碎碎念，实则是生活中最动人的旋律，为平淡的日子增添了无尽的温暖与欢笑。那些在微光中启程的清晨，那些在困倦中坚持的夜晚，那些彼此陪伴、携手走过的时光，早已成为我们一家人心底最珍贵的记忆。

东格，看到你愈发独立自信，我们深切感受到成长的力量。如今，AI浪潮正重塑世界，顶尖人才如繁星般涌现。踏入"清北"学府，只是你对话世界的新起点。希望你以望远镜的视野突破认知边界，用匠人精神深耕专业领域，怀揣开拓者的胆识直面挑战。别担心试错，家永远是你存放勇气的树洞和补充能量的充电桩。

期待你带着我们的爱与祝福，勇敢踏上探索之旅。相信未来，你定能书写独属于自己的精彩篇章！

（余东格家长）

绵绵用力，久久为功

袁子朝

成绩情况：高一、高二年级大体排 40—50 名，高三成绩偶有起伏，一般在 20—30 名左右，高考成绩 685 分。

成绩雷达图：

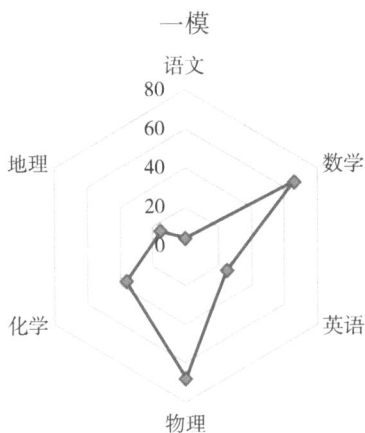

弱势科目：数学、物理

送给学弟学妹的一句话：不管怎样，明天又是新的一天！

最终录取院校：北京大学医学部

我的简介

　　我是初三那年来到首都师大附中的，与附中和 2 班一起走过了四年的时光。与我身边的许多学霸朋友不同，我的四年似乎并不能用"自由不羁"或"激情澎湃"这样热情的词汇来形容，更多的是"平平稳稳"，或者说是"普普通通"。性格中内向的一面让我更享受独处，面对附中丰富的比赛和社团活动，我虽然深感心向往之，但又常感力不从心。然而，附中的环境是包容的，是温和的，她既为那些"敢闯敢试、敢为人先"的同学提供了充足的学习机会和释放能量的舞台，也为像我这样的"I 人"提供了一方安静的小天地，能够让我在忙碌的学习生活之余，在图书馆中与书本和阳光一起度过悠闲的时光。

　　当然，在附中的四年不只有好书陪伴，还有许多精彩的课外活动。在初三，由于班型特殊的缘故，我的中考压力比较小，有了更多的时间拓宽知识面。每周三节的数学竞赛课程让我提前学习了高中的数列知识，尽管在高一时选择了放弃竞赛学习——由于难度过高而让我深感无力，但这一年多的数学竞赛学习实实在在地拓展了我的数学思维，也让我重新认识了数学这门曾经让我望而生畏的学科，认识了它的逻辑与美感。此外，每周一节的德语课让我领略了德国的历史文化。这是一门非常有意思的语言，因此我在高一又坚持学习了一年。英语剧和《红楼梦》舞台剧的演出也让我逐渐克服了不自信，勇敢地站在了聚光灯下。回望初三，丰富的课余生活"润物细无声"般化解了我初来附中的紧张和不适应，也让我认识到学习不是一板一眼的，而是一种流动的过程，是件让人享受的事。

　　进入高中，学业压力与日俱增，但附中为我们提供了许多与学科知识相结合的活动，让知识不再乏味，也丰富了我的学习生活。高一期间，在地理老师的带领下，我参加了全国校园气象知识竞赛并获得了二等奖，还在语文老师的帮助下，成功在中国校园文学发表了一些文章和诗歌，这也让我收获了更多的自信，原来我的所思所感也能引发他人的共鸣，原来我不仅仅可以是一个单向的"输入者"，只会埋头于书本知识、吸纳他人见解；

也能成为一个"输出者",让知识与感悟流向更广阔的天地,留下属于自己的独特印记。

我在高二迎来了较为艰难的一年。这一年,我经历了很长的成绩瓶颈期,无论我如何调整和努力都无法摆脱,以至于我时常怀疑自己的能力上限可能就是如此了。这一年,我也经历了亲人的离世,反复的受伤、生病——这一切都曾让我崩溃。但正所谓"祸兮福之所倚",正是在这一年,我的心态得到了迅速成长。我学着去接受自己不够好的状态,接受所发生的一切,不去怨恨命运的捉弄,不去抱怨不好的运气,而去相信一切都是最好的安排。我想,正是这种成长,让我在面对高三成绩的起伏和各种突发事件时,能够始终有一份信心和冷静,相信自己有迅速调整状态的能力。

高三是一段从不稳定走向稳定的过程,包括成绩,包括心态。这一年,我经历了整个学期的排名连续上升,也在沾沾自喜和侥幸中被期末考试当头棒喝,经历了听力口语考前嗓子发炎、一模考前高烧不退等种种"倒霉事",却也在种种历练中变得更加平静和从容,努力做到"胸有惊雷而面如平湖"。在一次次自我怀疑和自我重塑中,我逐渐找寻到稳定平和的心态,而不溺于迷茫。在大学期间,我依旧遇到了不小的困难,但高三所经历的成长,让我无论遇到何种难题,都坚定地相信一切终有"回甘"。

我的经验

我认为专注度是学习过程中至关重要的一点。专注的学习状态不仅能大幅提升学习效率,还能确保我对学习任务有更强的执行力。专注的意义在于,它能够帮助我更加深入地探索纷繁的知识点背后的结构和彼此之间的逻辑关系,从而达到对概念本质的理解,而不仅仅是表面的记忆。但是,在现代社会,信息爆炸如潮水般涌来,我们的感官被各种刺激所淹没,这使真正的专注成为一种稀缺资源。我也曾深受这种环境的影响,感到难以集中注意力,也曾在网络等诱惑因素中迷失自己。但我逐渐意识到,沉迷于这些内容只会让人感到空虚,因为这是一种对自己的纵容,纵容自己进行一种"充满焦虑的狂欢"。认识到这一点后,我也曾一次次想要从中抽离,然而，培养专注度的过程是十分艰难的。当选择专注于某件事情时，实际上是在进行一场内心的选择——舍弃即时满足而追求长远价值，它往往需要面对内心的挣扎以及外部环境的挑战。因此，想要解决这一问题可谓知易行难。毋庸置疑，提升专注力的关键在于远离诱因。于我而言，这意味着规律作息和远离手机。规律作息能够保证我们拥有一个更加健康的身体、一个更加清晰的头脑，远离手机则能够帮助我们屏蔽外界过多的信息干扰，拥有一个更加平静的内心。

与"提高专注度"密切相关的一点就是"时间碎片化"的问题，这也是我高中阶段踩过的第二个"坑"。专注度的下降必然会带来"时间的碎片化"，而对于学习而言，进入"心流"状态是需要一定的时间的，这意味着我们更要把握住整块的时间进行学习。如果将时间打碎，那么好的学习状态就会不断被打断、被抽离，这时也就很难再集中注意力了，正所谓"一鼓作气，再而衰，三而竭"。于我而言，限时训练是一种非常有效的策略，它迫使我摒弃杂念，将全部精力聚焦于当下任务。在这连续的时间里，思维不会被频繁打断，专注力得以持续聚焦，知识的连贯性和逻辑性便能深深印刻在脑海中，构建起扎实稳固的知识框架，而非零散、碎片化的记忆片段。而任务结束后带来的一种成就感和满足感也使我更愿意投入下一个整块时间进行学习，从而形成良性循环，让学习变得更加主动、更加高效。

我曾经犯过的第三个错误是"过度关注他人"。我相信会有许多同学与我一样，容易将过多的精力放在别人的身上——身边同学的进步可能会给我带来焦虑的情绪，他人的复习进度也可能会影响我自己的节奏与计划，常常陷入自我"内耗"中，这是对本就不富裕的精力的一种极大消耗。"勿将他人所得视为己之所失"是我用来反复提醒自己的一句话，在横向的比较中，我好像永远都无法获得满足感。后来，我逐渐尝试着更加关注自己、尊重自己，考虑自己，和过去的自己进行比较，完成每天给自己设定的学习目标。在这一过程中，我感受到了前所未有的幸福与满足，我的学习状态也日益变好。我想，这是因为我在努力成为一个更好的自己，而不是成为一个比别人更好的人。

在面对成绩的不理想时，我除了努力改变心理状态和学习状态，也积极寻找合适的学习方法。在高中三年，"错题本"这一老生常谈的策略可谓是让我不断前进的不二法门，尤其是针对弱势学科的提升。一开始，整理错题本是一个老师布置的、且让我较为头疼的任务，因为这似乎仅仅意味着抄写题干和重做一遍题目。而在"错因分析"一栏，我也常常感到无话可说，因为当时的我认为某一道题没有做出来仅仅是因为我有些马虎大意，或者只是当时没有想到解题思路而已。但在日积月累的整理过程中，错题本使我能够将不同的题目放在一起比对和思考，我发现有些题目可谓是貌合神离，有些则是殊途同归。通过错题本，我渐渐地找到了一些自己的共性问题，也将一些题目的逻辑思维进行了清晰的梳理。

除此以外，无论是整理错题本还是完成日常作业，都需要重视独立思考和深度思考。"错题本里，埋头苦抄，遇到难题，秒看答案"是万万不可取的。首先，看懂解析不意味着会做题目，答案中的某个小步骤都可能成为解决问题的关键和题目的核心考察点，因此，这是对答案的错误使用，是一种自我欺骗和自我感动。其次，浅尝辄止的思考会让我们的思维形成惰性和依赖性，更无法培养做题的"手感"。而只有尽力思考却无法解决时，分析答案和整理题目才有了意义。在看答案时，也可以尝试将自己看作一位老师，需要给"学生"讲解这道题目，并思考如何独立地将这道题目讲解清楚。如此，方可正确地使用答案，方可真正理解题目背后的思维逻辑，方可实现举一反三。

最后，面对短板，花更多的时间和精力是必然的，而成绩久久未见起色也实属正常，因此，在努力的同时也要抱有一种静待花开的心态，学会扎根和等待。大道至简，高考这场挑战，本质上就是对学习能力与心理素质的双重试炼，无论过程中运用了多少具体策略，归结到底，关键就在于坚持与乐观。"坚持"是一个已经说腻了的词，但是面对短板，除了坚持，别无他法。

高三记忆深刻的一件事

高三一年中记忆最为深刻的一件事应当是二模的失利。在此前大大小小的考试中，我都体味过失败的苦楚，但二模的失利可以说给了当时的我最为沉重的打击。一模考前一天，我在非常不幸地感染了流感。或许是逆境激发了潜能，又或许是运气使然，发着烧的我竟考出了自己都没有预料到的好成绩。这给我带来了信心和肯定，但同时也给我带来了更大的压力。下一次考试又该拿出怎样的表现呢？二模考前，我不断告诉自己"一定要考好一点，总不能比生病时考得还差吧"，却在日常学习的一点一滴中感受着状态的不断下滑。课堂上，老师讲的知识点，我明明之前都烂熟于心，可彼时却听得一头雾水；做练习题时，那些曾经得心应手的题目，如今错误百出。在那一段时间中，我会放大每一个微小的错误，反复咀嚼着自己哪里做错了，脑海里就像有一台永不停歇的放映机，不断地重播着那些消极的片段。那些日子，我仿佛陷入了一个自我折磨的怪圈，越陷越深，无法自拔。那时，我一边感到深深的惶恐和不安，一边又安慰自己，寄希望于曾经创下的辉煌，幻想着也许考试时就能突然找回状态。

二模成绩出来后，果然如我所担心的一样，名次大幅后退，各科成绩惨不忍睹，在身边师长的劝解下，我也认识到了自己的问题。彼时的我，害怕失去刚刚得到的"成功"，对结果有着过分的执念。人的注意力资源有限，当大脑被结果预期牢牢占据，分配到实际执行任务过程的注意力就所剩无几。与其太过紧张可能出现的问题，不如专注于自己正在做的事，反而会得到很好的效果。二模之后，我不再每日沉浸于懊悔之中，而是重新审视自己的学习方法，发现之前盲目刷题，而忽视了知识体系的构建，于是我调整策略，从基础抓起，慢慢找回了学习的节奏。

"放下即得到"，在二模失利后，我才真正理解了这句话。当然，时至今日，我仍旧不能说很好地做到了这一点，担心、焦虑等情绪会时不时地出现在我脑海中。但是，高三的这次失败经历却时常提醒着我，当我过于执着于成绩的起起落落，纠结于每一个错题背后的"为什么"，将自己困在自我怀疑的牢笼中时，我失去的是前行的勇气与平和的心态。而当我尝试着放下对过去错误的执念，放下那些不切实际的过高期望，我才发现，内心能腾出更多空间去接纳新的知识，去冷静分析问题所在。回首往事，我也十分感恩那段既苦涩却又让我成长的高三时光，它让我懂得，放下并非放弃，而是为了更好地得到，让人生之路越走越宽。

关于学校

关于首都师大附中，我想说的可就太多了。可以说，附中是我的出发地，是我不断向前延伸的人生坐标轴线上那一处不变的原点。

2020年，我第一次踏入首都师大附中的大门，来到了2班，彼时的我，担心自己无法融入一个组建了两年的班级，担心跟不上老师迅速的教学节奏，担心没有朋友，担心成绩下滑，担心不被接纳。在初来乍到的日子里，我曾一次次地怀疑过自己选择来到这里是否正确。面对种种迷茫和失意，我曾感到无所适从。但周围的老师会耐心地为我补上落下的功课，身边的同学也向我伸出友好的双手。那是一件件看起来微不足道的事，但时至今日，我还能回忆起每一个被在意、被接住、被理解的时刻。那时，我的心情不是用一句喜悦或者感动就能简单概括的。附中的老师和同学给了我莫大的力量，给了我被认可的感受，给了我继续向前走的底气和信心。

毕业后，我常常会回忆起刚刚来到附中的那个秋天，回忆起食堂门口那株郁郁葱葱的杏树，回忆起它那微涩的杏子，回忆起"成达农场"中金黄的小麦。在那些求学的日子里，时光仿佛被那片绿意与金黄定格，而我就在这一方天地中，悄然成长。2024年的金秋九月，再次踏入附中的大门，却是毕业生的身份。记忆从模糊逐渐变得清晰，我看着校园中奔跑的"阳光橙"和"天空蓝"们，就像看到了几年前的我。春去秋来，这所百年老校始终静静地矗立在那里，送走了一批批优秀的毕业生，也迎来了一批批怀揣梦想的新面孔。一届又一届学子带着附中赋予的知识、品格与力量走向世界各个角落，而这所老校依旧扎根原地，以谦逊之姿、深邃内涵，默默滋养着每一个踏入校门的灵魂。在这个不算大的校园里，每个人都有自己的归宿。

人们常说，往事总在回忆时被赋予意义。敲下的这些文字，既是对过去四年幸福的、痛苦的点点滴滴的一种回顾和追忆，也是对彼时那个稚嫩的我的一种总结和反思。我深知，自己并不是多么优秀的学生，既没有持续的、优异的成绩，也没有突出的特长或者丰富的课后生活。而我四年的学习生活，大多数时间也是平淡如水的，日复一日，与眼前的题目和内心的彷徨作斗争。一路走来，可以说是磕磕绊绊，踉踉跄跄。但是附中教给我的远不止是课本上的知识，更多的是如何成为一个更好的自己。她让我学会了直面自己的不足，让我学会了在纷繁复杂的世界中保持清醒的头脑，让我始终怀揣从头再来的勇气，让我能够缓慢地、持续地向前走。这些宝贵的经验与教训，成为我人生旅途中不可或缺的一部分，指引着我向更远的目标前进。这四年的学习生活没有柔光和滤镜，许多时候它是粗粝、琐碎的，充满了令人沮丧的坎坷。然而，正是这些看似平凡甚至艰难的日子，锻造并沉淀出了一个扎扎实实的"真我"。无论是追求学业的进步，还是寻求心态的平稳，这段经历始终引导我不断纠错、稳步向前。于我而言，这一路走来的收获，相较分数与书本知识更为珍贵。

倘若时光倒流，回到2020年的那个岔路口，再让我做一次抉择，我仍旧会毫不犹豫地选择来到首都师大附中。

班主任点评

袁子朝同学是一位静水流深、内蕴力量的学子。她的成长轨迹并非一路高歌猛进，而是在平凡中沉淀、在挫折中蜕变，最终绽放出独特的光彩。作为她的班主任，我有幸见证了她从初入附中时的青涩内向，逐步成长为一名自信从容、善于反思的优秀学生。

脚踏实地，厚积薄发。子朝的学习历程始终以"专注"与"坚持"为底色。面对学业压力，她深知"深耕"的重要性，通过错题本的积累和限时训练，逐步构建起扎实的知识体系。尤其在高三的"瓶颈"期，她并未因成绩波动而自我否定，而是冷静分析问题，调整策略，从基础抓起。这种不疾不徐、稳扎稳打的态度，正是她最终突破自我的关键。她的经历证明，真正的进步往往源于对过程的专注，而非对结果的执念。

突破自我，凝聚自信。最令我欣喜的，是子朝在集体活动中的蜕变。无论是舞台剧中的首次亮相，还是新年接力赛中的"逆袭"，她都展现了令人钦佩的勇气。犹记那场接力赛，她以沉着的姿态超越多名对手，为班级争得荣誉。这一突破不仅让同学们刮目相看，更让她意识到"行动比焦虑更有力量"。这些经历让她逐渐走出舒适区，学会在团队中释放能量，也印证了附中"包容与激励并重"的育人理念。

真诚沟通，向阳生长。子朝与老师的互动始终真诚而深入。她善于从师长处汲取养分：在地理老师的指导下钻研气象知识，在语文老师的鼓励下发表文学作品，在低谷时主动寻求心理疏导……这种"双向奔赴"的师生关系，让她既能坦然接受不足，也能积极调整方向。她的成长故事，恰是附中"师生共育"理念的生动注脚。

子朝的四年附中生涯，是一段"向内扎根，向外生长"的旅程。她以谦逊的姿态接纳平凡，以坚韧的毅力超越局限，最终在坚持中收获了属于自己的那份"回甘"。作为班主任，我深信，这份踏实与通透将成为她未来人生路上最坚实的底色。愿她永葆初心，在更广阔的天地中书写属于自己的精彩篇章！

（何文杰）

家长心语 | 在信任中培养自信　至放心处便可放手

当拿到孩子入学通知书的那一刻，我们和所有家长一样，内心是非常激动的！回首来时路，起初以为是我们在培养孩子成长；静下心来深思，其实是我们一直在学习如何陪伴孩子成长！如果说有所收获和感悟，可能就是在信任中培养了孩子的自信心，在孩子逐渐奔跑起来时，放心地放开了紧紧握着的手。

影响孩子学习成绩最大的因素不是兴趣、习惯，更不是智商，而是自信。能够走进北大的北京学生中，也许都不敢保证对所选6门课程都有兴趣，都有良好的学习习惯，也不敢保证智商都是高于常人的，但他们学习上都是有自信的！对于学校，我们信任首都师大附中，孩子能够融入其中，快乐地度过高中生活，按照学校的计划去学习、实践和锻炼身心体魄，逐步培养起自信和自律的良好品质。对于学习成绩，每次考试结束，我们都会陪孩子一起分析成长的经验和失分的教训，通过错题本、时间管理等方式，保持成绩稳中有升，让孩子对自己学习的能力建立自信心。对于电子设备管理，这是我们家长最头疼的事情。首先要说的是，给孩子买了词典笔，应该说是一个正确的选择，孩子也认为助力不小。对于手机、ipad，不买不行、不管不行、管多了更不行！后来只能学习"大禹治水"，疏堵结合，在手机上设置每天的使用时长，在培养孩子自律的同时，让孩子树立起"自己能够管住自己"的自信。有了自信，有追求的孩子就会自律，距离推开北大的大门也就不远了！

是家长陪孩子渐渐长大，还是孩子陪家长慢慢变老？家长可以不服老，但孩子终归是在长大！当孩子对家长提出越来越多的质疑时，就证明孩子长大了，有独立的思想了，也是我们放心和放手的时候。在孩子的学习上，学校无疑是最权威的。首都师大附中作为海淀区"六小强"之一，有高水平的师资队伍、强有力的管理团队、成体系的培养模式，当孩子走进校门的那一天起，我们家长就已经把孩子放心地交给了学校。虽然在孩子就读的几年时间里，成绩会起起落落，性格会逐渐变化，但总体上没有脱离螺旋式上升、波浪式前进的大轨道。特别是在每门功课上，基本上都是按照学校的安排学习，效果也是明显的。在孩子的学习上，家长是永远无法替代的。与其时常揪心，让孩子倍感紧张，还不如尝试放松，让孩子感受支持。过度关心其实就是揪心的表现，孩子们必然会感受到，也会随之增添无形的心理压力。适度关心，说起来容易做起来难。当孩子表现出不耐烦、不想听、不想与你交流的时候，还是要强压心头火，硬生生地把到嘴边的话咽回去；当孩子考完试放松自己偷偷玩手机、ipad的时候，还是要学会睁一只眼闭一只眼，选择安静地走开……做家长的都会感觉到高中能给孩子的可能只剩下陪伴和后勤保障，其实偶尔和孩子们谈一谈学习的目标和方向、人生的幸福和追求、生活的感悟和向往，养分不一定很足，但给予孩子的"长大成人""平等对话"的信任感，会成为孩子茁壮成长所必备的微量元素。因此，对高中生的关心和支持，应该是润物细无声的入夜春雨、是情之所至的心灵感应。

泾流合渭流，清浊各自持。在高考的道路上，每个家庭、每个孩子的情况都是不一样的，但目标都是一致的。只要家长与孩子心心相印、互相信任，放心地放开手，孩子就会因自信而强大，向成功的方向自由奔跑！

（袁子朝家长）

一种"恬淡虚静"的可能

朱泽恺

　　成绩情况：高一排名第40—60名，高二排名第50—60名，高三排名第20—50名；高考成绩688分，年级排名第19。

　　成绩雷达图：

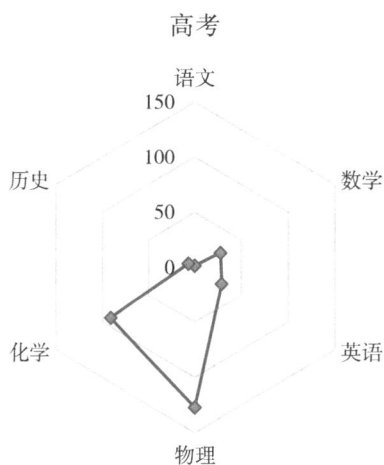

　　弱势科目：物理、化学

　　送给学弟学妹的一句话：能积微者速成。

　　最终录取院校：北京大学哲学系宗教学系

我的简介

我是 2024 届 3 班的朱泽恺。高中三年，我几乎没有参加过任何比赛；高中前两年我学习比较专心，但是也未能名列前茅；我参与的学校活动更是少之又少。如果前面诸位学长学姐的辉煌经历让你感到望而却步，那么你可以读一读我的故事。我会呈现我对高中学习的反思，这或许可以打消你对未知的不安。

我的经验

本文旨在分享学习经验，以供后来的同学取法。每个人独特的学习方法不一定适合于所有人。或许，我们可以认为：每个人特殊的学习方法背后有某些普遍的规律，可以启发后来者构建自己的学习方法。

然而，这种思路的基本假设是：学习中最重要的东西是学习方法。笔者认为它有点浮于表面。依据笔者自身的经验，在高中阶段，我们缺乏的不是学习方法，而是强健的心力和稳定的心态。学得好的同学在学习方法上固然有值得借鉴的地方，但是他们出众的根源并不在学习上。《论语·颜渊》："信如君不君，臣不臣，父不父，子不子，虽有粟，吾得而食诸？"心态没摆正，只是一味地强调"学习学习"其实没什么用。《孟子·告子上》："先立乎其大者，则其小者弗能夺也。"学习是高中生活中被谈论最多、占去每个人时间精力最多的部分，但是它不是最重要和最根本的。将学习之上真正重要的事情定好、守住，才能理解学习的意义，明白自己需要什么样的学习方法。

我并没有高瞻远瞩的能力，身处高中（特别是高三）的时候也总被卷入焦虑、浮躁的大潮。只是事后反思，发现当时大家普遍所焦虑、关注的东西都太浅薄和狭小，并非学习中真正应该关注的事情。因为高考压力的存在，学习往往被"神化"，同学们往往对它怀有一种狂热式的热忱，而对其本质知之甚少。即使是很聪明很努力的同学也常常沉迷成绩、作业、笔记等等，而缺乏对高中学习的本质理解。笔者认为：第一，学习的本质挺简单的，它要考察的能力、知识是有限的；且外部资源十分丰富，老师负责把握节奏、B站上学霸的分享简单高效；需要我们主动去创造的东西很少，比较省力。真正需要我们用力的地方，是搞清楚学习之外的东西。第二，保持这种清醒的、清晰的头脑其实并不难，比焦虑要轻松省力（并且快乐自在）许多，只是它需要逆着同学们焦虑的大潮走，需要相信自己的判断，需要恒常持守。

笔者所能提供的只是一些言语，内容有限，并且一定会带来误解。因此，阅读时不妨去粗取精，得意而忘言。此外，"知人者智，自知者明"。笔者想要勉励诸位后来者，若能有所心得，一定要行其所信，不要只当一句空言。"上士闻道，勤而行之。"若知而不能行，相当于不知。

一、道与术

笔者会进行四组概念的对举，以串联起自己对高中学习的思考。这是第一组。

在思考问题的时候，我们习惯陷入细节。例如分析试卷，老师说："某某题型得分差，要去怎么做、怎么做、怎么做。"学生或许听或许不听，最后大概随机选取一个用力的方向，开始努力刷题或答疑。这是高中学习的一个常见模式。笔者认为，我们习惯于关注技术、方法问题，即所谓"术"；而我们非常不习惯于关注方向、目标、策略问题，即所谓"道"。但是"道"比"术"重要许多。第一，方法的低效往往可以回溯至方向或目标的不清晰。还是那句话："先立乎其大者，则其小者弗能夺也。"解决了"道"的问题，"术"的解决是水到渠成的。第二，没有弄明白自己的"道"，谈"术"都是浮于表面。技术的唯一作用就是达到你的目标，自己的目标都没搞清楚就开始"瞎使劲"，往往劳而无功。

这一部分谈论的就是与方法相对的目的，或者原则。换言之，学习中真正应该重视的东西，学习中真正应该理解的东西，它看似空虚迂远，但是要想真正学好几乎不可能不经由它。

笔者在这部分会由大到小解释"道""术"的几个所指：以自身为道，

以高考为术；以效率为道，以学习为术；以进步为道，以考试为术。最开始看或许有些抽象，但是它们都是笔者依据自身经历具体总结出来的，相信你能用上。

笔者在高三前几乎没有自己的目标，只能随大流地学习、考试；内心感到有些苦闷，但是也不知道除了学习还能干吗。在高三之前的暑假，笔者因为一件事情（"对自己影响最大的一件事"）产生了极大的震动，意识到原来学习是很有趣的，无聊的只是高中那空洞的学习内容，自己真正渴望的是和一群志同道合的人进行实质的思想探索。从那之后，笔者产生了真诚地想上一个好学校、遇到优秀的同伴的愿望。这个愿望朴素、短视，但是完全真诚，不夹杂社会期许带来的规训。从那之后，笔者对高考的态度就由被动、抗拒转为主动、接纳，内心不再如孤舟一样漂泊无依，而是有了明确的努力方向。高三之后，笔者开始比较高效地解决困难，遇到问题也能够有针对性地思考，原因就在这里。

从将高考视为自己不得不接受的磨难，到将它视为实现自己愿望的手段，这一转变看似微小，实则具有根本性的意义。立住一个真诚的愿望，在面对暴风骤雨的时候就有了一个抓手，不会被甩掉。并且这个方法能有效地去除高考的"神秘化"，将其视为一个手段，就不再怕它了。要在精神上站立起来。

确认了高考是一个手段之后，笔者在父母的协助下大致确定了各科的学习目标，也就是需要学习到什么程度。笔者当时每一门都有不少结构性的问题，比如语文和英语作文总是二类、化学实验题一团乱麻等等。笔者当时的策略就是，找出最难啃的结构性问题，然后集中精力去突破它。这里的逻辑很简单：有些题（例如数学压轴）能否做出随机性较强，有些题（例如英语阅读理解）则上升空间很小，最好提分的就是你确定能够提升、并且提升一大截的部分。这就是效率问题。笔者也曾经陷入过两个典型误区：一是无针对误区。不知道自己针对的问题是什么，非常努力地做无用功，例如沉迷于记笔记、整理错题而不知道想要解决什么问题。二是局部误区。不知道自己现在针对解决的问题是否是最"经济"的，比如说那个问题提分空间大不大、是否稳定。例如笔者在整个高三总有花时间将历史提到 100 分的冲动，但是考虑到小三科的赋分制，还是把主要精力放在大三科的提升上，最后也确实取得了很好的成效（比如成功把语文作文提到稳定的一类）。

总结来说，在学习中目标只有一个。它不是某种具体的操作（例如做多少题、写多好的笔记），也不是某个具体科目的成绩，而是效率。当焦头烂额、难以抉择的时候，不妨回到"效率"这个根本因素，做出最经济性的抉择。

另一组重要的关系是成绩与进步。如先前所言，学习的"道"是效率，但是效率最高并不一定成绩提升越快。有些进步周期比较长，甚至可能短期内呈现为成绩的退步。但是只有你真的进步了、掌握了先前没有掌握的能力，你的成绩才会进步。笔者在高三对成绩一直尽量采取"俯视"的态度，将其作为重要的参照，但是不会"争锥刀之末"，为了一点点成绩而打乱自己原有的框架或节奏。不让"术"（成绩）打乱"道"（进步），沉稳的心态就能逐渐培养起来，这其中的收获或许更胜学习上的进步。

二、微与著

在上一部分，我们"坐而论道"；这一部分，我们谈谈"起而行之"。简言之，笔者在高三采取的学习态度（或方法）是"积微"。《荀子·强国》："凡人好敖慢小事，大事至然后兴之务之，如是，则常不胜夫敦比于小事者矣。……能积微者速成。"笔者在高三文言文题目中读到这一段文字，感到非常震撼：荀子描述的"凡人"就是笔者惯常的模式——注重考试这一"大事"，无法完全安于每一日的进步当中。之后，笔者就尽量用"积微"的态度去应对学习，不去纠结考试（包括高考）的结果。

高中（特别是高三生活）是较为枯燥艰辛的。笔者本人容易左思右想、焦虑内耗，将心捆绑于考试成绩等表面性的成果，常常心烦意乱。而"积微"的态度可以解绑内心，沉浸投入眼下在做的任务或小目标。如此下来，宏大遥远的学习目标会自然地一点点接近。笔者在英语听力口语考试前问英语老师："我们怎么知道要考的单词都复习到了呢？万一漏了呢？"一起练习的一位同学转头说："能会一个是一个！"在学习生活中，我们真正能够掌控、积累的只有微小的东西，例如一个概念。他人谈论考试成绩、攀比学习，但其实真正重要的只是拆分任务、完成每一个微小的事情。面对一个比较宏大的目标，反着想就对了。

关于"微与著"，还有两点值得特别提及："少与多、慢与快。"《老子》："少则得，多则惑。"笔者的经验是，同学们喜欢盲目"内卷"，比拼答疑的次数、学习的时间（例如寒假自习）、错题整理的程度，等等；一言以蔽之就是求"多"。然而做得多的背后往往是方向不明确、没有针对性、焦虑驱动，比不上明确目标、稳步前进的学习。与此相似，扎实的学习往往是比较慢的，例如笔者到一模之后还在和数学老师说自己要先打基础。"慢"其实是自然的学习规律，只不过我们害怕落后于人，总是争着跑到前头，在高一、高二时尤其如此（提前学习）；想要求快反而会进步得越来越慢；与之相反，打好基础、不慌不忙地跟在众人身后，保持加速度，最后会越学越快。

"以其终不自为大，故能成其大。"专注于积累微小的进步，对所谓的"大事"祛魅，当成平常的事情，最后会不自觉地取得显著的成果（考试成绩）。"图难于其易，为大于其细。"少故能多，先慢故能后快，这是一个非常自然的规律。它需要的就是你想明白，沉得住气，有勇气和信心逆着众人焦虑内卷的潮流行走。

三、己与人

在高中学习中，我们从来不是"一个人"。我们的学习生活总有父母、老师、同学的参与。笔者高三时感觉最头疼的事情就是与老师协调，脱离与同学不自觉的竞争和攀比。

笔者思虑比较重，没有钝感力，往往会因为同学"内卷"、老师施压而非常"内耗"焦虑。笔者和父母、班主任老师交流过几次这个问题，不过那只能暂时延缓问题；最终解决还是需要靠提升自己的认识水平。我们与老师、同学之间的矛盾大致如下：（1）在你好好学习的情况下，与老师的矛盾在于老师鲜少愿意给你自主权，而是比较"霸道"地占有你的全部时间；如果你试图和老师对着干（例如不写作业），老师会用谈话、批评等方式给你施压。总之，就是老师想多占用你的时间。（2）与同学的矛盾在于，同学会有意无意地用自己的成绩、极端的努力来互相施压，形成一种奇怪的压力氛围。虽然没人会承认，但是班级中的前几名之间总有一些奇怪的"张力"。

这些矛盾是真实存在的，但是笔者认为都不是根本矛盾，因为大家的目标其实是一致的。哪怕老师再向你施压、"霸占"你的时间，但是从根本上是希望你有进步；同学们即使互相施压，但是从根本上是共同学习、互相帮助的伙伴。明确这一点，老师和同学就不再是你的敌人，而是你的朋友。毛泽东在《中国社会各阶级的分析》中写道："谁是我们的敌人？谁是我们的朋友？这个问题是革命的首要问题。中国过去一切革命斗争成效甚少，其基本原因就是因为不能团结真正的朋友，以攻击真正的敌人。"这个道理放到学习上也一样。这个问题越早想明白越好，否则就会像笔者一样总是"内耗"。

针对与老师的关系，笔者认为既要"固执"又要"因循"。依据笔者的经验，完全"因循"、老老实实地听老师的话，学到的东西没有针对性，不符合自己的目标，而且很容易失去自己对学习节奏的掌控感；完全固执、按照自己的一套来，又会和老师产生矛盾，而且会浪费大量的课堂时间，也很低效。《中庸》："择善而固执之。""固执"于什么？固执于自己确认的方向和自己分析出的针对性问题。"因循"于什么？老师的复习进度，老师课堂讲授的内容，老师留的作业；虚心理解老师试图讲明白的东西，作业中先挑选自己需要的内容，多与老师交流自己的想法、问题。和老师最好的配合方式是互相理解，老师理解你的学习节奏、信任你的学习能力，你也理解老师的学习进度、信任老师的专业能力。

当然，这些不是学习的主线。关键的还是你自己要把握好学习目标，该随意就随意，该和老师争论就争一争。与同学也是如此，不要枉己而直人。

四、心与物

前文已经说过，学习的关键在学习之外。推而广之，做事情、对待事物的关键也在事物之外。把自己的格局限制在一些具体的事情内，只会越做越僵化，我们需要的是某种对事物的"超越"。如何超越？笔者的经验是：将外部的事物和内心区分开，不要让外部的事情摇动内心；将外部的得失进退看得越淡就越轻松，而且往往会取得之前执着时难以取得的成果。《老子》："生而不有，为而不恃，功成而弗居。""夫唯不争，故无尤。"

笔者对心物关系有一些反思，认为我们所有人都处在一种普遍的处境（或困境）中。解除困境的方法不是向外求，因为那个困境作为客观处境是难以逃脱的；解除的方法是向内求，进行内部超越。儒家言之，则"射有似乎君子，失诸正鹄，反求诸其身"（《孟子》）；道家言之，则"恬淡虚无，真气从之"。若能够认识到这种困境，并且理解内部超越的方法，那么你大概能快乐不少。

笔者在高三后期感到心力交瘁，外部的大小事情，如老师的鞭策、成绩的飘忽、写不完的作业、知识的漏洞，让笔者难以顾全，只想躺着。因此，笔者在一模之前请了一周假，待在家里休息。然而，即使远离了学校和老师的鞭策，焦虑还是无孔不入：他们又做了什么题，老师又讲了什么东西……那一周，笔者开始看《黄帝内经》的第一篇《上古天真论》。那一篇文章让笔者感到"切肤之痛"，因为汉代人笔下可怜的困境，在现代若合符节。笔者印象最深的一句是："今时之人，得而暴食，欲得而大作，其不得而苦。"这种得到了就狂喜、想要得到就拼命努力、得不到的就痛苦的痛苦循环完全适用于笔者。

笔者想：为何汉代人和现代人面临如此一致的问题？这说明问题并不出在外部世界，而是出在内心。因为我们把心丢在外面，所以外部的颠簸会在内心横冲直撞，带来种种令人疲惫的情绪、烦恼。换言之，对外部世界的欲望是内心痛苦的真正根源。笔者的一模当然是考砸了。如果是曾经，笔者一定会非常恐慌，惶惶不可终日；但是现在的笔者认为，如果你想痛苦，尽可以把自己的心拎在外面，充满欲望，否则就丢掉那些膨胀的欲望，将快乐带回简单的生活中——比如食堂的饭挺好吃的，体育课也非常开心。这个选择题没有任何值得犹豫的，笔者非常愉快地选择了与成绩、名次脱敏，该干吗干吗，最后上什么学校也不管了。因此，一模之后笔者立刻开始没什么负担地学习生活，最终还是补了不少漏洞（特别是化学）。

笔者认为，这一超越是很难的。对外物的欲望已经被"焊"在了我们的脑海里，许多东西的得失直接牵动着我们的情绪。我们不需要学做范仲淹，"不以物喜，不以己悲"；我们只需要意识到，痛苦是因为自己把心放出去了，要把它收回来。至于外物得失，难道是纠结、痛苦、焦虑、"内耗"就能控制的吗？它自有自己的规律，做好自己该做的事情，不"摆烂"，生活的体验感还是很强的。

笔者的这一部分经验或许有些玄乎。但是，"形而上者谓之道，形而下者谓之器"。我们需要的（也是笔者高三时希望有人引领的）并非形而下的技术，而是形而上的"道"。只有把握住"道"，我们才能以心役使物，而非以物役使心。《孟子》："舍其路而弗由，放其心而不知求，哀哉！"笔者之意即在此。

五、总结

笔者希望以上这些内容能给后来的同学一些启发，希望后来的同学也能自信、有条理、平和地度过高中生活。这些内容都不具有权威性，如果你认为不适合自己，尽管弃置一旁，但是在实践中体会一下也未尝不可。

在高中（特别是高三）我们并不是时时刻刻都想学习；在不想干正经事的时候，笔者建议同学们尝试读一点哲学文献。笔者最推荐的几种有：《老子》《孟子》《庄子》《中庸》，毛泽东的《矛盾论》《实践论》。哪怕完全看不懂，哪怕只来得及看几页，也会受益无穷。哲学（特别是中国哲学）是笔者目前所知反思事物本质的最好的工具，一点哲学思考可能就会调转你生活的惯性，让你在精神上实现蜕变。

对自己影响较大的一件事

高中对笔者影响最大的一件事，非高二暑假的考古夏令营莫属！笔者当时成绩并不突出，只敢报名北大最冷门的夏令营。结果却遇到了许多意外之喜：独特多元的泉州文化，认真而热情的助教学长学姐，妙趣横生的晚会。最重要的是，一群志同道合、思想上可以交流的朋友。我们当时每天晚上开完小组讨论会，就会在房间里聊天到深夜，无所不谈。

那次夏令营之后，笔者发现自己并非没什么想干的，而是之前没能接触到。笔者发现了自己的愿望（目标）：与一群志同道合的人进行思想的交流和碰撞。这个愿望并不宏大，也不长远，但是足够坚定和真诚。笔者就是怀着这种愿望去做高三的种种事情，下定决心、咬牙解决那些让人头大的问题，最后发现学习也没那么难，只是没有好好学过就无法体会到。笔者之前所分享的经验也就是这么慢慢积累起来的。

关于学校

笔者在首都师大附中学习了六年。虽然校园比较小，但是环境优美。而且老师们水平很高、有责任心、富有热情，对每个同学都能照顾到，教学水平稳居一流。

首都师大附中的历史教研组水平非常高，对历史感兴趣的同学可以考虑。

首都师大附中有一个非常有活力、非常欢乐的排球社团！创始人陈少君老师水平超高，因材施教，教会了许多零基础的同学（比如笔者）。排球社团还有一批技术高超、贴心热情的学长学姐。大家每天放学都会在小院排球场打球，少君老师也时常下场；假期还会约球，一块儿出去吃饭。如果大家来到首都师大附中，一定不要错过！

班主任点评

在首都师大附中担任班主任的这几年，我有幸见证了许多学生的成长与蜕变，而朱泽恺同学的经历，让我对教育的意义有了更深刻的理解，也更加坚定了我在教育工作中尊重学生个性、给予学生充分发展空间的信念。

朱泽恺在高中阶段展现出来自己独特的成长轨迹和深刻的自我反思，这让我看到了他内心深处的坚韧与成熟。高三时，尽管压力巨大，但他并没有被焦虑和浮躁所左右，而是通过自己的反思，逐渐找到他在学习中的真问题，不再陷入无针对性的盲目训练，而是将精力集中在最有提升空间的部分。在学习过程中，他注重效率，对学习有理性思考和有效规划。通过明确自己的目标，他变得更加主动和高效地解决学习中的困难，而不是盲目地随波逐流，这让我看到了他内心的力量和对学习的深刻理解，让我更加坚定了要给予他充分信任和自主权的信念，让他在自我探索中找到适合自己的学习方法。

朱泽恺在处理与老师和同学的关系时，也展现出了成熟的一面。他意识到，老师和同学是共同成长的伙伴，他能够在尊重老师和同学的基础上，坚持自己的学习节奏和方法。这种平衡的把握，让我看到了他在人际交往中的智慧。在备考心态方面，他对高考的心态是将其视为自己实现与志同道合的人进行思想探索这一愿望的手段。基于此，他不再纠结于考试的结果，而是专注于自己的学习过程，专注于每一个微小的进步。他认识到，只有通过点滴积累，才能在不知不觉中取得显著的成果。这种对细节的关注和对过程的重视，让他在学习中更加从容不迫；这种对内心世界的关注和对欲望的超越，让我看到了他内心的强大和成熟。

在学习之余，他热爱排球运动。排球场上的他，充满激情与活力。每一次发球、传球、扣球都全神贯注，精准有力，动作流畅而富有爆发力。他能很好地平衡排球和学习之间的关系，使两者相互助益，让高中生活充实而有规律。

愿朱泽恺同学在北大的学习中，以哲学之思，启迪智慧人生；持探索之志，开拓广阔前程。愿他在北大的学术殿堂中不断成长，书写属于自己的辉煌篇章！

（宋丽芳）

家长心语 | "组团"高考

高考对于我们这样的普通家庭来说，仍然是孩子通过教育机会塑造自己前途、命运，实现理想的最重要、最公平的途径。虽然它并不是唯一的途径，但是它对孩子和我们这个家庭仍然非常重要。

从另一方面看，由于它以分数为最重要的录取标准（这也是公平性的表现），因此，难免具有功利性竞争的特点。这种功利性竞争，又由于"内卷"被极度放大了。而这种功利性竞争对孩子的身体、心理健康都带来了严重负面的影响。作为家长，我们无力从根本上改变这种现状，但是，我们在整个备考过程中，也时刻注意竭尽所能来平衡和降低这种功利性竞争带给孩子的伤害。

由于高考的重要性以及高考的难度，我们开始意识到必须要调整自己的认知，不能认为高考仅仅只是孩子个人的事情，而要把高考作为我们这个家庭的事情。在我看来，高考与其说是比拼孩子的实力，不如说是比拼家庭之间的团队认知和合作能力。所以，从高三一开始，我们都是以整个家庭为单位来"组团"面对高考的。

既然是作为一个团队来参与高考，首先就要有共同的目标。其实，朱泽恺在高三之前并没有明确的高考目标，以他的成绩，正常发挥可以考北京师范大学，努努力或许可以冲一下中国人民大学。作为家长，我和他妈妈并没有要求他制定超过他"现实"的目标。然而，高二的一个暑期夏令营，让他有了一个巨大的转变，他提出想上北大，因为在那里会有更多的机会遇到志同道合的朋友。经过家庭讨论，我们觉得这个目标虽然挑战很大，但他制定这个目标背后的目的是单纯的，并不功利。上北大，也仅仅是他实现目的的途径之一，而不是唯一路径。因此，我和他妈妈都非常支持他的决定。方向明确了，其他的就都是技术性问题了。

第一个技术性问题，就是合理规划和使用时间。在确定高考目标之后，朱泽恺有差不多十个月的时间来备考，需要至少稳定提升50分。所以，他最重要的资源就是时间。怎样有效地运用时间，成为备考当中最重要的那个因素，没有之一。所以，从备考的一开始，我们就在讨论如何有效地珍惜时间，比如我们讨论过是否可以用更高效的方式完成暑假作业，甚至有选择性地完成部分作业，以节省更多的时间，用于更有针对性地复习。这个方面，对朱泽恺一直是比较大的挑战，他性格比较善良，不愿意和他人尤其是老师发生观点冲突，他认为认真完成每一项作业是对老师最起码的尊重。同时，他也不愿面对，由于没有完成作业，可能被老师施压的后果。

这方面，我和妈妈给他做了不少思想工作，因为老师和他的高考目标其实是一致的，如何完成作业只是局部的技术问题，不是根本分歧。他有很多方式可以获得老师的理解，比如他可以主动和老师沟通自己的复习计划等等。最终，他还是坚持自己的看法，认为自己有能力既完成老师的作业，又用额外的时间来完成自己的复习计划。高三第一学期，开学实践了一个月，虽然成绩有了明显提升，但他的身体明显吃不消了，食欲明显下降，难以入睡，身体消瘦……他自己也发现这种方式无法持续，必须调整。

转折出现在一次作文作业，语文老师的要求是重写考试作文。我和朱泽恺分析过他作文的问题，不在于知识面、文笔、逻辑，根源问题在于审题的质量不高，达不到一类文的水平。因此，我建议他不妨换一种完成作业的方式，改为拿若干个其他区的作文考试题目来练习审题，写出审题要点和论点、论据大纲。从时间利用的效率角度来看，有针对性地练习10篇作文的审题，明显比再写一遍考试作文来得更有效。第二天交作业的时候，他和语文老师沟通了没有按要求重写作文的理由，并拿出了自己练习审题的作业成果。出乎他意料的是，老师很开明，并没有批评他。这次体验，明显减轻了他的心理负担，他逐渐尝试有意识地"修改"作业，以更有针对性地完成自己的学习目标。当然，这是个很长的过程，这个问题其实也反反复复困扰着他，直到高三的第二学期，他才彻底过了心里的那道关卡。可以比较坦然地和班主任宋老师、科任老师沟通，为自己争取更多的作业自主权。

第二个技术性问题，就是家长如何为孩子提供稳定的情绪价值。朱泽恺在备考的过程中，在高三第一学期，情绪经常会起起伏伏，尤其是当面对比较重要的考试的时候，总会有这样的起伏。这大概是所有高三家长和孩子都会面对的问题。我们的做法是，当他有情绪的时候，我们首先要接受。妈妈甚至鼓励他通过一些方式把情绪释放出来。一旦发现他因为各种原因而出现情绪波动，我们能做到的是，自己的情绪稳定，不会因为他的情绪波动而波动，尽量给他创造一个稳定的家庭环境和轻松的家庭氛围。妈妈会主动找他聊天给他减压，拍拍他，抱抱他，或者给他做理疗、按摩让他从身体到情绪都能逐渐放松，并体会到家庭的温暖。这种家庭稳定的背后，是在对孩子表达，我和妈妈对他无条件的支持和爱。通过偶尔的饭后聊天，他通常能缓解压力，重新找到方向。在一模前，他觉得找不到前进动力了，也确实学不动了，想请一周假在家学习，我们也帮他向老师请假，妈妈还经常在下午陪着他到小区周围的河边散步、闲聊，帮他缓解压力。一模成绩不理想，我们也没有紧张，而是鼓励他按照自己的节奏扎扎实实努力。他通过一段时间调整很快找回了节奏。

第三个技术性问题，是复盘。一开始是由我协助朱泽恺进行考试复盘，发现关键性的问题。很快，他就能自己复盘了，并且，他的复盘更能接近他学习的本质，对他自己的问题也更有针对性。一个最重要的成果，是他发现不用盯着成绩，持续地发现并专注针对性地解决关键问题，比如作文的审题问题、化学的合成题问题等等，只要保持进步，做到真正吃透和理解所学的内容，他的成绩就能稳步提升。"能积微者速成"，他的这个发现，让他从高三的第二学期开始，面对考试时，心态变得相对松弛和笃定，不再为一两道题的得失，一时考试成绩的起起伏伏而心烦气躁，在他身上有了一种静气。这种气质的变化应该对他高考的成功是有巨大加持的。

第四个技术性问题，是和同学的竞争关系。这也是朱泽恺在高三阶段所要面对的一个重要的问题，尽管他从认知上把与同学的关系归为"次要矛盾"。但是，从我们家长的角度看，一个孩子的成长离不开他的同学和伙伴，即使从自私的角度看，同学之间如果有更加友爱和互助的环境，对孩子健康成长、抗挫折、缓解各种压力是非常有利的。因此，我们也一直鼓励孩子用自己的长处，多帮助同学，在学校多交朋友。

高三第一学期的期末之后，我和孩子聊天，发现他仍然困扰于时间不够的问题。我建议他可以把自己的学习方法分享给一些同学，这样可以组成学习小组，大家在自己擅长的科目下功夫，然后把各自的收获分享给小组的同学，这样大家都受益、都节省时间。他想了一会儿，很直接地告诉我，他现在还不想给同学分享学习方法，因为他仍然想要班级第一的位置。我笑着问他，是不是还是把同学当竞争对手。他说，当然！我没有评判孩子自私，因为孩子的争强好胜是这个年龄段的孩子正常的表现，何况，高考是如此激烈的一种竞争，孩子把同学当作竞争对手也是很自然的反应。虽然觉得他可以把自己的格局放得更大一些，但是我没有把自己的观点强加给孩子。

一次，妈妈和朱泽恺聊天，说："你可以跟同学多分享，同学之间更多的应该是合作的关系，如果你周围的环境好了，同学之间可以互相合作，互相促进，这个环境建设好了，每一个人都是贡献者，也是受益者。"朱泽恺是一个能听进去道理，也愿意尝试的孩子，他听了妈妈的道理，开始尝试给同学讲题，分享自己的学习方法。同时，他也会向同学请教他人的成功经验。渐渐地，我们发现，虽然学习压力仍然很大，但是朱泽恺变得比以前松弛、平和了。

第五个技术性问题，是做好后勤工作减轻孩子压力。由于备考时间紧张，当有很多必须要完成的其他工作同时出现的时候，孩子就会陷入焦虑。这个时候，我们也没有太好的方法，只能直接下手帮他解决问题。比如入团考试题目、资料的准备；比如一些学校冬令营的申请资料和申请流程，还有一些琐碎的资料的整理等等，这些工作都是既耗时费力，又不得不完成的，我们都主动帮助孩子承担了。后来，孩子发现自己力有不逮时，会主动请求爸爸妈妈帮助。得到这种团队支持，孩子在整个高三备考过程当中就更有底气。另外，我还花费了大量时间，学习新高考的报考知识，整理各个备选学校的院系情况和就业方向等资料，这些也都算后勤工作的一种，虽然孩子参与不多，但也算是后勤工作中的重要一项。孩子的妈妈则研究食谱和中医养疗，保障好孩子备考期间的身体健康。我们各负其责，分工明确。

"改变可以改变的，接受不可以改变的。"有了充分地准备，孩子最后的考试结果也算是一种水到渠成。

总之，高考既是对孩子的一次考验和渡劫，也是对整个家庭的一种压力测试，更是一个系统工程，需要孩子、家庭、学校的紧密合作和相互支持。我作为家长从自己的视角分享了几点感受，希望对其他高考家长们有所启发。

最后，我们衷心感谢首都师大附中六年以来踏实、严谨、务实的校风对孩子潜移默化地浸染，也感谢老师们对朱泽恺的悉心培养，我意外地了解到高三备考阶段，朱泽恺的班主任老师和各科老师对他的学习状况、心理状态、考试特点、学习成绩波动情况都有细致地分析和有针对性地指导。没有他们的指导，相信朱泽恺也很难取得最后的成绩。在这里，我们要感谢各科老师，尤其是班主任宋丽芳老师对朱泽恺的帮助和信任，给了他相当大的自由度来完成备考过程。孩子最终如愿进入北大是对孩子的努力，以及学校、老师和家长共同努力的一种回报。但是，孩子真正的收获是通过这个过程的磨炼他在心理、能力、格局上的成熟与成长。成绩只是这种成熟和成长的副产品。

（朱泽恺家长）

一个平凡女孩的逆袭之旅

——静待花期 允许自己慢慢地成长

李嘉乐

成绩情况：高一排名 90，高二排名 90，高三排名 70，高考 682 分，年级排名 40 左右。

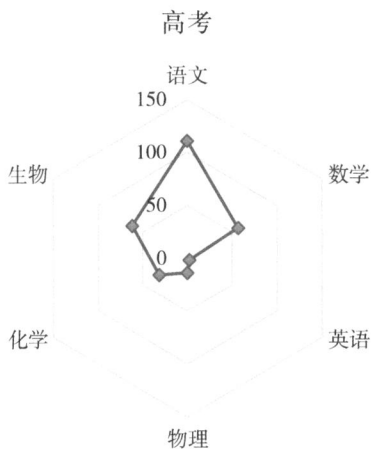

弱势科目：数学

送给学弟学妹的一句话：静待花期，不惧晚行，美好在当下！

最终录取院校：北京大学医学部

我的简介

从小学走到初中、高中，又迈入大学，我的人生轨迹围绕着海淀区的几个角，在几个点之间环绕转圈。从翠微小学到六年之后的人大附中最不起眼的一个小分校"人大附中翠微分校"——我的初中，三年后我走到了首都师大附中，又在三年后从首都师大附中走向北大医学部，如果人生是一场马拉松，那我一定是"龟兔赛跑"的那只乌龟。前十八年的日子，我走了好长的路，又花了很久的时间自我调节、自我疗愈，用脚步丈量时间的轨迹，其实我好像从未走远，在我自己的人生道路上，沿着自己的梦想路途，一步一步，苦尽甘来。

我从小就不算是一个很聪明的人，老师和家长总说我比别人"慢一拍"，别人一节课就能了解的知识，我啃不下来；三两句就能讲明白的题目，我能在圈套中慢慢悠悠绕半个小时，这句话的后半句是"虽然你比别人慢一拍，但是只要你学会了，你就能掌握得比别人都熟练"，这其实也很显然，付出比别人几倍的努力吃透一个概念，当然能看上去比别人更会融会贯通，"笨鸟先飞"好像是在我身上最适用的理念，高中三年我从没有考过第一名，单科或许有过刹那绽放，但六科永远"缺胳膊少腿"，每一次都留有遗憾。当大家都对我的优秀赞不绝口的时候，我总是自认平庸，其实只要你们也多花一些时间就好了，如果你们和我一样"笨"就好了。我的独特在于我敢"慢下来"，敢于与大家处于不同的时区，敢于守着我的花期翩然而至，纵使它此时贫瘠如荒野，我也坚信蛰伏是为了更美地盛开，我以此为傲。

虽然距离高考不过才六个月，但此时此刻我的学生时代却像在记忆中模糊了，像一条被格外闪耀的几个点串联的灯带，唯独剩几个光点倔强地燃烧。那是我在高一开学偷偷许下的愿望——"我要考北大医学部"，那个时候我像充满勇气的小狮子，妄想着凭借一口气鼓到三年后，全心全意地期待并向往闪闪发光的自己；那是流泪无助的深夜，我暗自警告自己不能再消沉而写下的"请永远相信自己"，悦纳自己和忍受痛苦是一生的命题，光鲜背后是一次次的摇摆迷茫；那是在汽车后座，看早晨的太阳升起，或是晚自习之后望着月亮慢慢移动，麻木的大脑和酸胀的手指提醒着我晚自习的低效，自责懊恼之余的自我打气也弥足珍贵……怀念过去是从遗忘开始的，那些不那么亮的光点会在我的记忆脑海里黯淡又黯淡，直到被其他记忆淹没，可我总愿意记住这些挣扎的夜晚，是他们推动着我走向今天，又是我走向未来的底气，或许从生物学机制上来讲"遗忘痛苦记忆是自我保护的底层逻辑"，可是这些铭记的力量，又提醒我激励我一次又一次将自己从谷底拯救。

高中是潮湿的雨季，可是我们能够选择自己的生活，这场雨到底是冲刷墙角边发霉的裂痕的最后推手，还是带来生机的甘霖源泉，取决于我们自己的态度，记住痛苦的感觉，然后从里面走出来。我认为我在首师附的三年更像在雨季雨林的一场探险，或许大雨淋漓无可避免，但我们总能在树叶的缝隙嗅到阳光的味道，或许危机与野兽让我们有时不得不疲于奔命，但一路新奇的风景和雨林的神秘让我们无怨无悔。

当然，轻松一点啦！就像前文所说，作为一个对内心敏感但对周遭的事物又十分钝感的"乌龟"，其实我的高中生涯更多的是快乐碎片，因为我从不对自己感到真正的失望或打算放弃自己，比起课本里的条条框框以及规范化的公式文字，我更喜欢将我的思维游走在无边的天际，在生活本身寻找自我实现的成就感，在这其中，多亏了我的朋友以及包容的老师们。我还能回忆起听力口语考试前夕英语小组活动时，我们坐在楼道里叽叽喳喳地讨论"the university"的读音；我还能回忆起晚自习间隙看到窗外晚霞的那一刻，她回头看向我的那一眼，我们默契地找借口溜出教室飞奔到楼道另一端的水房，在一片宁静中享受片刻的绚烂；我还能回忆起下雪天之后，大半个班在操场上打雪仗，从一捧雪打成一堆雪，直到物理课还忍不住回忆洁白融化在掌心的触感；我还能回忆起燥热的午后化学课上，我撑头画着奇怪的有机物结构简式，心里却想着一会儿体育课一定要抢到一整块羽毛球场；我还能回忆起毕业典礼那天早晨，我们拍了好多照片，聚在教室里最后一次打开"植物大战僵尸"（杂交版），好奇怪，明明是不怎么有意思的游戏，但是一群人总是能凑到一起笑开花，那个时候还没有出高考成绩，我们对未来还没有任何实感，只觉得在下一个转角又会遇见彼此，却不知不觉早已在某个路口错过。

也许我就是这样一个细腻至此的人，对着每张照片竭力回忆背后的细节，反复摩挲咀嚼着我与这所高中相遇的每个片段，抽离出来的大多数画面好像无关学习，青春色彩在相纸上遗留下的痕迹会成为我人生的烙印，那是刻板的公式无法达到的深度。最后，学着做一个坚韧的人，努力争取，念念不忘，必有回响。

我的经验/避"坑"指南

相信集体的力量，相信努力的力量。

从七班到五班，再到后来拒绝了学校向我发来的前往成达部三班的邀请，这一路走来，我学习到的第一件事就是——集体的力量不容小觑，在一个自己感到舒适的集体中生活并学习能极大地提升在烦躁的高三生活中的幸福感，而个人的心情对于学习的动力以及欲望都有极大的正向促进作用。

我很喜欢七班这个集体，并且直到现在也仍然和其中的一些好朋友保持联系，但是在学习面前只考虑心情显然是不够的，学校把我调到五班是一个很有益于我的举措，在五班我能在一个良性竞争更大的环境下得到个人的进步，在更适合我的环境下让我更好地发展，同时，与和自己水平相近的人共处并共同进步能让效率最大化。因此，在五班的两年半时间，我同样遇到了一群可爱的朋友，以及非常多负责任的老师，比如英语老师雷老师：在我初到新的班集体时与我很温暖地开展了一次对谈，并且对我特别关心，时常鼓励我不要觉得自己比不上别人，在课下经常询问我的感受，照顾我的知识吸收能力。

拒绝学校让我调到三班的邀请，实则也是有我个人的很多考量，那时已经到了高二中期，是学习知识密度最大也是强度最高、最难的一个学期，在这样一个关键节点加入一个新集体并从头开始适应班级氛围，老师的授课风格实在是不小的挑战。此外，中国的一句谚语"宁做鸡头，不做凤尾"也能适配于当下的语境，在周遭环境的成员比自己实力略高一些的情况下，最能使一个人最快成长并且最大程度地激发学习能力，但是如果在周遭环境中的成员与自己差距非常大，而自己非常吃力的情况下，我们不仅只能感受到无尽的挫败，而且会开始对自己丧失信心，进入恶性循环，这是在学习中非常不好的现象。综合以上考量，我拒绝了这个邀请，并且需要感谢首师附非常尊重学生个人意愿以及敢于放手让学生自己掌握节奏的信任，我得以留在我非常热爱的五班，并且度过了难熬也难忘的高三生活，回首那一年，如果不是大家的陪伴打气，鼓励帮助，我不可能走得这么远。

我学到的第二件事——"该是你的就一定是你的"，这句话来自我的数学老师。我是一个在理科班中屡屡靠偏文科的语文与英语提高排名的"文科生"，换言之，就是我的理科，尤其是数学真的非常差，这件事很多次导致我十分自卑，上数学课都会提心吊胆。

早在进入首都师大附中之前，我就听说相比于其他学校，首都师大附中是一个非常照顾从强到弱的每一个学生，强调集体进步并且老师非常认真负责、管理严格的学校。从高一、高二的学习过程中，我也能体会到老师们的耐心细致以及没有对差生"不管不顾"的差别对待，然而在高三遇到的数学章老师，才真正让我意识到一个老师能够抓学生学习的天花板——尤其是像我这样的数学差生。

章老师是一个极度适配于高三的老师，从第一节课收获45分以及卷头一个大大的红笔"来"的时候，我就在冥冥之中感觉到高三这一年对于一个数学基础差的小女孩来说，大概不会太顺利了，事实也差不多如此，作为整个数学办公室最受欢迎的老师，在章老师的工位处排队的人能够排出门外，算上课间与放学后课后服务的时间，一天内能做三套测验小卷，选填部分如果失分，就必须拿着卷子接受章老师的"友好"关怀，剖析自己的错误原因，临走时还会获得一份知识点小篇的"神秘礼物"。

因此，数学一度成为我高三的主旋律，痛苦与付出构成一部"血泪史"，但是进步却是实实在在的，一个晚自习算不出来的解析几何在第二天章老师轻描淡写的"魔术"下轻松化解，我想，最后在高考考场上一口气算出解析几何，大概就是努力的最好回报；这一路的成功，是每次成绩不理想时忍不住在章老师办公桌前流下的眼泪浇灌而成的，在数学办公室的窗台被罚做小篇子的那些下午，我咬着笔头将视线从卷子上的字母与符号中转移到操场的跑道……我们的一生都在不断奔跑，在每个节点都有对应的成绩证明，高考出分后我第一个把成绩分享给章老师，因为我的数学最后收获了 136 分，是我高中三年以来最高的一次，136 分是我高中三年这场马拉松的 Personal Best，但我会怀揣着这样的勇气继续奔跑，继续努力前行。

高三记忆深刻的一件事

毫不夸张地说，我在高三有将近一半的快乐来源于羽毛球。相比在操场上跑圈，我更喜欢在羽毛球场上挥洒汗水，一部分原因可能来自我的班主任武老师——他是一个超级羽毛球迷。因此，在高三后期面对年级主任颁布的强行跑操任务，我内心很叛逆地想用羽毛球等价交换，毕竟羽毛球也是一种运动嘛！于是在跑操列队时我和小伙伴偷偷钻到队尾，并在跑了半圈之后就溜之大吉窜进羽毛球馆，没承想刚好和在馆里打球的班主任撞了个正着，武老师调侃地问我们"又来打球了？"，他没有当即把我们赶出馆，而是允许我们在馆里酣畅淋漓地打了一场，和他一起走回教学楼的时候，他对我们说："高三的孩子压力大，我知道你们找到喜欢的东西发泄压力又放松心情不容易，但是跑操是一项集体活动，也是我们需要坚守的。"此后，作为一个极其有人文关怀的老师，他悄悄地默许我们跑三圈之后去球馆里打球，还帮我们刷脸解锁进馆。

后续的日子里，学校也十分开明地将体育活动时间从队列跑操改为自由活动，毕竟高三生的日子已经够苦了，有时间就自由自在地放放风吧！于是你将能看到五点的傍晚，操场上堆积着自由而快活的高三学生，可能是在草地上飞驰洒脱地扔飞盘，可能是在篮球场上一群人热血满满地竞技对抗，可能是无所事事地遛弯思考人生，也可能是三五好友围成圈兴致勃勃地踢毽子——非常友好地锻炼协调能力的游戏，这项活动可没有看着那么简单噢。

关于学校

谁在回看自己的青春记忆或者母校的时候不是爱恨交织呢？我们深深爱着那段热烈而无畏的日子，爱着曾经为了某个梦想真的能做到不顾一切奋斗的自己，爱着那群可爱的人与可爱的故事，就像在学生时代无意翻阅某本书而被其中某句话惊艳的时候，那时我们或许还无法想象，这句话将会在我们的人生中有多么深的烙印，闪着光的青春时代，是十七岁的我们永远的回忆。但是爱与恨从来都是并存的，我们或许会在某个寒冷的七点早读对首师附充满愤恨，或许会在被现实打压的深夜痛斥优绩主义与其中作为组成部分的母校，也会在自我怀疑的时候将情绪发泄在公布排名成绩的智学网。

但是爱与恨都是很浓烈的情感，于是首师附在我的记忆里也是这么深刻，永远清晰。我永远感谢首师附带给我的一路成长，一路繁花，未来的日子里，我也会怀揣着这份勇气，努力走下去。

班主任点评

学习中从不缺少聪明孩子，难得的是既聪明灵秀又很勤奋踏实的孩子，更难得的是不仅聪明踏实，又能几年如一日一如既往地坚持的孩子。嘉乐就是具有这种优秀品质的孩子。嘉乐在高考中的优异发挥并非偶然，这源于她几年如一日的"修炼"，毕竟面对现在的选拔考试，素养才是王道。

拥有聪明又能不自负，聪明是一种优秀的品质。嘉乐进入五班的两年半，一直谦逊温文秀外慧中。不论是偶尔月考优异，还是期中考试的小失误。她都能从容面对，胜不骄败不馁，保持平和心态，这种既聪明又谦逊的素质使她获益良多。依赖聪明是有些学生的软肋，比如背诵知识放到考前突击，关键知识靠临阵熬夜，这虽能解决一时之痒，但速成毕竟难以养之有素。嘉乐身上没有这些问题，相反，她非常勤恳踏实，每次背书每次布置的作业都会认认真真地完成，尤其是试卷分析和改错，她从不在试卷上用红笔勾勒了事。嘉乐的做法一定是在笔记本上写清错因，重做错题，然后归类入档以便随时翻看。这种做法她从高一一直坚持到高三，年级的"三清""三做"她执行得最好。每次翻开嘉乐的笔记本都让人赏心悦目。她的勤恳踏实大家有目共睹。

乐观阳光积极是很多人对嘉乐的评价。嘉乐与人为善，在班级的人缘很好，谁不愿意和正能量的人交朋友呢？这让嘉乐这个爱运动的阳光女孩很好地融入到了五班这个大家庭。大家互帮互助，互相呵护守望，相互勤勉促进，这让孩子们都找到了自信、找到了自我。嘉乐对大家的情绪帮助是很大的，她不仅很好地处理了自己情绪，也带动了大家。现在，嘉乐已经在北大开始了新的学习历程，相信她会持有故我再创新我，我很期待。

（武　智）

家长心语

我是李嘉乐的家长，孩子 2024 年考上北大医学部，这是孩子自己努力奋斗的结果。作为家长，我们跟所有的父母一样，都希望自己孩子的一生是平安的、快乐的、幸福的。今天就如何把孩子培养成一个人格健全、素质优秀、有能力创造幸福的人，与大家交流一点体会。

孩子让我写写高考成功的经历或者经验，我个人觉得，孩子的高考经历仅仅是人生之路的一个阶段，就像接力跑一样，高考仅仅是人生道路上的一棒而已。而整个人生，则是一段完整的长跑，要一棒一棒的、永不言弃地走下去。现在想想高考那段时光，无论是孩子，还是家长，用炼狱来说一点都不为过。大家都焦虑过，思考过，争执过，但最后还是顺利"磨"过了那段时光、那段日子，总的来说，结果是好的。要说经验，谈不上，就说说感受吧。首先，思想工作，要到位。要让孩子明白，读书，考学不是为他人，是为她自己而学，而考。这个工作相当关键，它解决了思想这个总开关、最主要的矛盾的问题，解决了"要我学"到"我要学"的内因动力。其次，目标院校，要锚定。我告诉孩子，既然选定目标，选定一条路，就要坚持走下去。孩子也清楚，要达到这个目标，就要付出比常人多几倍的努力。

再次，自律精神，要坚持。求知的道路，自律相当关键。要严格执行路线图和目标计划，书山有路勤为径，学海无涯苦作舟。告诉孩子前途是光明的，道路是曲折的，但要努力，坚守，不经历风雨，哪能见彩虹。最后，想说的，家庭陪伴，要温馨。孩子那段时间的焦虑，困惑，迷茫，有时甚至有放弃的念头，这时，家长们要赶紧跟上，做好陪伴、纾解、鼓励，与孩子一起扛。

孩子高考虽然取得了阶段性胜利，但过去已去，未来以来。把握好当下，岁月静好，我们要往前看。人生的长跑，就如同接力一样，我们要一棒又一棒，走好每一棒。目前孩子已经入校，对于大学生活，我想再谈谈我的想法和希望。

现在的大学生，还是挺不容易的。当今的世界是信息爆炸的时代，海量信息冲击着人们的头脑，面临纷繁复杂的各种信息，快速地做出反应，筛选出对自己有用的信息，接纳和吸收。知识的体系复杂而又臻于完善，知识形态的演进进入更高层级，知识更新换代也在加快，可能今天接收的知识，到了明天，又被新的知识取代了，只有不断地学习，才能跟上时代的步伐。大家都在积极上进，于是便出现了"卷"。"卷"学习成绩，"卷"证书，"卷"获奖，连参加各种活动，也"卷"起来了。"卷"的地方多了，就感觉应接不暇，力不从心，就产生了迷茫，无所适从，有些身心疲惫了。

实际上，迷茫是大学生成长路上的必修课。作为过来人，我也有过这种体会，这个阶段，多数发生在大一。进入大学，一堂课下来，不再是高中时一两个知识点或几个例题，而是老师一目十行的飞速前进，当你还呆头呆脑地懵在那时，几十页的内容已经上完了。上完了就上完了吧，想找老师答疑，可一下课，老师早就没影了；社团很多，活动也很多，你该如何选择；还有一些学生，心里还总想着转专业的事儿等等，这一切的一切，你不迷茫，那才怪呢！

如何保持定力，在大一期间尽快走出迷茫？在我看来，做大学成长路上的"三好"生，是一个好方法。

一是要"做得好"。"做得好"是什么？就是你一旦定下目标，就要沿着这个目标方向不断前进，克服重重困难，想出种种招数，付出种种努力，去实现它。

在一年级，倘若感到迷茫，不必慌张，静下心来想一想：我上大学的目的是什么？不就是学好知识，练好能力，以后找份好工作嘛。有了目标，你就要为这个目标努力奋斗了。首先，你要学好每一学期开设的课程，这是你在大学不同阶段要掌握的知识。接下来，你要在这个学期把主要精力放在学习上，上课认真听讲，课后做好预习复习，按期完成作业。至于考试，考前系统复习一遍，查漏补缺。其次，除了学习，还是有很多时间来自由支配的。选择一两个感兴趣的社团加入，竞聘或自荐一个学生干部职位，参与学生工作，这对结交朋友、培养能力、增进团队意识绝对是有裨益的。在做学生干部组织活动的过程中，你会品尝到各种酸甜苦辣，有些活动会让你费心劳神、苦思冥想甚至身心疲惫，这说明你在走上坡路，在成长在提高，这个时候你千万别放弃，咬牙挺过就好了。通过你的认真、执着和坚持，相信你的付出终会换来回报，成绩优异，表现优秀，那是必然的。

二是要"写得好"。"写得好"是什么？就是会做总结，会做PPT，会将自己的想法用文字原汁原味地呈现出来。这一点对很多学生尤其是工科学生是个考验，往往他们做得很好，但一提到"写"，就感觉有些为难和吃力，甚至产生抵触情绪，认为那是文科生干的事，这对他产生了新的负担，以至于增加了迷茫。殊不知当今各行各业，工作中PPT汇报，定期小结总结，已成为工作常态。会总结、会PPT、有一定的文字功底，是就业的必备技能，这在将来的职场中必定会占尽先机，如虎添翼。

三是要"说得好"。"说得好"又是什么？就是具备良好的口头表达能力，也就是把你的想法、意见、学习成绩、工作进展等有条理地说出来，让他人听得懂，记得住。有人说，"说"哪个不会，人人都会啊，是的，但是要说得清楚明白，说的还有那么一点水平，这是需要练习的。社会是人的社会，人是社会的人，在绝大多数场合，人际交往是在"说"的情境下表现出来的。茶壶里煮饺子，有口倒(道)不出，这将在社会交往中处于劣势。

总的说来，大学生努力做"做得好、写得好、说得好"的"三好"生，其实就是在提高自己的能力和综合素质。通过有目标有追求的学习，就会在成长中减少迷茫。眼里有光，手里有活，脚下有路，相信你在大学的学习，一定会把自己培养成为一名基础扎实、专业优秀、素质全面的人。

现如今，你已走进大学校门，大学和高中完全不同，你更要规划好自己的学习、生活，包括将来，处理好自己的一切。要学会独立、自强、好学、友善、正义。记得看过一本书，是对女儿的教育，借此引用一下：心中要有爱，枕边要有书，兜里要有钱。就是教你要有爱心，要独立，要学习，你以后的路还长，希望你在学校做到"三好"，在以后的日子做到"三有"。

（李嘉乐家长）

不懈逐梦，不断精进

韩乐祺

成绩情况：高一、高二创新部前 5 名；高三年级前 20 名。

成绩雷达图：

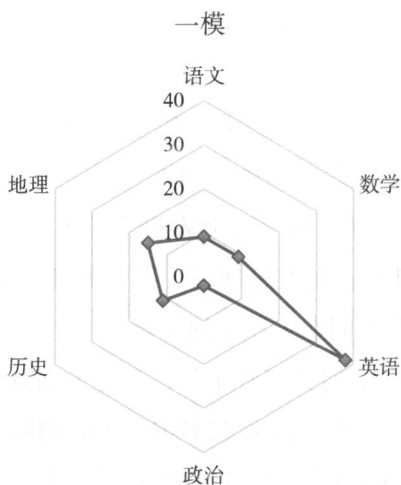

弱势科目：语文、英语

送给学弟学妹的一句话：希望学弟学妹能坚定自己的理想，策马扬鞭自奋蹄。

最终录取院校：北京大学历史学系

个人简介

我是 2021 届阳光橙 1 班、2024 届天空蓝 6 班的韩乐祺，选考科目史地政。曾获得海淀区优秀共青团员、优秀学生干部等荣誉，在学校多次参与学科竞赛、学科分享、团委工作等学业学工活动。现就读于北京大学历史学系。

六年的心路历程

2018 年 6 月来首师附办入学相关注册的时候，我不会想到这六年从一个少年到一个青年的转变。直到高考后一段时间才发现，在首师附的六年，尤其是高中天空蓝的三年，是与小时候"清华北大"的遥远理想逐步接近、成为现实的一个阶段。在初中学习中，我逐步发现了自己的学科兴趣，形成了对未来一个模糊的规划大纲；高中阶段的学习中则是不断精进提升自己，用自律的学习习惯修正错误、训练思维，努力提高并稳定自己的学习成绩，最终达到理想的高度。

初一、初二的学习处在一个"新手阶段"，虽然有幸分在 1 班，但我的成绩除了初二上学期的一段时间外，在 1、2 班不太突出。不过，在历史和政治学习中逐渐发现了自己的学习优势和学科兴趣。初三的开学考试 1 班成为成达部的"直升班"，在当时创新、多元的环境下我尝试了化学竞赛，度过了和其他参加中考的同学不一样的一年。

进入高中，高一上学期我仍在 1 班，学习方面这学期最重要的便是选科，我最先的意愿是化史政，10 月在多重因素影响后最终选科改为史地政。高一下学期开始分到文科班 6 班，期间学习成绩较之前有了很大进步，历史、政治等科目多次考到年级第一。高中积极参加学生工作，先后在 1 班、6 班担任团支部委员、书记，高二担任校团委常委、组织部长，和其他同学还有一些学长学姐、学弟学妹建立了深厚的友谊。进入高三，面临的就是几轮复习和基本每月一次的大考，从开学考发现漏洞百出，到上学期期中初见成效，再到一模的最高水平，尽管高考发挥不尽如人意，但之前的积累和北大夏冬令营的经验帮助我通过强基考试，来到了北京大学历史学系。在高三第一次区统考前，北京大学对我来说还是一个理想，尽管学习、考试不可避免波折，但总的来说，高三这一年我在渐进的突破和持续的努力中走向了理想的彼岸。

关于学习方法

首先说史地政的学习方法，记背不是最主要的，但却是最基础的。一道历史选择题甚至大题，或许可以通过读题、联系材料的技巧来了解此题的大致知识轮廓、选出正确答案，但是对知识的充分记背可以让你拓展出题目反映的时代、制度、经济等内容，使选择题做到提速保质，让大题作答显得思维开放而作答全面。地理、政治大题在逻辑上也如此，文科试卷的特色就在于字多，充分的知识储备有利于作答的提纲挈领，一道政治大题往往几个最重要的关键词就占了给分的一半及以上。防死背书是必要的，但倘若专做一个找"答题技巧"的做题家，没有扎实书本知识的积累，也是无用之功。教材、笔记还有一些好的练习册的参考答案，我都会广泛地浏览，画出关键词进行记忆。

记背是首次学习、一轮复习的重要任务，但在试卷上的知识应用必须来自自己的知识体系。史地政这三个学科，一个学科都会对应几个大思维导图，思维的构建可以参考教科书的目录导语。历史学习知识繁多，我一般用大表格进行整理收录，一个时代、一个专门领域用一张表格概括，方便查找知识、知识对比。政治每本书都对应经济学、哲学中的一个领域，附中政治组编的辅助教材也强调目录的作用，因此政治整理建立在大思维导图套小思维导图上，对基本教材类似、有联系的表达我也会进行归纳来辅助答题。地理在文科中理科思维最强，一些自然地理的示意图、原理图的反复绘制记背帮助对知识理解更准确透彻。

应试技巧是学习方法中的最后一步，文科三科的设问、材料都蕴含很多信息、暗示答题内容结构。我会一方面根据后续对错题重做和对参考答案的勾画，梳理出三科常用的答题关键句和短语，以便下次考试把基础分拿全。另一方面对重点题型找类似题、写入整理本，比如历史的评析题、政治最后一道大题，这些注重"结构+内容"的文科大题需要在不断重刷和对比中取得进步。通过做旧题、多做题，形成勾画材料、找与题干相联系词句的习惯，保证考试时按时高质量写完试卷。

因为文科班的特殊情况，数学我一般都考全班第一，但年级排名会有起伏，数学老师也是班主任，王静园老师很早就建议我和其他数学成绩好的同学在周末、假期自愿结组研究数学难题的多种方法，每人负责几道题来提高做题手感、丰富解题思路。因为我在班级排名靠前，曾经参加过数学竞赛班和"强基"班，因此在数学学习和其他学科学习中我还经常通过给别人讲题来温故知新，教育理论认为"教别人"的知识吸纳程度是各种学习方法中最高的，自己弄懂一个知识、一道题可能只是浅显读懂了答案，但下次在考试中答题论述能说服阅卷老师，则要靠给别人讲、梳理知识的磨炼，反复检验自己的知识体系以应对多变的考试。

学习计划方面，我在高三复习时并没有一个详细的复习计划表，无论是总规划或是一个假期的规划，我都没有详细规划时间和任务的习惯。我想的是督促学习的不应该是事前想好的表格，而是一种自律的习惯。高三复习是一个查漏补缺的过程，在复习刷题中往往会发现自己的薄弱项，那就应该随机应变，临时加一个专题练习巩固知识。我在晚自习或者假期都会想好这个时间段的主要任务点加以完成，之后就进行专门复习或者重读教材扎实知识。复习期间排除手机和其他干扰对提高学习效率也很有帮助。

关于选科

这个问题我今年应邀和2025级高一的学弟学妹简单分享过，但选科不仅是决定我高考、录取的关键一步，在未来也注定改变了我的人生轨迹，就这个重要问题我要多谈一点。选考史地政这个决定的作出是一个既漫长又迅速的决定，其迅速之处在于初三假期我刚面对选科脑海里就出现了类似的答案，漫长之处在于我上报的选科意愿一改再改，也遇到过重重阻碍。

选考全文学科的阻碍在何处？其一是家庭原因，祖辈中只有我外婆有意见而且是反对意见，我外婆是一名教师，她教书的年代强调"学好数理化，走遍天下都不怕"。我父母从事研究工作，分别在计算机和生化专业获得博士学位，我母亲还是少年班出身，对史政了解很少。当时我父亲支持我按自己的想法选择，而我母亲则建议我选家长可以给予帮助的学科。其二在周围环境，从大环境来说，选考史地政大学可选专业只有40%多，相比之下选考物化能接近100%，选考全文科不仅和我父母擅长的专业远离，理工农医都难涉足。大家对选考文科大学能学什么专业也并不清楚，甚至一些说法称，像金融、经济等可能涉及一点数学、物理知识的专业也不能学。从小环境来说，我所在的直升班1班，第一次填意愿的时候不选物理的只有我和邓羽涵同学，全班剩下40人都选物理。期中之后，得知非物化选考生要从成达部调到创新部6班，走的人就更少了，最后成达部4个班只有十几个人到6班。大环境下，尽管文科对应的专业较少，但一个人最后只从事一种职业、需要相关的知识也就涉及几个专业，尽管和理工农医无缘，但如若真对史学、文学、法学这些学科感兴趣，肯坐下来研究，将来考学和就业也不会是难事。从小环境来看，高考毕竟是个人的事，如若随大流和其他精通理科的同学一道学物化生，磕磕绊绊跟在1班对自己也绝非好事。

我的生物学科从初中开始基础就很薄弱，因此一开始就没有考虑。史政一直很好，历史在初中也多次拿过年级第一，因此我最先想到这两科。我初三学了一年化竞，化学成绩在1班也很好，因此我将成绩作为首要考虑因素，选择了化史政。开学后因为选物理就只能去上单独的物理会考课而犹豫，又选了物理。高一第一次月考后，物理在1班排名比较靠后，而地理却拿了班级第一。在和地理王佳老师分析试卷的时候，我逐渐发现了对地理学科思维的共鸣，历史—地理、地理—政治的学科知识相互贯通，其学习方法也多有类似之处（记背知识、人文思维），全文（史地政）成为我的另一种考虑。当时1班班主任王海平老师也和我还有我的家长进行了沟通，支持我根据自己情况选择文科。成绩的现实情况和学习思维的考虑让我做出了改变，我放弃了化学，选择了全文，争取在文科三科上相互促进、取得好成绩。当时我想，在首师附这个环境下，1、2班都有很多在物理竞赛表现优异的同学，到了高考考场上和我一起考试的还有全市的物理高手，与其为了选物理而学物理、在平均线上下挣扎，不如发挥长处、追求兴趣，以最优异的成绩和最好的姿态面对高考这一人生大考。

来到6班后，我的总成绩、三科和选科成绩一直保持在班级前三，整个人在学习上的精神面貌和自信程度也得到增强，成为我持续努力的积极动力。在文科班的同学和自己选科相近，语文、英语等文科氛围也更浓厚，在语、英、史、地、政五科学习中相互帮助，大家都取得了很大的进步。首师附的文科一直是学校的强项，回首当年，我无愧自己的选科决定。

关于学习（弱科）

尽管我在文科班，但我上高中的弱势科目一直是语文、英语，三选科中地理成绩也不稳定。高三几次大考中，往往是语文和英语一好一坏。这两个学科，我主要是找老师抓住重点失分点来分析。面对弱势学科，自己的作答可能不如老师甚至局外人全面，突破固有思维而与他人交流对于突破弱科瓶颈非常重要。

语文和英语我的作文得分较低，答疑次数比较少，但大考之后，无论是主动还是被老师找，我都会去面批考试的作文。语文老师刘畅会先重批勾画一次我的作文，挑出几个问题点对我进行提点，再和范文进行对比。英语老师高洁会指出语法错误、推荐搭配和其他应该写上的点，再布置一点改作文和推荐学习的例文。我逐渐训练出自己的议论文写作结构和用语习惯，英语作文也逐渐改掉过于直白的表述，在作文上取得了一定进步。语文、英语作为文科也是注重积累的，无论从教材、史书或时事新闻，都能积累到很多事例和表达，提高写作水平。

除了作文，剩下的内容就是要保持优势项，提高阅读能力。在语文默写、名著和英语阅读表达这些得分相对较高的题型上保持每周定量的练习不失掉手感，对于较难且变化大的阅读则在刷题、做旧题、经典题中进行不同类型文章的归纳整理，形成自己的阅读习惯、速度，逐步提高阅读选择作答的正确率。

关于附中

丰富而创新的课程让我们得以在广阔舞台拓展知识。初中时主要是每周的博识课和初三成达部的创新课程，在实践中培养对历史、地理学科的兴趣，初三一些《红楼梦》、《论语》的先修课程让高中的学习更加顺利轻松。进入高中后，每周还会组织数学、物理的难题班，对于学有余力者是福音，通过参与这些班来提升自己的水平，攻克难题。

首都师大附中有良好的学习环境和氛围，无论是午休、放学后的图书馆，还是高三经常挤满人答疑的教师办公室都展现出同学学习的热情。尽管很多人在史地政十几本教科书的压力下退却，但附中文科学习的"内卷"从不体现在重复的无效性训练上。例如，参加政治井老师的"得法"导师团小组进行法治文化节筹办、接待政法大学罗翔教授的活动等，拓宽了我们对法治精神的理解，在其中不仅是在学政治、学法律，亦是对文科精神的涵养。

附中有促进学生全面发展的学生活动、学生工作。我在初中的时候显得比较内向、普通，高中后我也担心过参加校团委、团支部的活动会影响学习。在校团委中，我逐渐从一个普通干事成长为团委组织部长，组织团员发展、团校活动、团员教育管理等工作。从接受团委老师、学长学姐的指导协调，到自己组织学弟学妹开展团的活动，在校团委参加学工不仅锻炼了自己的组织能力、社交能力，也增强了自信心，提高了办事效率。参加学生活动对我来说，是逐渐在新领域中获得经验成长，而非最初担忧的对时间的耽误。

进入大学后，能感受到的是首都师大附中特有的学长学姐、学弟学妹间的友好联系。首都师大附中在近几年高考中屡次取得好成绩，在北大历史系也有幸得到了2021级曹一凡学长的指导帮助，之前参与暑期学堂活动也认识了附中优秀的学长学姐，通过他们的经验分享更加适应大学生活的转变。很荣幸的是，这学期我多次应邀回到附中，给2025届文科班、选考政治历史的学弟学妹分享经验。从学弟学妹对于高考冲刺的朝气和自信中感受到"后浪"的前进，也祝愿来年燕园与更多学弟学妹相聚圆梦。

学校的领导班子和教师队伍给予附中学子最大的支持和帮助。沈杰书记在我们初中入学的时候就是附中的党委书记兼校长，这六年的各种活动：成达部的特色活动、校团委的代表大会、团校活动等，都得到沈校长的亲切关怀指导，让我记忆深刻的是2023年末的新年，沈校长带领学校领导班子到我们班送祝福，说完祝福语后沈校长径直走过来将祝福金榜题名的福字递给了我，这是意料之外的。后来我才知道，沈校长对校团委每个留任的学生干部都是有印象的。初高中的年级组长张剑雄老师、王锋老师会经常关注每个班的学习动态，在年级大会等各种场合幽默真切地和我们沟通，提出期望，对我们这六年的成长产生了巨大的影响。在我离开待了三年半的1班而来到陌生的文科班时，班主任王静园老师让我们快速适应进入新群体，无论是当班委团支书组织班级活动，还是学习研究数学问题，都能在王老师办公室得到耐心的辅导帮助。在附中六年，袁峥老师教了我六年历史，在袁老师的教导下，我从一个初学者到北大历史系，由初入史海对史学的好奇到研读史籍史料，培养历史思维和精神，我在历史学科与专业的学习上有了质的飞跃。高三一年，每次我到教师办公室，都能看到各科老师坚守办公室答疑解惑，陪我们共同度过这意义重大的一年。回校看望老师，我们已进入大学，而老师们又进入了新一轮教学，附中的恩师和一切都铭记在我们心中。

眼底未名湖水，回想从北洼路33号走来，祝首师附在未来的新征程再创新辉煌。

班主任点评

韩乐祺身上有着学霸的品质，他踏实、勤奋、高效、有韧劲。

课堂上你能看到他听课的状态十分专注，能感觉到他一直在跟着老师的思路，对待学习中的问题，他更愿意独立探索。面对学习中的困难，他有着超强的战胜困难的决心与毅力。无论是在高一、高二，还是高三，他一直都是踏踏实实、勤勤恳恳的，从来没有看到他懈怠的时候。我常常想，学霸之所以成为学霸，好的学习习惯是一切的基础。高三二模，韩乐祺的地理成绩不太理想，我特意问了他地理学习的情况，他说了一些问题，谈话中我能感到他内心的坚定，他对自己有信心，这应该就是强者的心态吧。

在班里，韩乐祺担任团支书的职位，在学校他是校团委的组织部长。别看他平时话不多，但工作起来条理清晰，发言慷慨激昂，工作中的他仿佛身上有光，让同学们又多了一分钦佩。我记得高三第一学期有一次晚自习，韩乐祺来找我请假，说校团委那边还有一些工作需要完成。我当时还问他："高三了，还有任务吗？"他说："还有一些工作需要做。"从他身上我看到的是责任与从容。需要他做的工作，无论什么时候，他都会尽力完成。面对繁重的学习任务，他有能力把一切协调好。

高考结束了，韩乐祺如愿进入北京大学历史系，真的为他高兴。进入大学后，他还多次返校和学弟学妹分享学科学习的经验，参与校团委的一些活动。在和他的交流中，我了解到他的大学生活很充实，不仅学习历史，还在辅修其他专业。相信一个自信、勤奋、有理想、有责任感的人的路会越来越宽的。

（王静园）

家长心语

从收到北大录取通知书到现在，已经过去大半个学期了，一家人的心情早已从兴奋转为平常。回想起孩子高中的点滴，似乎一幕幕还在眼前。这一路的历程，就像他的性格一样，淡然、积极，又隐含斗志。我们并没有给他提出明确的目标要求，是他的努力为自己浇灌出成功之花。闲暇之余，作为家长，我们也会对他的学习生活进行探究与总结。

首先是尊重孩子的选择。记得在高一上学期选课的时候，孩子与妈妈产生分歧，由于我和他妈妈分别是工学博士和理学博士，妈妈潜意识希望孩子选择理化方向，然而孩子对史地情有独钟。想起孩子从初中时就对人文、政治、历史非常感兴趣，聊起来眉飞色舞，而对理化特别是物理兴致缺缺，并且考虑到兴趣是最好的老师，所以最终我们还是支持了他的选择。

实践证明，孩子的选择是对的，高考史地政的优异成绩也证实了他的选择。

其次是树立目标并且为目标而努力。每个孩子都会有自己的目标，长远的会是自己的职业方向，眼前的会是追逐的大学，但通向目标的途径永远是行动力。我们孩子从小就对政治人物和历史事件感兴趣，将来也想从事这些方面的工作，所以对大学的目标就是文科领域的重点高校。完成选课后，他能持之以恒地用心完成每份作业，认真对待每次测试，对六门课不断地查漏补缺、补充短板，强化优势方面，做到大小考试的稳定发挥。

再次是自律很重要。跟北大老师聊天，他说你们孩子一定很自律，我说是的。自律能够保证学生生活有规律、学习不疲倦，上课不走神、作业不分心。自律靠养成，孩子从小学以来就形成了每天按时作息、按要求完成作业的习惯，看电视自己控制时间，使用手机仅限于通信联络和学习需要。需要注意的是，没有很强的自控力，孩子最好不要不受控地玩手机，社交软件、游戏、短视频对孩子来说，一旦上瘾便后患无穷。自律不仅体现在学生时代，也是将来生活与工作能成功的重要因素。

最后，也是最重要的，是孩子有幸在首师附中度过了六年的中学生活。作为家长，我们对中学的概念还在三十年前，对现在孩子的中学生活很茫然。学校给我们解决了后顾之忧，学习、德能勤技体，学校将一切安排得井井有条，老师对学生的关心与照顾细致入微。经常有朋友询问孩子课外班情况，我们总是很自豪地告诉他们，中学以来从未上过课外辅导班，学好老师教的课业，做好老师布置的作业，完成好老师安排的练习，已经是孩子取得优秀成绩的最佳保证。我们见证了首都师大附中的优良传统与这六年蒸蒸日上的发展，也祝愿首都师大附中不断创造佳绩！

（韩乐祺家长）

砥砺逐梦，青春无悔

郝艺萱

成绩情况：高一、高二大致排名年级第 30（除去成达部），期中、期末成绩在 650~660 分左右，北京市美术联考成绩 268 分，市排名第 54；清华大学美术学院校考排名全国第 69。高考成绩 642 分（语文 117 分，数学 115 分，英语 131 分，生物 91 分，历史 88 分，地理 100 分）。

成绩雷达图：

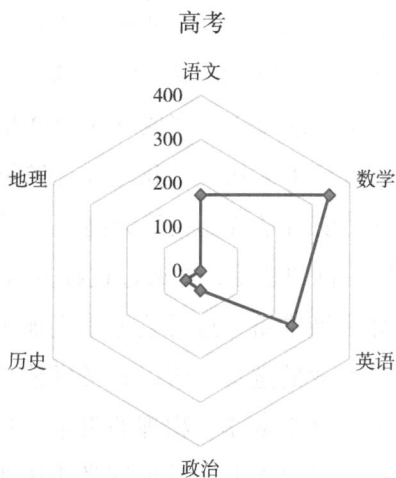

弱势科目：数学、语文

送给学弟学妹的一句话：脚踏实地，坚定勇敢地追逐自己的梦想，不给青春留下遗憾。

最终录取院校：清华大学美术学院

我的简介

我初中在门头沟区的一所市重点中学——大峪中学就读。我是一个比较听老师话并且在学习方面紧迫感较强的人，加上班主任的悉心栽培和班级良好学习氛围的带动，初一、初二我的期中期末成绩基本保持在年级前十以内。初二下学期我抱着考出区的目标放弃了直升高中部的选拔，并暂停了从小学四年级开始的绘画学习，全力备战中考。最终我以中考排名全区第三的成绩考入首都师大附中永定分校并在本部借读。

初三暑假，我参加了为期七天的美术集训，初步体验了画室的绘画强度。那七天我感到从未有过的疲惫，但同时也看到了自己画技的明显进步。这次短暂的集训体验以及期间我与老师、学姐的交流也让我开始认真考虑将来是否要走美术艺考的道路。

刚进入高中时，我发现班里同学都很优秀，从初中年级前十、中考全区前三到高中班级中游的落差让我十分迷茫，我不知道如何进一步提升自己的成绩，尤其对于语文、英语这类需要长期积累的科目。由于当时我还有走艺考的"后路"，并且我知道这种差距一时难以弥补，所以果断选择放过自己，在保证身心健康的前提下，完成好作业并尽量按照老师推荐的进度进行自主学习，不给自己太大压力。我并没有像很多同学一样去额外买教辅、刷题、上课外班超前自学等。我认为高一上学期要尽量兼顾每一科的学习，体验努力学每一科的感受，并通过这种方式找到自己的优势科目，为高一下学期的选科分班做准备。这对艺考生更加重要，因为艺考生的选科组合几乎不影响大学专业的选择，所以只考虑擅长程度即可。经过高一的学习我深刻体会到了自己学数学、物理的艰难，我发现自己在课上经常跟不上老师的节奏，并且完成作业比其他同学更困难、更缓慢。在综合考虑科目选择与大学专业限制以及自己的职业兴趣之后，我正式做出了走美术艺考的决定。因为我想不出除了从事绘画、设计相关工作之外还有什么感兴趣的职业方向。依据画室老师的建议，高一、高二应该优先保障文化课学习，因此我并没有拿出时间进行绘画的训练，周末、寒暑假的时间也都用于学习和娱乐。

高二我的学习方式与高一类似。随着高三集训的接近，留给我在校学文化课的时间越来越短，我迫切地想要提高成绩。但同时，因为太久没有画画，我也越发焦虑自己的专业水平（即绘画水平）。学业压力、专业焦虑，以及当时在校没有处理好的一些人际关系让我每天在校的精神状态都比较差。于是认为自己应该赶快"逃离"学校前往画室。高二下学期一开始，我更加努力地学习文化课，期中考试考了 662 分，在创新、求实部总排名中排第 4，是我在大考中的历史新高。这次成绩给了我很大的信心，于是我在 5 月底就进入了画室开始集训（美术生通常在高二下学期的暑假才进画室集训）。

画室的学习生活与学校差异很大，上课模式为老师集中讲解一些绘画知识或做范画，学生听完后回座位自己画，同时老师巡视指导。总体是以学生自己画画为主，因为艺考成绩提升大致是"从量变达到质变"的过程。画室每天八点二十开始上课，晚上十一点半下课，中间有午休和晚饭自由时间以及少量课间，但中后期经常被我们用来赶作业。每周有半天或一天的假，法定节假日也多是照常上课的，国庆节也只让学生休息了一天。这种上课强度对我来说相当辛苦，直到最后我也这么认为，在我自己感觉疲惫不堪或者精神状态很差时，我会让父母帮我请半天假回家休息，我相信这时候逞强学习是很低效的，不如好好休息。

专业方面，虽然我高一、高二不像大部分同学一样有寒暑假在画室集训的经历，但我从四年级开始学习素描等基本功的底子让我相对顺利地跟上了画室的学习节奏。我个人建议跟着画室进度踏踏实实走，不要自己随意加练，否则很可能本末倒置。多和老师沟通交流，但不要完全听老师的，尤其是中后期，要结合对同学画画的观察以及同学间交流的结果综合判断自己该怎么画。记得联考前夕，我非常用功，经常和关系较好的同学一起深夜加班加练，画到凌晨一点多，等到保安来催我们回寝室才停笔。这或许对我联考取得高分有帮助，但也对我的身心造成了伤害：长期熬夜和巨大的心理压力使我出现了频繁的失眠、胃痛甚至心脏的不适，那段时间我经常精神崩溃、情绪低落、感觉暗无天日，根本不想画画，硬画出来的作品质量往往不尽人意。所以我慢慢意识到照顾好自己的身心才是最重要的，功利地说，身心健康才是高效学习的保障。于是到后期校考时我就比较松弛了。不过分追求练习的量，因为高要求高负荷与校考时期的画技进步缓慢、评判标准模糊结合在一起很容易摧毁心态。我当时每天催眠自己"你一定能考上"，绘画只求尽量保持一个好的手感，累了就休息，绝不勉强自己加班，最终也考了一个不错的成绩。当然我"善待自己"的底气在于我一直认真完成练习作业和反思，我的专业能力在模拟考中也处于上游水平，并且有联考的保底学校，否则我可能会在崩溃中继续强迫自己加练。

文化课方面，从我进入画室开始到清华美院的校考结束的大约 10 个月里，我一直待在画室里进行封闭式集训，期间除了为准备清华美院文化初试而突击了 10 天的语数英之外，我几乎没有复习任何文化课的内容。最后发现自己只有两个月的时间复习文化课，并且刚返校就要一模，我的心情是非常崩溃的。我先是询问了所有任课教师的复习建议，然后尽量挤出时间按自己节奏复习，由于情况特殊，有些课我就自己搬出去自习，并且舍弃一些不适合我的作业。周末我经常去学校教室自习，五一的假期也是一天没歇，因为时间太紧张了。在这种客观上一定复习不全面的情况下，我用"能学多少是多少"的心态"哄"自己学习，支撑自己尽可能先抓住大块的知识。由于时间比较短，我发挥出了前所未有的意志力去学习，并且始终相信自己做的努力都是有效的，最终也取得了超出预期的高分。

如何对待优势科目与劣势科目

我的优势科目是：英语（130 分左右，二模时曾达到 142 分），生物（高一、高二基本稳定在 90 分以上），地理（成绩在 90 分上下，波动较大但拿过两次赋分满分）。除了高三最后两个月之外，我对优势科目是从不懈怠的，因为正反馈使我更乐意在这些科目上付出时间，我经常会自己做整理、反思、总结归纳等，并且都用活页本保存很好，最后复习时派上了很大用场，详细方法见下文"我的学习方法"部分。

我的劣势科目是数学。高一、高二时 100 分出头，很少上 110 分。高三时基本在 70—80 分。我从小数学就差，估计天赋不足。在数学上我是有点间歇性自暴自弃的，因为我连完成老师布置的作业都很费劲，更别说额外去刷题，对我来说太困难，会占用大量时间，得不偿失。所以我的策略是没听懂的多问老师，尽可能掌握中低档题，吃透作业即可，争取把成绩追到班级平均水平，不奢求更高的突破，而是求稳。

中等科目：历史和语文，这两科我的成绩虽然处于中上水平，但波动较大，且通常我努力的程度和分数高低没太大关系。加之我很不爱读书，文学素养较低，文化积累也少，缺乏学习的兴趣。因此对于这两科我采取了相对"佛系"的学习方式，没有太花时间去学。

我的学习方法

一、生物

我的经验是高一、高二学习时尽可能把关键的、常考的知识点记清、记牢，这是考试拿分的基本保障，到了高三实验题的灵活度大大提高，更注重现场分析能力和逻辑思维、答题习惯的训练，留给基本功复习的时间就少了，知识点现背很难记牢，因此要趁早打好基础。高一、高二时每次做作业前后我都会稍微背背知识点，考试前一两周开始着重系统背诵。每章节的整体知识我用笔记来背，把握知识点之间的结构关系。答题里常涉及的句子我会背诵书本原句，常考的代谢过程图我也会结合书本插图或者自己画的图像去加强记忆。我在高一、高二上新课时会与老师同步做笔记，得到每章内容思维导图式的初步笔记，类似课本知识的简化版，使知识的从属关系更加明确。之后老师讲作业、串联不同章节知识点时新提到的结论或易错点、关联点就可以直接换颜色标注在笔记上，方便查阅巩固。对于一些很重要的、我容易记不全、记混的知识点，比如内分泌腺、所分泌激素、激素作用、如何释放等，我会单独写一块详细的笔记粘附在该章节笔记上，起到一个梳理和提醒的作用。同时我会按照老师的建议，每做完一个课时的作业，对照答案改完错之后把自己疏忽的知识点标记在题目旁边，同时写下自己的疑惑，上课问老师，并在作业讲解完之后把收获抄下来，在笔记本里单开一个部分来记（我用的是活页本），类似做题经验和易错提醒，这样在考前集中复习很方便，很有用。

高三时我的生物成绩突然下降了，因为大题训练太少，经常读不懂题、写不完卷子，赋分也徘徊在六七十。当时的学习就是在赶其他同学高三前几个月的进度，刷题复盘。好在得益于高一、高二的积累，我并没有耗费太多时间去捡基础知识。我建议这个时期做完大题一定要积极去找老师面批，让老师帮忙讲解自己没搞懂的地方，理清题目的逻辑，知道答案的每个字都是怎么得出来的，而不是看着答案给答案找道理。最后就是不要被海淀区的超长超难模拟题带跑，导致思路发散太远，思考的角度太刁钻。高考题还是相对保守的。

二、地理

地理可以分为自然地理和人文地理两大部分。自然地理更偏向理科，掌握教材上一些原理性的知识并且多做题就可以稳妥地拿到分；人文地理有时候就比较"玄学"了，会出现答案出人意料，或者两个答案都对，但是其中一个更符合题意的情况，对此我也没有什么太好的办法，只能是勤问老师，并且做题后多多总结。我通常是把注解直接记在错题旁边，每过一两周挑重要的记在本上。

区域认知，如世界地形、世界气候、国家分布与经济状况、主要产业、地域文化等，平时做作业、复习时就要注重往脑子里记忆，对选择题和答题都很有用，考前现背是来不及的。

对付地理考试的答题，很重要的一点就是把模板背熟。这些答题模板大多是平时老师上课时讲的，有些书本上并没有，因此要注意积累背诵，当在作业或考试的答题中发现了自己没见过的答案句子时，要问问老师该句的出处，并及时把一些常用句子补充到自己的模板里。模板的充足储备是答题拿分的必要条件，脑子里有模板，做题的时候才知道要答什么，甚至实在理解不了题目还可以无脑堆砌模板句子去蒙分（这是走投无路时的办法）。更重要的是做题时要仔细读题，切忌看到一些熟悉的字眼就不加思考地把模板默写上去，这样有可能一分都拿不到，白浪费时间。老师讲题时要重点关注如何根据题目已知条件，尤其是图示中的信息推出出题者想让我们写什么答案，有分析题目的思维能力才能把模板用好。

三、英语

英语的学习我没有额外做太多的努力，基本就是跟着老师走。

首先，该背的要老老实实背。比如单词、固定搭配、短语、精彩作文表达、范文等。老师每节课都会给出一些需要记忆的内容，我会记在笔记本上，当天下课复习，自己默写（这通常也是作业），听写前再复习，每周末再抽点时间整理，就可以记得差不多。当然一些作文表达在考前突击背诵也是有些作用的。其次，老师讲题的时候要认真总结，不仅是记单词和短语，也要记文章的结构思路是如何分析出来的等等。

四、数学及其他学科

我高一、高二并没有太努力攻克数学，高三时除了完成作业之外，我还会每天额外刷高考卷的基础题，提高速度和正确率，争取把能做的都拿到分。

对于语文和历史，我就不做过多分享了。但可以参考的是，对于艺考生这种时间紧、任务重的情况，高三最后，该舍弃的要舍弃，不要想着什么都背会，把时间都花在背古文、背历史某些细碎的知识点上，效率很低。掌握做题的思路和方法可能更重要。

重要节点与事件

高中时期对我影响较大的节点有两个：

第一是高一下学期的选科分班，这次选择迫使我认真思考是否要参加艺考，具体内容在上文已经提到，这里不多赘述。

第二是联考出分后。以我的联考分数，基本可以保底人大、北航等综合类大学，但由于当时不清楚自己的文化课水平已下降到什么程度，我非常担心自己最后因高考分达不到而失去保底。

而如果放弃校考，我就可以多出两个月时间来学文化课，保底会更加稳妥。那一周时间里我非常纠结，画画时也心不在焉。直到后来我妈问我：如果你现在担心自己考不上清华美院，就这样放弃了校考，等到高考出分后你发现平时画画不如你的、文化课也没你好的同学都考上了，你会不会很后悔？当时我就觉得自己还是想试试，于是彻底踏实下来，抱着"我一定能考上"的信念去准备校考。

附中对我的影响

首先十分感谢首都师大附中本部给我提供借读的机会。

学校的老师都很好，教学认真负责并且切实帮助我提升了成绩，这点不必多说。与很多从高一开始组织学生进行晚自习的高中相比，学校没有强制我们延长学习时间。直到高三，晚自习也是真正自愿进行的，可以选择不参加。这种相对自由的管理给了我们自主安排学习生活的空间，我认为这对保证高中生的心理健康和提高学习积极性很重要。

学校还开设了丰富的课余活动。比如达人秀、心理季、英语话剧节、足球篮球联赛、外出研学活动等。高一时我观看了达人秀的终极晚会，现场氛围很好，灯光音效都很到位，参演的同学准备的节目也很精彩，让我感受到首师附的学生们不是只会学习的书呆子，而是全面发展的富有生气的人。

虽然我高中三年并没有积极地参与各项课余活动，但在这样有活力的、多元的校园里，我能够身心健康地成长，踏实努力地学习，最终实现自己的理想。

班主任点评

记得第一次见郝艺萱，短发的她，自我介绍时说话干净利落，爽朗的性格给我留下了深刻的印象。

高一第一学期期末，那个时候很多同学还在纠结选什么科目的时候，郝艺萱十分坚定地做了选择——生物、地理和历史。当我问到她选科理由的时候，她告诉我她将来要选择美术专业，所以她选择了自己擅长的科目。高一、高二，她一直负责班级板报的绘画，每一次画板报，她从前忙到后，每一次都非常认真且投入。高二去游学的时候，在高铁站，同学们大都在聊天，我看到她独自拿着一个 Pad 在画画，看得出她对于画画是发自心底的热爱。高二快放暑假时，她决定去画室进行集中训练，这一画就是十个月。这十个月的付出真的很难用一两句话说清楚，尽管我只是偶尔和她妈妈聊天时了解了一点她的坚持与辛苦，但这份热爱与执着还是让我很震撼。理想就是一盏明灯，始终指引着她，让她不放弃，信念坚定。

对待学习，郝艺萱有自己的方法，她也非常独立。高一的时候，午休时间她常常在楼道的窗台上写作业，放学后她会站在篮球场边看同学打篮球，在学校住宿的她，把生活和学习安排得井井有条。高三下学期，她 3 月底结束美术相关的考试返回学校进行文化课的学习。最后的两个月，她和各科老师约好答疑时间，上课、答疑、自习，她的复习有条不紊。最后她以642 分的高考成绩让所有老师和同学为之鼓掌喝彩。

她有理想，肯付出，有方法，知取舍，这些优秀的品质助力她今日的成功，相信也必将助力她的一生！

（王静园）

家长心语

看到孩子收到清华大学的录取通知书时，作为家长，我非常欣慰，也觉得是意料之中的事，因为坚信孩子有能力考上自己理想的大学，也看到孩子为了考专业考大学而付出的努力。

我总在外旅游，也基本不管孩子学习。身边有些朋友不理解我这么"放养"，孩子为什么学习那么好，能考上清华大学。我觉得孩子本身自律、优秀、省心，不需要我再去干预什么。对孩子，我努力做到尊重、接纳、无条件信任和欣赏，不插手太多，给她培养独立人格的机会。有时我也觉得自己做得不太好，不知道怎么与孩子沟通，不能帮孩子解决学业和心理上的困扰，也感谢孩子在相处的过程中帮助我成长，让我学习更好地做妈妈。

孩子小的时候，我陪伴她的时间比较多，但孩子能自己做的事一般都让她自己去做，无论做得好坏，都鼓励她去尝试，并无条件相信她能做好。做得好的，及时肯定；做得不好的，安慰鼓励。

后来孩子上学了，我和她说得最多的是，上课一定要认真听老师讲课，课后及时巩固，有不会的就问老师，不要想着课上不会的还可以回家问爸妈。后来，孩子在学习上偶尔有不会的，我也是让她自己认真读题思考，如果再不会就回学校问老师。我从来不帮她听写，不帮她检查作业，不提醒她写作业，也不知道她有什么作业，于是她养成了习惯，认识到学习就是自己的事，不会求助、依赖父母。孩子从小到大几乎没有报过任何文化课的补习班，之前问过她，她说，课上认真听老师讲就够了。每次考试后，孩子总会带来惊喜，常常告诉我，哪一门又考第一，哪一门又考前几。我也特别为孩子开心。对于考得不好的，我会问问她扣分的原因。如果是知识不熟，正好查漏补缺；如果是粗心导致，就吸取教训，下次做题更细心认真些。

记得初三，孩子一心想考出区，到市里的重点高中上学，因为名额很少，孩子给自己的压力特别大。作为妈妈，我也不知道该怎样帮助孩子减压，中考前一晚孩子紧张到失眠，我也是看着既着急又心疼。后来她的中考成绩在全区前列，考上了首都师大附中，高一就过上了住宿的生活，一周才能回来一次。因为知道孩子从小就自律要强，给自己压力大，怕她像中考一样给自己压力过大反而学不好，我一直在告诉她，学习不用争第一，只要尽力了就行。该学习的时候好好学，该玩的时候好好玩，会学习的孩子也会玩。感觉孩子都听进去了，不学习时也很爱运动，经常和同学一起骑车、逛街。

首都师大附中的师资和教学质量很好，孩子自己也很努力，成绩一直在提高、进步。到高二第一学期快期末时，孩子做出决定，想把从小就喜欢的画画作为专业去考大学，虽然很多人认为这样浪费了文化课分数，但我和孩子的爸爸向来尊重并支持她的选择，给她找好了封闭式训练的画室。孩子进画室集训了10个月，每天画十多个小时，画到晚上十一二点，一周只休息半天，很辛苦，压力也很大。除了生病和几次专业考试时回家，其他时间都在画室里。真心佩服孩子能坚持下来这么久的辛苦集训，并把专业学得很好。记得清华美院校考成绩出来时，正是凌晨，孩子激动得声音颤抖地告诉我："妈，我专业分过了！"当时真为我优秀的闺女骄傲。

最后剩不到两个月时间冲刺文化课时，我陪孩子在学校附近租房住，孩子真的是非常努力，因为学画画时，将近一年时间没有复习文化课，学过的都忘得差不多了，孩子一边跟着课上老师讲课，一边还要按自己的进度加班复习，有时候也会不知所措地问我，"妈，我到底该怎么复习？老师讲的都是针对大家复习了几轮的内容，而剩下的时间都不够我复习一轮的"。我只能建议她自己去协调进度，尽量学，能学多少是多少。孩子把周末和五一放假的时间都利用起来，天天自己复习，从一模到二模，孩子的成绩提高了很多，已是稳过清华美院文化课录取线的水平。到快考试的最后10天，孩子让我帮她请假，她想自己在家复习。

那几天我看到孩子每天在家的大部分时间是在休息，看手机娱乐，学的时间很少。当时我心里还在想，时间不是不够用吗？怎么这状态？不学了？但也不说，我想，她应该心里有数。高考那几天晚上，孩子睡得很好，每考完一科我们也不问她考得怎样，她自己也不纠结。最后成绩出来真的考得很理想，超线将近100分。

在孩子学习、生活、成长的路上，我只是陪伴、尊重、支持、信任和欣赏。孩子该做的事，该走的路都让她自己来把控。需要我们家长时，我们一直都在。就这样，孩子慢慢成长为独立、坚强、自律、自信、自强、阳光、乐观向上的人，相信她也会让自己快乐的能力越来越强。

（郝艺萱家长）